DAS BUCH DER ENGEL UND ERZENGEL

Vollständiger Leitfaden zur praktischen Engelkunde: Für Anrufung, Manifestation, Beistand und Schutz durch himmlische Engel und Erzengel

Natalia Martínez

Alle Rechte vorbehalten. Kein Teil dieses Buches darf ohne schriftliche Genehmigung des Autors in irgendeiner Form oder mit elektronischen oder mechanischen Mitteln, einschließlich Fotokopieren, Aufzeichnen oder durch Informationsspeicherungs- oder -abrufsysteme, reproduziert oder übertragen werden.

Wichtiger Haftungsausschluss: Dieses Buch dient ausschließlich Bildungs- und Unterhaltungszwecken. Die Autorin hat sich bemüht, vollständige, genaue, aktuelle und zuverlässige Informationen bereitzustellen, kann dies jedoch nicht garantieren. Die Autorin ist keine Expertin für rechtliche, finanzielle, medizinische oder berufliche Beratung. Die Informationen in diesem Buch stammen aus verschiedenen Quellen. Daher ist es wichtig, einen Fachmann zu konsultieren, bevor Sie die beschriebenen Techniken ausprobieren. Mit dem Lesen dieses Buches erklären Sie sich damit einverstanden, dass der Autor nicht für direkte oder indirekte Verluste haftet, die durch die Verwendung der bereitgestellten Informationen, wie z. B. Fehler oder Ungenauigkeiten, entstehen können.

COPYRIGHT©JAXBIRD LLC

20241129

Inhalt

Vorwort 1

1. Einführung in die Engelkunde: Grundlagen und Grundbegriffe 4

Definition der Engelkunde 4
Etymologischer Ursprung des Wortes „Engel" 6
Göttliche Boten, Wesen des Lichts, Vermittler 8
Ein kurzer historischer Überblick über den Glauben an Engel 9
Unterschiede zwischen Engeln, Erzengeln und anderen spirituellen Wesen 12
Die Rolle der Engel im Universum 13
Wie Engel mit Menschen interagieren 15
Engelswahrnehmung: Zeichen und Manifestationen 18
Einführende Übungen zur Wahrnehmung von Engeln 20

2. Geschichte der Engel in verschiedenen Kulturen und Religionen 25

Engel im Judentum: vom Alten Testament bis zur Kabbala 25
Engel im Christentum: Entwicklung der Engellehre 28
Engel im Islam: die Dschinn und die Malaikah 29
Himmlische Wesen im Zoroastrismus und ihr Einfluss 31
Devas und himmlische Wesen im Hinduismus und Buddhismus 32
Engel in der nordischen und griechischen Mythologie: Parallelen und Unterschiede 33
Entwicklung der Wahrnehmung von Engeln im Zeitalter des Wassermanns 34

Engel in der modernen Populärkultur: Einfluss auf Kunst und Literatur...36

3. Engelhierarchien: Die himmlische Ordnung verstehen 38

Die himmlische Hierarchie nach Pseudo-Dionysius Areopagita...38

Die neun Engelordnungen 39

Spezifische Funktionen jeder Engelordnung 43

Engelshierarchien in verschiedenen religiösen Traditionen.........46

Wie man mit verschiedenen Ebenen der Hierarchie interagiert 48

Symbolik und Eigenschaften jeder Engelordnung.....................49

Die Beziehung zwischen Engelhierarchien und der spirituellen Entwicklung des Menschen..50

Meditation zur Verbindung mit den verschiedenen Engelordnungen 53

4. Die sieben großen Erzengel: Profile und Funktionen... 57

Michael: Schutz und Mut...57

Gabriel: Kommunikation und Verkündigung 58

Raphael: Heilung und Wissenschaft...60

Uriel: Weisheit und Kreativität 61

Jofiel: Schönheit und Erleuchtung..63

Chamuel: Liebe und Beziehungen..64

Zadkiel: Freiheit und Verwandlung..65

Farben, Tage und Kristalle, die mit jedem Erzengel verbunden sind 66

Spezifische Anrufungen für jeden Erzengel 69

Wie man im Alltag mit den Erzengeln arbeitet 71

Spezifische Anrufungsgebete für die sieben Haupt-Erzengel 73

5. Schutzengel: Wie du deinen Schutzengel erkennst und dich mit ihm verbindest 79

Das Konzept der Schutzengel.. 79

Haben wir alle einen Schutzengel?.. 81

Wie Sie die Zeichen Ihres Schutzengels erkennen 83

Techniken zur Kommunikation mit Ihrem Schutzengel 84

Unterschied zwischen Schutzengel und Geistführer................. 85

Wie Sie die Verbindung zu Ihrem Schutzengel stärken können.. 87

Der Name Ihres Schutzengels: Bedeutung und wie man ihn herausfindet... 89

6. Die Sprache der Engel: Symbole, Zahlen und Synchronizitäten 93

Gängige Engelsymbole und ihre Bedeutungen......................... 94

Engel-Numerologie: Zahlenfolgen und ihre Botschaften 95

Synchronizitäten als Form der Kommunikation mit Engeln.... 97

Federn, Regenbogen und andere Botschaften der Engel 99

Träume und Visionen: Entschlüsselung von Engelsbotschaften 101

Intuition entwickeln, um Engelsbotschaften zu interpretieren 103

7. Spirituelle Vorbereitung auf die Arbeit mit Engeln: Reinigung und Schutz 107

Techniken zur Reinigung der persönlichen Energie 108

Schaffung eines heiligen Raums für die Kommunikation mit Engeln... 110

Verwendung von Räucherwerk, Kerzen und ätherischen Ölen bei der Vorbereitung 111

Meditationen zum Schutz und zur Erdung 113
Die Bedeutung der Absicht in der Arbeit mit Engeln 114
Mantras und Affirmationen zur Erhöhung Ihrer Schwingung 115
Mantras und Affirmationen zur Erhöhung Ihrer Schwingung 117
50 kraftvolle Mantras und Affirmationen 117
Vorbereitungsritual für die Arbeit mit Engeln 122

8. Meditationstechniken zum Einstimmen auf die Frequenzen der Engel 127

Grundlagen der Engelmeditation 127
Bewusstes Atmen zur Erhöhung der Schwingungsfrequenz 129
Visualisierung von Licht und Farbe in der Engelmeditation 130
Lichtleiter-Technik: Aufstieg in die Engelreiche 131
Übung: Aufstieg in die Engelreiche (geführte Astralreise) 132
Meditation mit Engelsmusik und -klängen 137
Verwendung von Kristallen in der Meditation zur Verstärkung der Verbindung 138
Achtsamkeitsübung zur Wahrnehmung der Anwesenheit von Engeln 139

9. Die Kunst der Anrufung von Engeln: Wirksame Rituale und Gebete 142

Struktur einer wirksamen Anrufung 143
Verwendung des heiligen Namens in Anrufungen 145
Spezifische Anrufungen je nach Zweck 146
Die Kraft der Wiederholung in Engelsgebeten 147
Erstellen Sie Ihr eigenes personalisiertes Anrufungsritual 148
Verwendung von Gesten und Bewegungen bei Anrufungen 150
Vorsichtsmaßnahmen und ethische Überlegungen bei der Anrufung von Engeln 152

Beispiel für ein Ritual zur Anrufung von Engeln 153

10. Engelhafte Dekrete: Formulierung und Kraft der Worte 157

Was sind Dekrete und wie wirken sie? 157

Die Wissenschaft hinter der Kraft der Worte 158

Struktur eines wirksamen Engel-Dekrets 160

Dekrete für verschiedene Aspekte des Lebens: Gesundheit, Fülle und Liebe 161

Gesundheit: Heilung auf der energetischen Ebene 162

Fülle: Den Fluss des Wohlstands aktivieren 163

Liebe: Authentische Verbindungen anziehen 164

Die Rolle von Emotionen und Visualisierung in Dekreten 165

Techniken zur Stärkung Ihrer Dekrete 167

Erstellen personalisierter Dekrete 168

Dekrete, unterstützt durch die Kraft der Engel 169

11. Manifestation mit Hilfe der Engel: Prinzipien und Praktiken 176

Universelle Gesetze der Manifestation 176

Die Rolle der Engel als Katalysatoren für Wünsche ... 179

Den persönlichen Willen mit der Führung durch Engel in Einklang bringen 180

Kreative Visualisierungstechniken mit Engeln 182

Engels-Vision-Boards erstellen 185

Engelsmanifestationsübung: Vorweggenommene Dankbarkeit 186

Erfolgreiche Manifestationen mit Hilfe der Engel 191

12. Engel und Chakren: Energetische Ausrichtung für himmlische Kommunikation 194

Aktivierung des dritten Auges mit Cherubim 198

Harmonisierung des Halschakras mit den Thronen 199

Das Herzchakra mit den Dominationen öffnen 200

Reinigung der Chakren mit Diamantlicht 202

Engelsreinigung der Chakren 203

Aktivierung des Kronenchakras mit dem Lotus des Lichts 204

Das Herzchakra mit Dankbarkeit öffnen 205

Solarplexus-Balance für die Manifestation engelhafter
Führung 207

Chakra-Harmonisierungsmeditation mit engelhafter
Schwingung 208

13. Engelkunde und Astrologie: Kosmische Verbindungen und planetarische Einflüsse 210

Herrschende Engel der Tierkreiszeichen 210

Stier – Engel Anael 211

Zwillinge – Erzengel Raphael 211

Krebs – Erzengel Gabriel 211

Löwe – Erzengel Michael 212

Jungfrau – Engel Metatron 212

Waage – Engel Jofiel 213

Skorpion – Engel Azrael 213

Schütze – Engel Zadkiel 213

Steinbock – Engel Cassiel 214

Wassermann – Engel Uriel 214

Fische – Engel Sandalphon 214

Planetarische Einflüsse und die ihnen zugeordneten Engel 215

Engelsarbeit während planetarischer Rückläufigkeiten 217

Engel der astrologischen Häuser 217

Engelsrituale zur Verstärkung günstiger astrologischer
Transite 218

Karmische Heilung mit Engeln gemäß dem
Geburtshoroskop 220

Engel und Mondknoten: Lebenszweck und karmische
Lektionen 221

14. Engel in Träumen: Interpretation und engelhafte Traumarbeit...224

Arten von Engels-Träumen: Botschaften, Besuche, Lehren 224

Techniken zur Herbeiführung von Engels-Träumen 225

Deutung von Engelsymbolen in Träumen 227

Astralreisen und Begegnungen mit Engeln während des Schlafs 228

Engelstraumtagebuch: Methoden der Aufzeichnung
und Analyse 230

Engelsgeführte Traumheilung 231

Problemlösung durch Engelberatung im Traum 232

Der Einfluss von Mondzyklen und Engelsymbolen auf die
Problemlösung 234

Klare Traumtechniken für bewusste Interaktionen
mit Engeln.. 236

Übung: Klare Träume für Begegnungen mit
Engeln herbeiführen 237

15. Engelheilung: Techniken und Protokolle für verschiedene Beschwerden..241

Grundlagen der Engel-Energieheilung 241

Übung: Harmonisierung der Chakren mit den
sieben Erzengeln 243

Heilung mit Erzengel Raphael 248

Übung: Smaragdgrünes Lichtbad mit Raphael 249

Techniken des Handauflegens mit Hilfe von Engeln 251
Heilung der sieben Chakren mit dem Handauflegen der Engel „ "252
Fernheilung durch Anrufung von Engeln 256
Übung: Engelhafte Heilenergie aus der Ferne senden 257
Übung: Aktivierung der Engel-Meistersymbole 259
Befreiung von emotionalen Traumata mit Hilfe der Engel 262
Übung: Emotionale Traumata mit Hilfe von Engeln loslassen ... 263
Heilung von Beziehungen mit Hilfe der Engel 267
Integration der Engelheilung mit anderen therapeutischen Methoden 271

16. Engel und Fülle: Manifestation von Wohlstand und Fülle 274

Fülle aus der Perspektive der Engel 274
Engel, die mit Wohlstand und Fülle in Verbindung stehen 275
Mit Hilfe der Engel von einschränkenden Überzeugungen über Geld befreien 277
Engelsrituale, um finanzielle Möglichkeiten anzuziehen 279
Verwendung von Affirmationen und Dekreten für Fülle 281
Dankbarkeit und Großzügigkeit als Schlüssel zum Überfluss der Engel 282
Heilung Ihrer Beziehung zu Geld durch die Intervention von Engeln 283
Erstellen eines von Engeln geleiteten Plans für Fülle 285
Kerzenritual, um finanzielle Möglichkeiten anzuziehen 286
Ritual zur Heilung der Beziehung zum Geld 288
20 Affirmationen und Dekrete für den Reichtums 292

17. Engelsschutz 295

Der Schutz des Erzengels Michael und seine Schwingungskraft 296

Erzeugung und Aufrechterhaltung von Engel
-Energieschilden 297
Reinigung und Weihe von Räumen mit der Anwesenheit
von Engeln 299
Engelsymbole und Siegel als Schutzmethoden 300
Energieschutz auf Reisen und in gefährlichen Situationen 301
Schutzübung mit heiligen Symbolen 302

18. Engel in der Natur 311
Unterschied zwischen Engeln, Devas und Naturgeistern 311
Kommunikation mit den Engeln der vier Elemente 312
Zusammenarbeit mit Devas zur Heilung des Planeten 314
Rituale zur Verbindung mit Engeln in natürlichen
Umgebungen 315
Engelhafte Gartenkunst: Mitgestaltung mit Pflanzen-Devas 316
Heilung von Ökosystemen durch Anrufungen von Engeln 317
Kommunikation mit Tieren durch Engelvermittlung 318
Öko-spirituelle Praktiken, geleitet von engelhaften
Wesenheiten 319
Übung: „Dialog mit den Elementen" 320

19. Engelkunde im Alltag 323
Die Präsenz der Engel in Ihren Alltag integrieren 323
Einen Altar oder einen heiligen Raum im Haus schaffen 324
Morgendliche und abendliche Anrufungen um Schutz und
Führung 325
Engelsintuition bei der Entscheidungsfindung nutzen 326
Engel bei der Arbeit: Verbesserung des Arbeitsumfelds 327
Keine Grenze zwischen dem Heiligen und dem Alltäglichen 328
Bewusstes Fahren mit engelhaftem Schutz 329

Engelhaftes Kochen: Essen mit himmlischer Energie zubereiten 330

Bewusste Erziehung: Kinder in das Bewusstsein für Engel einbeziehen 332

Die Engelkarte des Zuhauses: Alltägliche Räume verwandeln ... 333

20. Akasha-Chronik und Engel: Zugang zur universellen Weisheit 339

Die Akasha-Chronik und ihre Beziehung zu Engeln 339

Schutzengel der Akasha-Chronik 340

Techniken für den Zugang zu den Aufzeichnungen mit Hilfe der Engel 341

Lesen und Interpretieren von Akasha-Informationen 343

Heilung vergangener Leben durch Aufzeichnungen und engelhafte Führung 345

Entdecken Sie Ihren Lebenszweck durch die Aufzeichnungen .. 346

Ethik und Verantwortung beim Zugriff auf die Akasha-Chronik 348

Die Akasha-Weisheit in den Alltag integrieren 349

Übung: „Emotionale Traumata den Engeln übergeben" 351

21. Engel und Karma: Befreiung von Mustern und Heilung der Ahnen 354

Karma aus der Perspektive der Engel 354

Karmische Muster mit Hilfe der Engel erkennen 355

Heilung der Ahnenlinien mit Familien-Schutzengeln 358

Auflösung karmischer Verträge durch Engel-Dekrete 360

Negatives Karma in Lektionen für das Wachstum verwandeln 361

Positives Karma durch engelsinspirierte Handlungen schaffen 363

Karmische Befreiungstechnik durch Engelintervention: „Violette Flamme der Befreiung"..................364

Heilung der Ahnenlinie: „Der leuchtende Stammbaum"............365

Auflösung karmischer Verträge: „Dekret der Freiheit"............366

Transformation von negativem Karma: „Engelsalchemie"........367

Positives Karma schaffen: „Engelsaussaat"..................368

Meditation zum Auflösen von Anhaftungen: „Bindungen durchtrennen"..................369

23. Nahtoderfahrungen und Begegnungen mit Engeln: Beweise und Zeugnisse..................370

Überblick über die Forschung zu Nahtoderfahrungen (NDEs)..................370

Häufige Muster bei Begegnungen mit Engeln während Nahtoderfahrungen..................372

Lebensveränderungen nach einer Nahtoderfahrung und ihre Beziehung zur Engelkunde..................374

Anhang 1 – Liste der Engel aus verschiedenen Traditionen..................376

Anhang 2 – Engel-Numerologie..................393

Anhang 3 – Engelssiegel erstellen..................439

Anhang 4 – Siegel der 7 Erzengel..................446

Vorwort

Seit jeher sucht die Menschheit Führung, Schutz und Trost in der Gegenwart himmlischer Wesen. Das Buch der Engel und Erzengel: Ein vollständiger Leitfaden zur praktischen Engelkunde für Anrufung, Manifestation, Unterstützung und Schutz durch himmlische Engel und Erzengel entstand aus dieser Suche und bietet ein strukturiertes und leicht zugängliches Kompendium für diejenigen, die die Energien der Engel aus einer praktischen und tiefgründigen Perspektive verstehen und mit ihnen arbeiten möchten.

Dieses Buch ist nicht nur das Ergebnis jahrelanger Forschung und Erfahrung auf dem Gebiet der Spiritualität, sondern auch Ausdruck einer lebendigen Verbindung zu Engeln und Erzengeln. Hier werden Lehren vorgestellt, die studiert, erlebt und verfeinert wurden, um denjenigen, die die Engelkunde in ihr tägliches Leben integrieren möchten, ein klares und wirksames Werkzeug an die Hand zu geben.

Auf diesen Seiten finden Sie eine detaillierte Reise, die alles von den theoretischen Grundlagen bis hin zu fortgeschrittenen Praktiken der Anrufung und Manifestation abdeckt. Es handelt sich nicht um eine abstrakte Abhandlung oder eine Sammlung zusammenhangloser Geschichten, sondern um einen übersichtlichen Leitfaden, der strukturiertes Wissen und anwendbare Techniken vermittelt. Über die Theorie hinaus enthält jedes Kapitel spezifische Übungen,

Visualisierungen und Verbindungsprotokolle, damit Sie den Einfluss und die Unterstützung himmlischer Wesen selbst erfahren können.

Eine der Säulen dieses Werks ist sein ausgesprochen praktischer Ansatz. Engelkunde ist nicht nur Wissen, das studiert werden muss, sondern eine Möglichkeit, direkt mit spirituellen Intelligenzen zu interagieren, die uns bei unserem persönlichen Wachstum und unserer inneren Entwicklung unterstützen können. Daher ist dieses Buch als praktischer Leitfaden konzipiert, der es Ihnen ermöglicht, die Engelwelt nicht nur zu verstehen, sondern auch bewusst und effektiv mit ihr zu interagieren.

Um die Integration dieses Wissens zu erleichtern, wurden Illustrationen und Diagramme hinzugefügt, die den Inhalt ergänzen und eine visuelle Darstellung der Schlüsselkonzepte und Engelstrukturen bieten. Diese Ressourcen helfen Ihnen, sich die himmlische Hierarchie, die Verbindungsmethoden und die energetischen Dynamiken vorzustellen, die bei der Kommunikation mit Engeln und Erzengeln eine Rolle spielen.

Außerdem finden Sie Anhänge mit ergänzenden Informationen, die Ihre Erfahrung bereichern und Ihnen ermöglichen, tiefer in bestimmte Aspekte der Engelkunde einzutauchen. Ganz gleich, ob Sie Querverweise zu anderen esoterischen Traditionen suchen oder fortgeschrittene Techniken erforschen möchten, diese Abschnitte bieten Ihnen wertvolle Elemente, um Ihren Horizont zu erweitern.

Im Wesentlichen ist dieses Buch eine Einladung, die Gegenwart von Engeln auf authentische und transformative Weise zu entdecken und zu erleben. Es ist ein Werk, das Ihnen dabei helfen soll, eine persönliche und tiefe Verbindung zu diesen leuchtenden Wesen aufzubauen, und Ihnen klare Werkzeuge an die Hand gibt, damit diese Verbindung nicht im Bereich der Theorie bleibt, sondern zu einer greifbaren Realität in Ihrem Leben wird.

Möge diese Reise durch die Welt der Engel eine bereichernde Erfahrung für Sie sein, voller Licht und Erweiterung. Ich danke Ihnen, dass ich die Früchte meiner Forschung und Erfahrung mit Ihnen teilen darf.

Mit freundlichen Grüßen

Natalia Martínez

1. Einführung in die Engelkunde: Grundlagen und Grundbegriffe

Definition der Engelkunde

Die Engelkunde ist die metaphysische Lehre von Lichtwesen, die als Verbindungsglieder zwischen dem menschlichen Bewusstsein und höheren Dimensionen fungieren. Dabei handelt es sich nicht nur um spirituelle Wesenheiten, sondern auch um energetische Formen, die im Einklang mit universellen Prinzipien wirken. Im Gegensatz zu traditionellen theologischen Ansätzen, die sie aus dogmatischer Perspektive beschreiben, versteht die Engelkunde sie als intelligente Energiemuster, Schwingungsstrukturen, die mit Materie und Bewusstsein interagieren.

Ihr Rahmen verbindet hermetische Lehren – eine Tradition, die Hermes Trismegistos[1] Kenntnisse über Alchemie, Philosophie und Mystik zuschreibt – mit Prinzipien der Quantenphysik, die das unvorhersehbare

---

[1] Hermes Trismegistos ist eine mythische Figur, die mit esoterischer Weisheit in Verbindung gebracht wird. Ihm werden Texte wie das Corpus Hermeticum zugeschrieben, die Grundlage des Hermetismus.

Verhalten von Teilchen auf subatomarer Ebene erforscht, und der transpersonalen Psychologie[2], die Erfahrungen untersucht, die den Einzelnen mit einem höheren Bewusstsein verbinden. Aus dieser Perspektive ist die Engelkunde nicht nur eine Frage des Glaubens, sondern eine Erforschung der Mechanismen, die die Interaktion zwischen dem Geistigen und dem Materiellen regeln und es jedem Menschen ermöglichen, diese Verbindungen bewusst und aktiv zu erleben.

Aus esoterischer Sicht regulieren Engel den Akasha-Fluss, der als ein riesiges Informationsfeld verstanden wird, das die Realität, wie wir sie wahrnehmen, aufrechterhält. Diese Vorstellung ähnelt einem kosmischen Archiv, in dem alle Erinnerungen an die Vergangenheit, Gegenwart und zukünftigen Möglichkeiten gespeichert sind. Ihre Intervention im Quantenfeld erfolgt durch Schwingungsresonanz, was vereinfacht gesagt bedeutet, dass sie die Realität auf ähnliche Weise beeinflussen, wie der Klang einer schwingenden Saite die Umgebung verändern kann. Dieses Prinzip findet Parallelen in wissenschaftlichen Phänomenen wie der Quantenverschränkung – bei der sich getrennte Teilchen gegenseitig sofort beeinflussen können – und in der Theorie der morphogenetischen Felder[3], die die Existenz

---

[2] Die transpersonale Psychologie, die von Autoren wie Stanislav Grof entwickelt wurde, erforscht veränderte Bewusstseinszustände und spirituelle Erfahrungen.
[3] Rupert Sheldrake schlug morphogenetische Felder als energetische Strukturen vor, die die biologische und verhaltensbezogene Entwicklung beeinflussen.

unsichtbarer Muster postuliert, die die Evolution und das Verhalten von Lebewesen steuern. So können Engel als Programmierer der Realität verstanden werden, die in der Lage sind, in mehreren Dimensionen gleichzeitig zu agieren und Ereignisse und Wahrscheinlichkeiten so zu organisieren, wie ein Filmregisseur jede Szene anpasst, um eine kohärente Geschichte zu konstruieren.

Die praktische Engelkunde zeichnet sich durch ihren Fokus auf bewusste Mitschöpfung aus. Anstatt sich auf passive Hingabe zu beschränken, bietet sie Methoden, um den persönlichen Willen mit der universellen Intelligenz in Einklang zu bringen, sodass jeder Einzelne aktiv an der Gestaltung seines Schicksals mitwirken kann. Diese Beteiligung macht die Beziehung zu Engeln zu einem Werkzeug der Transformation, bei dem sich der Mikrokosmos des Menschen in einem dynamischen Austausch von Energie und Absicht auf den Makrokosmos des Universums einstimmt.

Etymologischer Ursprung des Wortes „Engel"

Der Ursprung des Wortes „Engel" spiegelt seine Natur als Vermittler wider. Es stammt vom griechischen *ángelos* (ἄγγελος) ab, das ursprünglich offizielle Boten bezeichnete, die mit der Übermittlung königlicher Erlasse beauftragt waren. Im Laufe der Zeit verlagerte sich diese Bedeutung in den spirituellen Bereich und beschrieb göttliche Gesandte, die den Willen des Heiligen vermitteln.

In den ältesten Aufzeichnungen der Menschheit, wie den sumerischen Tafeln aus dem dritten Jahrtausend v. Chr., taucht der Begriff *anunaki* auf, was „diejenigen, die vom Himmel auf die Erde herabgestiegen sind" bedeutet. Obwohl er sich in seinem ursprünglichen Kontext auf Wesen bezog, die mit der Weitergabe von Wissen in Verbindung standen, ähnelt ihre Funktion als Vermittler derjenigen, die später den Engeln in den abrahamitischen Traditionen zugeschrieben wurde.

In der hebräischen Kultur wurde das Wort *mal'akh* verwendet, um Gesandte oder Abgesandte zu bezeichnen, aber im Laufe der Zeit erhielt es eine spirituelle Konnotation und wurde zu einem wichtigen Bestandteil der Engelstheologie. Im dritten Jahrhundert v. Chr. wurde in der griechischen Übersetzung der hebräischen heiligen Texte, bekannt als Septuaginta[4], das Wort *angelos* übernommen, um diese Wesen zu bezeichnen, wodurch ihr Konzept in der frühen christlichen Tradition verankert wurde, wo sie zu einem grundlegenden Bestandteil der Verbindung zwischen dem Göttlichen und der Menschheit wurden.

Der Islam fügt diesem Begriff mit „*mala'ika*" eine weitere Dimension hinzu, abgeleitet vom arabischen Wortstamm

---

[4] Griechische Übersetzung des hebräischen Tanach (3. Jahrhundert v. Chr.), Grundlage der frühchristlichen Engelkunde.

„l-'-k", der mit Licht und Geschwindigkeit in Verbindung steht – Eigenschaften, die die Vorstellung von Engeln als flinken und leuchtenden Boten untermauern. Jüngste Studien haben Parallelen zwischen diesen semitischen und indoeuropäischen Wurzeln und dem Sanskrit-*Begriff* „*anjali*" gefunden, der „Opfergabe" bedeutet und mit Gesten der Ehrerbietung assoziiert wird. Dies deutet auf einen gemeinsamen sprachlichen Hintergrund hin und spiegelt wider, wie verschiedene Kulturen diese Wesen als Überbringer göttlicher Botschaften und höherer Energien beschrieben haben.

Göttliche Boten, Wesen des Lichts, Vermittler

Engel handeln in ihrer Rolle als göttliche Boten nach dem hermetischen Prinzip der Entsprechung: „Wie oben, so unten." Diese Maxime bedeutet, dass sich das, was auf den höheren Ebenen geschieht, in der irdischen Welt widerspiegelt und umgekehrt. Ihre Kommunikation erfolgt nicht in herkömmlicher Sprache, sondern durch Symbole, Bilder und Energien, die im Bewusstsein derjenigen, die sie wahrnehmen, mitschwingen. Sie übermitteln nicht nur Worte oder Visionen, sondern können auch Energiemuster in der DNA aktivieren, das Zellgedächtnis beeinflussen und die Lebenszyklen mit universellen Rhythmen harmonisieren, als wären sie Stimmgeräte, die die Symphonie des Daseins abstimmen.

Der Begriff „Wesen des Lichts" ist nicht nur eine Metapher, sondern eine Beschreibung ihrer energetischen Natur. Im Bereich der Biophotonik wurden in lebenden Organismen Lichtemissionen identifiziert – winzige Lichtteilchen, sogenannte Photonen –, die einige Forscher als materielle Grundlage für die Interaktion zwischen Bewusstsein und Biologie betrachten. Aus einer eher mystischen Perspektive wurde die Theorie aufgestellt, dass Engel diese subtilen Teilchen im Quantenvakuum manipulieren, um die Manifestation von Ereignissen zu beeinflussen, die dem höheren Wohl dienen.

Als Vermittler agieren Engel gleichzeitig auf drei Ebenen: Sie verbinden das individuelle Bewusstsein mit dem kollektiven Bewusstsein, dienen als Brücke zwischen der materiellen und der spirituellen Ebene und filtern kosmische Energien, um sie für die Menschheit zugänglich zu machen. Ihr Eingreifen ist subtil und respektiert stets den freien Willen. Anstatt Richtlinien aufzuerlegen, manifestiert sich ihr Einfluss als sanfte Führung, die es jedem Menschen ermöglicht, seinen eigenen Weg zu wählen. Ihre Präsenz zielt nicht darauf ab, den menschlichen Willen zu ersetzen, sondern ihn zu erweitern, indem sie neue Möglichkeiten bietet und diejenigen führt, die ihren wahren Zweck verstehen wollen.

Ein kurzer historischer Überblick über den Glauben an Engel

Die frühesten Hinweise auf spirituelle Wesen mit ähnlichen Funktionen wie Engel finden sich in alten mesopotamischen Zivilisationen wie Sumer, Akkad und Babylon. Dort sprach man von den Apkallu-[5] , vorzeitlichen Weisen, die als Hüter und Übermittler göttlichen Wissens dienten. Diese Wesen galten als Vermittler zwischen der Menschheit und den Göttern und hatten die Aufgabe, das Wissen über Schrift, Architektur und Landwirtschaft zu bewahren. Im *Gilgamesch-Epos*, einem der ältesten Texte der Menschheitsgeschichte (aus der Zeit um 2100 v. Chr.), gibt es bereits Hinweise auf das Eingreifen himmlischer Wesen in menschliche Angelegenheiten, wodurch ein Archetyp geschaffen wurde, der später in mehreren Traditionen wiederholt wurde: der göttliche Bote, der das Schicksal der Menschheit beeinflusst.

Im alten Ägypten spiegelte sich das Konzept von Wesenheiten, die zwischen Göttern und Menschen existierten, in Figuren wie dem *Ba*, Darstellungen der Seele, die den Tod überwand, und den *Netjeru*, Gottheiten, die als Wächter und Führer fungierten. In ähnlicher Weise führte der Zoroastrismus, die im 6. Jahrhundert v. Chr. vom Propheten Zarathustra gegründete altpersische Religion, ein dualistisches System ein, das zwischen Engeln und Dämonen unterschied. Diese Klassifizierung beeinflusste das Judentum während der Zeit des Zweiten Tempels tiefgreifend und führte zu einer hierarchischen

---

[5] Mesopotamische mythologische Wesen, die in Keilschrifttexten als Vermittler zwischen Göttern und Menschen angesehen wurden.

Struktur himmlischer Wesen mit spezifischen Namen und Funktionen, wodurch der Grundstein für die organisierte Engelkunde gelegt wurde, die später vom Christentum übernommen wurde.

Während der Renaissance, einer Zeit großer kultureller und spiritueller Expansion in Europa, griffen Philosophen wie Marsilio Ficino, Giovanni Pico della Mirandola und[6] esoterisches Wissen aus verschiedenen Traditionen wieder auf und synthetisierten es. Sie integrierten die Engelkunde mit hermetischem Denken, Neoplatonismus – einer Strömung, die auf Platons Lehren mit einer mystischen Sicht des Kosmos basiert – und der jüdischen Kabbala und schufen so ein strukturierteres und komplexeres Engelmodell. Im 20. Jahrhundert entwickelte sich diese Vision weiter, indem sie mit Konzepten aus der Quantenphysik – die die Verbindung von Teilchen auf subatomarer Ebene erforscht – und der Jungschen Psychologie verschmolz, die die Idee der Archetypen[7] als universelle Muster im kollektiven Unbewussten einführte. Basierend auf diesen transdisziplinären Ansätzen begannen einige spirituelle Forscher, Engel als Ausdruck des universellen holografischen Geistes neu zu interpretieren, d. h. als Manifestationen einer kosmischen Intelligenz, die mit dem menschlichen Bewusstsein interagiert.

---

[6] Ficino und Pico waren Schlüsselfiguren der Renaissance, die neoplatonische, kabbalistische und hermetische Ideen in ihre Philosophie integrierten.

[7] Archetypen sind universelle Muster, die von Carl Jung als Urbilder beschrieben wurden, die im kollektiven Unbewussten vorhanden sind.

Unterschiede zwischen Engeln, Erzengeln und anderen spirituellen Wesen

Engel können als kosmische Spezialisten betrachtet werden, von denen jeder eine bestimmte Funktion in der Realität hat: Heilung, Schutz, Inspiration und andere. Ihre Handlungsfähigkeit wird durch ihre Schwingungsfrequenz – das Energieniveau, auf dem sie wirken – und durch ihr „Spezialgebiet", d. h. die Art der spirituellen Intervention, die sie durchführen können, bestimmt. Im Gegensatz zu *Devas*, Wesen aus östlichen Traditionen, die mit natürlichen Elementen wie Luft, Erde und Wasser verbunden sind, arbeiten Engel mit Energiestrukturen und universellen Mustern, die über das rein Physische hinausgehen.

Erzengel hingegen fungieren als große Koordinatoren. Während Engel einzeln oder in kleinen Missionen arbeiten, beaufsichtigen Erzengel größere Projekte, die von der Führung von Nationen bis zum Schutz planetarischer Evolutionszyklen reichen. Ihre Energie ist expansiver und wirkt gleichzeitig in mehreren Dimensionen, was bedeutet, dass sie auf menschliche Kollektive und historische Prozesse einwirken und die spirituelle Entwicklung in großem Maßstab beeinflussen können.

Andere spirituelle Wesen mit unterschiedlichen Funktionen sind spirituelle Führer, bei denen es sich um entwickelte Seelen handelt, die ihren Inkarnationszyklus abgeschlossen haben und Menschen in ihrer persönlichen Entwicklung begleiten. Devas hingegen bewachen Ökosysteme und die Kräfte der Natur und sorgen so für das planetarische Gleichgewicht. Eine weitere Kategorie sind die aufgestiegenen Meister, die in verschiedenen Inkarnationen menschliche Erfahrungen gesammelt haben, einen hohen Bewusstseinsgrad erreicht haben und die Menschheit weiterhin von höheren Ebenen aus unterstützen. Das Verständnis dieser Unterschiede ist entscheidend für die Wahl der geeigneten Methoden zur Anrufung oder Verbindung mit jeder Art von Wesenheit.

Die Rolle der Engel im Universum

Aus kosmischer Perspektive können Engel als Architekten der Raum-Zeit-Struktur betrachtet werden. Ihre Aufgabe ist es, die Harmonie zwischen dem göttlichen Plan und seiner Manifestation in der Materie aufrechtzuerhalten und sicherzustellen, dass die Zyklen der Schöpfung und Evolution einer kohärenten Ordnung folgen. Einige von der theoretischen Physik inspirierte Theorien, wie beispielsweise die Stringtheorie, gehen davon aus, dass ihre Aufgabe darin besteht, verborgene Dimensionen innerhalb der Struktur des Universums zu stabilisieren und als Regulatoren der grundlegenden Gesetze der Realität zu fungieren. Dies entspricht der Vorstellung, dass Engel eine ähnliche Rolle spielen wie ein Mechaniker, der jedes Zahnrad einer großen Maschine so einstellt, dass alles perfekt synchron funktioniert.

Auf menschlicher Ebene wirken Engel als karmische Ingenieure, die die Ausgangsbedingungen von Situationen verändern, um das Lernen zu fördern, ohne den freien Willen zu beeinträchtigen. Mit anderen Worten: Sie schaffen Möglichkeiten für spirituelles Wachstum, ohne Entscheidungen aufzuzwingen. Die von dem Psychologen Carl Jung entwickelte Theorie der Synchronizität kann uns helfen, diesen Prozess zu verstehen: Engel scheinen durch „bedeutungsvolle Zufälle" einzugreifen, Ereignisse, die äußere Erfahrungen mit inneren Transformationsprozessen in Einklang bringen und Wege schaffen, die der persönlichen Entwicklung förderlich sind.

Auf planetarischer Ebene regulieren Engel den Energiefluss zwischen den Dimensionen. Dies manifestiert sich durch die Öffnung von Sternenportalen – Zugangspunkten zu höheren Realitäten – und die Aktivierung von Energiewirbeln an heiligen Orten oder Orten mit hoher elektromagnetischer Aktivität. Das sogenannte „kristalline Erdgitter", ein Energienetzwerk, das den Planeten umhüllt und durchdringt, wird dank dieser engelhaften Interaktionen im Gleichgewicht gehalten. Ihre Arbeit schlägt sich in der Regulierung der tellurischen Kräfte (Energien, die aus dem Inneren der Erde kommen) und der kosmischen Kräfte (Energien himmlischen Ursprungs) nieder und stellt sicher, dass die Verbindung zwischen Himmel und Erde aktiv und für die Menschheit zugänglich bleibt.

Wie Engel mit Menschen interagieren

Die Verbindung zwischen Engeln und Menschen basiert auf den Prinzipien der energetischen Resonanz und des freien Willens. Einfach ausgedrückt bedeutet dies, dass die Anwesenheit von Engeln intensiver wahrgenommen wird, wenn die Schwingung eines Menschen mit der dieser Wesen übereinstimmt, ohne dass sie jedoch direkt in den individuellen Willen eingreifen. Ihr Einfluss ist subtil und respektvoll und dient eher als Anleitung denn als Zwang.

Einer der Hauptkanäle der Kommunikation mit Engeln ist das emotionale Feld. Engel induzieren erhöhte Zustände bedingungsloser Liebe, Gelassenheit und innerer Klarheit, was die persönliche Transformation erleichtert. Einige Theorien der Quantenbiophysik legen nahe, dass diese Interaktion über die toroidalen Felder des Herzens stattfindet, energetische Strukturen, die harmonische Muster im Bewusstsein erzeugen, ähnlich wie ein abgestimmtes Orchester eine perfekte Symphonie erzeugt.

Auf der mentalen Ebene verwenden Engel universelle Symbole und Archetypen, die seit jeher in der Menschheit vorhanden sind. Bilder wie die Taube, der Blitz oder die Spirale fungieren als Codes, die Botschaften ohne Worte vermitteln. Es wird auch angenommen, dass die Sprache der heiligen Geometrie – Figuren wie die Blume des

Lebens oder platonische Körper[8] – als Kommunikationsmittel dient, um tiefe Erinnerungen in der DNA zu aktivieren und angeborenes Wissen zu wecken. Die Neurowissenschaft hat Zusammenhänge zwischen mystischen Erfahrungen und der gleichzeitigen Aktivierung bestimmter Hirnregionen[9] festgestellt, wie beispielsweise den Temporallappen (verbunden mit Wahrnehmung und Gedächtnis) und dem präfrontalen Kortex (verbunden mit Entscheidungsfindung und Selbstbeobachtung). Dies deutet darauf hin, dass Engel-Erfahrungen einen realen Einfluss darauf haben, wie wir die Realität interpretieren und verarbeiten.

---

[8] Die Blume des Lebens ist ein geometrisches Symbol, das mit universellen Mustern assoziiert wird; platonische Körper repräsentieren grundlegende Formen in der heiligen Geometrie.
[9] Studien wie die von Newberg (2001) zeigen Aktivität in den Temporallappen während mystischer Erfahrungen.

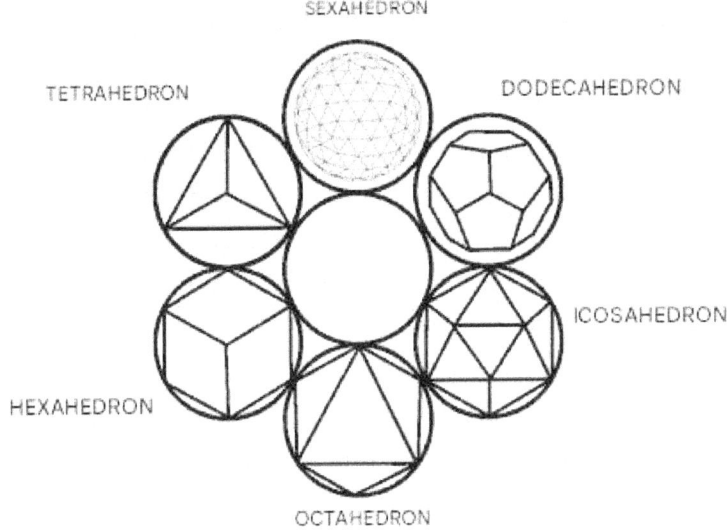

Blume des Lebens und platonische Körper

Auf physischer Ebene kann sich die Anwesenheit von Engeln durch subtile Lichtphänomene manifestieren, wie z. B. Blitze im peripheren Sehen oder kleine Lichtkugeln, sogenannte *Orbs*, die manche Menschen auf Fotos festgehalten haben. Veränderungen in lokalen elektromagnetischen Feldern wurden auch mit EMF-Detektoren (ElectroMagnetic Field) aufgezeichnet, wobei Schwankungen zu Zeiten beobachtet wurden, in denen eine starke spirituelle Präsenz gemeldet wurde. Obwohl diese Phänomene sich konventionellen wissenschaftlichen Erklärungen entziehen, laden sie uns dazu ein, zu bedenken, dass die Realität auf Ebenen miteinander verbunden ist, die wir noch nicht vollständig verstehen.

Engelswahrnehmung: Zeichen und Manifestationen

Um die Anwesenheit von Engeln wahrzunehmen, muss man *eine subtile Sicht* entwickeln, eine Fähigkeit, die es einem ermöglicht, Energien jenseits des sichtbaren Spektrums zu erfassen. Dieser innere Sinn wird aktiviert, wenn das Gehirn in einen Zustand hoher Empfänglichkeit eintritt, der durch die Synchronisation von Theta- und Gamma-Gehirnwellen gekennzeichnet ist. Theta-Wellen stehen im Zusammenhang mit Meditation und Intuition, während Gamma-Wellen mit Momenten der Klarheit und Inspiration assoziiert werden. Seit der Antike verwenden einige schamanische Traditionen Methoden wie rituelle Tänze und Musik, um diese erweiterten Bewusstseinszustände herbeizuführen und so die Wahrnehmung des Unsichtbaren zu erleichtern.

Engel kommunizieren durch symbolische Zeichen, die im Alltag auftreten können. Zu den häufigsten Zeichen gehören das Finden von Federn an unerwarteten Orten, das Sehen sich wiederholender Muster auf Uhren (wie 11:11 oder 22:22) oder das Empfangen von Botschaften, die direkt auf eine innere Frage zu antworten scheinen. Diese Manifestationen können als Erinnerungen an die spirituelle Ausrichtung oder als Antworten auf Fragen der Seele interpretiert werden.

Aus energetischer Sicht wird angenommen, dass diese Zeichen als Gedächtnisstützen innerhalb der nicht-kodierenden DNA fungieren, d. h. in den Teilen unseres genetischen Materials, die nicht direkt mit der Proteinproduktion zusammenhängen, aber Informationen über unsere Vorfahren und spirituelle Informationen speichern könnten. Einige Hypothesen in der Epigenetik legen nahe, dass bestimmte Reize latente Erinnerungen in unserem genetischen Code aktivieren können, was erklären würde, warum manche Menschen sofortige Wiedererkennung empfinden, wenn sie ein Engelszeichen erhalten.

In der heutigen Welt hat die Technologie neue Wege eröffnet, um die Präsenz von Engeln wahrzunehmen. Es wurden Störungen in elektronischen Geräten dokumentiert, wie z. B. ohne ersichtlichen Grund blinkende Lichter oder unerwartete Geräusche in Audioaufnahmen, die auf die Präsenz subtiler Energien zu reagieren scheinen. Aus esoterischer Sicht haben einige Forscher vorgeschlagen, dass diese Phänomene auf Wechselwirkungen mit Quanteninformationsfeldern zurückzuführen sein könnten, was darauf hindeutet, dass Engel sogar digitale Medien nutzen könnten, um Botschaften zu übermitteln, die an das moderne Bewusstsein angepasst sind.

Auf diese Weise ist die Wahrnehmung von Engeln kein Phänomen, das ausschließlich der Antike vorbehalten ist, sondern eine Realität, die sich im Alltag auf neue und vielfältige Weise manifestiert. Der Schlüssel zu ihrer Erkennung liegt in der inneren Offenheit und Sensibilität, die Zeichen zu deuten, die uns ständig umgeben.

Einführende Übungen zur Wahrnehmung von Engeln

Meditation zur Einstimmung auf die Energie der Engel

Diese Übung hilft Ihnen, sich mit den subtilen Schwingungen der Engel zu verbinden und Ihre Wahrnehmung ihrer Präsenz in Ihrem Leben zu erweitern.

Anleitung:
1. **Bereiten Sie den Raum vor:**

   Suchen Sie sich einen ruhigen Ort, an dem Sie ungestört sind. Setzen oder legen Sie sich bequem hin, halten Sie den Rücken gerade, aber entspannt. Legen Sie Ihre Hände sanft auf Ihren Schoß oder an Ihre Seiten.

2. **Atmen Sie bewusst:**

   Schließen Sie die Augen und beginnen Sie, langsam und tief zu atmen. Atmen Sie durch die Nase ein und lassen Sie die Luft zuerst Ihren Bauch und dann Ihre Brust füllen. Halten Sie den Atem einen Moment lang an und atmen Sie dann langsam durch den Mund aus. Spüren Sie, wie sich Ihr Körper mit jedem Ausatmen mehr entspannt.

3. **Stellen Sie sich das himmlische Licht vor:**

Stellen Sie sich ein weißes und goldenes Licht vor, das sanft von oben herabkommt, Ihre Krone durchdringt und Ihr ganzes Wesen erfüllt. Spüren Sie, wie dieses göttliche Licht durch jede Zelle Ihres Körpers fließt, Blockaden löst, Spannungen abbaut und Sie in ein tiefes Gefühl des Friedens hüllt.

4. **Erweitern Sie Ihre Energie:**

Während Sie in dieses Licht eintauchen, stellen Sie sich vor, wie sich Ihre Energie über Ihren Körper hinaus ausdehnt und sich mit einem unendlichen Feld der Liebe und Weisheit verbindet: dem Reich der Engel.

5. **Öffnen Sie Ihre Absicht:**

Drücken Sie innerlich, mental oder laut aus:

„Engel des Lichts, ich öffne mein Herz und meinen Geist für eure Liebe und Führung. Lasst mich eure Gegenwart auf die Weise spüren, die ich am besten verstehen kann."

6. **Nimm ohne Erwartungen wahr:**

Bleiben Sie in einem Zustand der Empfänglichkeit. Beobachten Sie alle Empfindungen, Bilder, Emotionen oder Gedanken, die auftauchen. Analysieren oder beurteilen Sie nicht, sondern erleben Sie einfach.

7. **Schließen Sie mit Dankbarkeit:**

   Wenn Sie das Gefühl haben, dass es Zeit ist, zu beenden, danken Sie den Engeln für ihre Gegenwart und bringen Sie Ihre Aufmerksamkeit zurück zu Ihrem physischen Körper. Spüren Sie den Kontakt mit dem Boden, die Luft um Sie herum, das Schlagen Ihres Herzens. Bevor Sie Ihre Augen öffnen, bekräftigen Sie innerlich:

   „Ich bleibe den ganzen Tag über mit der Energie der Engel verbunden."

Führen Sie diese Meditation regelmäßig durch, um Ihre Verbindung zum Engelreich zu stärken und Ihre feinstoffliche Wahrnehmung zu verfeinern.

2. Übung, um sich mit Ihrem Schutzengel zu verbinden

Ihr Schutzengel begleitet Sie seit Ihrer Geburt und steht Ihnen bei jedem Schritt Ihres Lebens zur Seite. Mit dieser Übung können Sie Ihre Verbindung zu seiner liebevollen Präsenz stärken.

Anleitung:
1. **Finden Sie Ihren heiligen Ort:**

   Wählen Sie einen Ort, an dem Sie ruhig und frei von Ablenkungen sein können. Das kann Ihr Zimmer sein, ein besonderer Ort in der Natur oder einfach ein ruhiger Moment während des Tages.

2. **Atembewusstsein:**

   Schließe deine Augen und konzentriere dich auf deine Atmung. Versuche nicht, sie zu verändern, sondern beobachte sie einfach. Spüre, wie die Luft auf natürliche Weise in deinen Körper ein- und ausströmt, und verankere dich so in der Gegenwart.

3. **Herzaktivierung:**

   Richten Sie Ihre Aufmerksamkeit auf die Mitte Ihrer Brust, wo sich Ihr Herz befindet. Stellen Sie sich vor, dass sich mit jedem Einatmen ein sanftes goldenes Licht von diesem Punkt aus ausbreitet und Liebe und Gelassenheit in Ihrem ganzen Wesen ausstrahlt. Verweilen Sie für einige Momente in diesem Gefühl und lassen Sie das Licht alle Sorgen auflösen.

4. **Laden Sie Ihren Schutzengel ein:**

   Erweitern Sie aus diesem Zustand der Offenheit heraus mit Liebe und Vertrauen eine Einladung:

5. *„Schutzengel, liebevolle Präsenz, die mich seit meiner Geburt begleitet, ich lade dich ein, dich in meinem Bewusstsein zu zeigen. Lass mich dich spüren und wissen, dass du hier bei mir bist."*

6. **Hören und wahrnehmen Sie:**

   Bleiben Sie still und empfänglich. Möglicherweise spüren Sie eine Veränderung der Temperatur, ein leichtes Kribbeln auf Ihrer Haut oder ein tiefes

Gefühl der Ruhe. Vielleicht kommt Ihnen spontan ein Wort, ein Bild oder eine Emotion in den Sinn. Machen Sie sich keine Sorgen, wenn Sie nicht sofort etwas wahrnehmen; die Verbindung zu Ihrem Engel wird mit der Übung immer stärker.

7. **Schließen Sie mit Dankbarkeit:**

Zum Abschluss drückst du deine Dankbarkeit aus:

„Danke, geliebter Engel, dass du immer an meiner Seite bist. Hilf mir, mir deiner Gegenwart mein ganzes Leben lang bewusst zu bleiben."

Atmen Sie ein paar Mal tief durch und öffnen Sie die Augen, wenn Sie sich bereit fühlen.

2. Geschichte der Engel in verschiedenen Kulturen und Religionen

Engel im Judentum: vom Alten Testament bis zur Kabbala

In der jüdischen Tradition werden Engel als „mal'akh" bezeichnet, ein hebräischer Begriff, der „Bote" bedeutet. Ihre Hauptaufgabe besteht darin, als Vermittler zwischen Gott und den Menschen zu fungieren, göttliche Botschaften zu überbringen oder in entscheidenden Momenten der Geschichte einzugreifen. Im Alten Testament sind diese Wesen nicht auf abstrakte Präsenzen beschränkt; in vielen Fällen nehmen sie menschliche Gestalt an und nehmen aktiv an irdischen Ereignissen teil[10].

Ein Beispiel dafür findet sich in den Kapiteln 18 und 19 des Buches Genesis, in denen der Besuch von drei Engeln bei Abraham beschrieben wird. Einer von ihnen verkündet die Geburt Isaaks, während die beiden anderen nach

---

[10] In Texten wie Genesis 18-19 interagieren Engel physisch mit Menschen und demonstrieren so ihre Rolle als göttliche Vermittler in Schlüsselereignissen.

Sodom gehen, um Lot vor der bevorstehenden Zerstörung der Stadt zu warnen. Diese Interaktion symbolisiert die direkte Manifestation des göttlichen Willens in der menschlichen Welt. Eine weitere bedeutende Passage ist Jakobs Vision in Genesis 28:12, in der er eine Leiter betrachtet, die Himmel und Erde verbindet und auf der Engel auf- und absteigen. Dieser Traum bekräftigt die Vorstellung, dass Engel nicht nur Botschaften überbringen, sondern auch die Verbindung zwischen der spirituellen und der materiellen Ebene erleichtern.

In der rabbinischen Literatur übernehmen Engel klarere Rollen und erhalten bestimmte Namen und Funktionen. Zu den bekanntesten gehören Michael, der Beschützer Israels[11] und Symbol der göttlichen Kraft; Raphael, der himmlische Heiler, dessen Rolle im Buch Tobit von grundlegender Bedeutung für die Führung und Unterstützung Tobias' bei seiner Mission ist; und Gabriel, der Überbringer prophetischer Visionen und Offenbarungen, insbesondere im Buch Daniel.

Die Kabbala, die mystische Tradition des Judentums, befasst sich noch eingehender mit der Natur der Engel und betrachtet sie als energetische Kräfte, die durch die Sefirot, die Kanäle der Göttlichkeit im Baum des Lebens, wirken. Im Zohar, einem der wichtigsten kabbalistischen Texte, werden Engel als Wesen des Lichts beschrieben, die die kosmische Ordnung aufrechterhalten und menschliche

---

[11] Der Erzengel Michael wird in Texten wie Daniel 10:13 und Offenbarung 12:7 als Anführer der himmlischen Heerscharen erwähnt.

Handlungen aufzeichnen und als Brücken zwischen spiritueller Erfahrung und ethischem Verhalten fungieren.

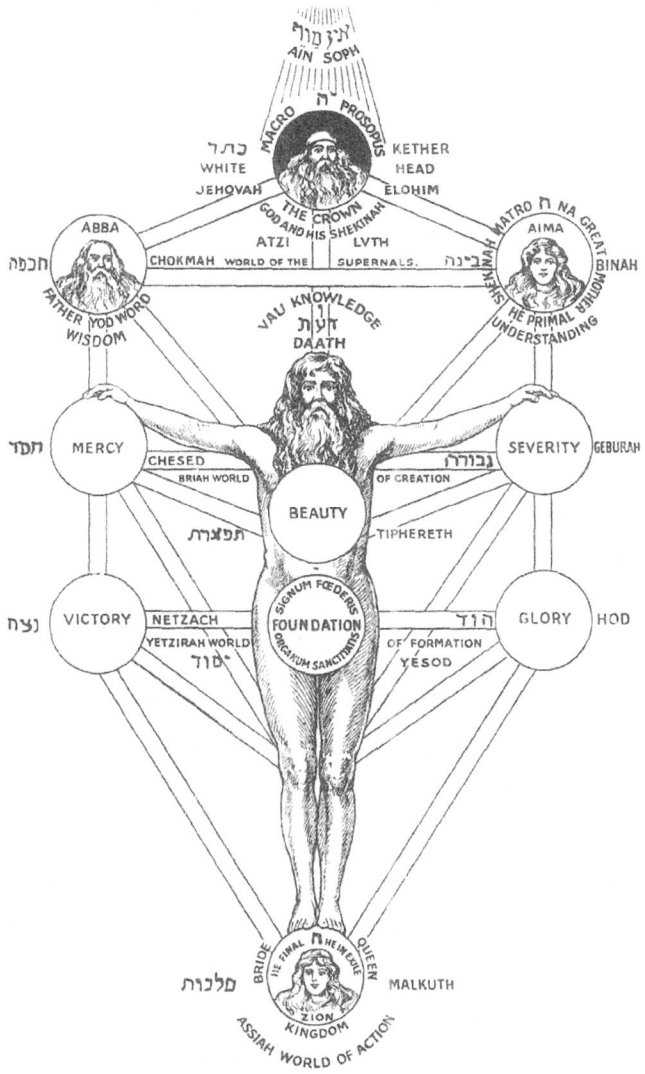

Baum des Lebens und die Sephirot

Engel im Christentum: Entwicklung der Engellehre

Das Christentum übernahm und interpretierte die jüdische Engelkunde neu und gab diesen Wesen eine klarere Rolle innerhalb des Heilsplans. Seit den ersten Jahrhunderten galten Engel nicht nur als Boten, sondern auch als aktive Teilnehmer an der Erlösung der Menschheit.

Einer der Meilensteine in der Entwicklung dieser Lehre war das Werk des Pseudo-Dionysius Areopagita „[12]" (Über die drei Stufen der Schöpfung), einem mittelalterlichen christlichen Mystiker, der Engel in himmlische Hierarchien einteilte. Nach seinem System repräsentieren Seraphim die brennende Liebe Gottes, Cherubim bewachen die heilige Weisheit und Throne verkörpern die göttliche Autorität. Später entwickelte Thomas von Aquin diese Konzepte weiter und beschrieb Engel als „reine Intellekte", d. h. Wesen ohne physischen Körper, deren Existenz der Kontemplation und Anbetung Gottes gewidmet ist.

Die Erzengel Michael, Gabriel und Raphael nahmen in der christlichen Tradition eine zentrale Rolle ein. Michael etablierte sich als himmlischer Krieger, der gegen die

---

[12] Pseudo-Dionysius Areopagita war ein christlicher Theologe und Mystiker des 5. bis 6. Jahrhunderts und Autor einflussreicher neoplatonischer Texte über negative Theologie und himmlische Hierarchie, die fälschlicherweise einem Schüler des Paulus zugeschrieben wurden.

Mächte des Bösen kämpft; Gabriel wurde zum Engel der Verkündigung, der Maria ihre Rolle bei der Geburt Jesu mitteilte; und Raphael behielt seine Rolle als Heiler und spiritueller Führer.

Das Konzil von Nicäa im Jahr 325 n. Chr. markierte einen entscheidenden Punkt in der Engellehre, indem es die Vorstellung ablehnte, dass Christus als Engel betrachtet werden könne, und seine absolute Göttlichkeit bekräftigte. Dies verstärkte die Vorstellung von Engeln als Wesen, die Gott untergeordnet sind und deren Hauptaufgabe darin besteht, der Menschheit zu dienen und ihr zu helfen.

Die Kunst der Renaissance spiegelte diese Sichtweise wider und stellte Engel mit einer ätherischen Schönheit dar, die das Menschliche mit dem Göttlichen verband. Maler wie Fra Angelico und Sandro Botticelli porträtierten sie mit androgynen und harmonischen Formen und vermittelten ihre himmlische Natur durch Farbe, Licht und den ruhigen Ausdruck ihrer Figuren.

Engel im Islam: die Dschinn und die Malaikah

In der islamischen Tradition werden Engel (Malaikah) im Koran als Wesen des Lichts beschrieben, die von Gott geschaffen wurden, um seine Befehle ohne Frage auszuführen. Im Gegensatz zu Menschen und Dschinn – letztere wurden aus Feuer geschaffen und mit freiem Willen ausgestattet – haben Engel keinen freien Willen und agieren ausschließlich als Vollstrecker des göttlichen Willens.

[13] Jibril (Gabriel) ist der bedeutendste Engel im Islam, da er dafür verantwortlich war, dem Propheten Mohammed in der Höhle von Hira den Koran zu offenbaren, und so zur Verbindung zwischen dem Göttlichen und der Menschheit wurde. Mikail (Michael) regiert die Naturphänomene und wird mit Regen und der Fruchtbarkeit der Erde in Verbindung gebracht. Israfil ist der Engel, der am Tag des Jüngsten Gerichts die Posaune blasen und damit das Ende der Zeit einläuten wird.

Neben den Engeln erkennt der Islam auch die Existenz von Dschinn an, unsichtbaren Wesen, die sich entweder dem Guten oder dem Bösen zuwenden können. Ihr freier Wille macht sie den Menschen ähnlich, und in einigen Interpretationen werden sie mit dämonischen Wesenheiten anderer Traditionen in Verbindung gebracht.

Die mittelalterliche islamische Theologie etablierte eine präzise Hierarchie unter den Engeln und teilte sie in verschiedene Ränge ein, wie die Hamalat al-'arsh (Träger des Throns Gottes) und die Muqarrabun (die Gott am nächsten stehen). Diese Struktur spiegelt eine Vision wider, in der sich das Göttliche sowohl in der Harmonie

---

[13] Nach islamischer Überlieferung übermittelte Jibril dem Propheten Mohammed über einen Zeitraum von 23 Jahren den Koran, beginnend in der Höhle von Hira.

des Kosmos als auch im individuellen Schutz jedes Gläubigen manifestiert.

Himmlische Wesen im Zoroastrismus und ihr Einfluss

Der Zoroastrismus, eine der ältesten Religionen der Welt, entwickelte ein Engelssystem, das das Judentum und in der Folge auch die christlichen und islamischen Traditionen tiefgreifend beeinflusste. Sein oberster Gott, Ahura Mazda, übertrug bestimmte Funktionen an die Amesha Spentas, göttliche Wesenheiten, die wesentliche kosmische Prinzipien repräsentieren.

Jeder Amesha Spenta verkörpert eine heilige Tugend: Vohu Manah symbolisiert gutes Denken, Asha Vahishta symbolisiert Wahrheit und Gerechtigkeit und Kshathra Vairya symbolisiert Souveränität und Schutz. Darüber hinaus gehören zu den Yazatas – ehrwürdigen Wesen, die als Vermittler zwischen Himmel und Erde fungieren – Figuren wie Mithra, Gott des Lichts und der Bündnisse, und Anahita, Göttin des Wassers und der Fruchtbarkeit.

Während des babylonischen Exils beeinflusste der Kontakt mit dem Zoroastrismus die Gestaltung der jüdischen Engelkunde, festigte die Figur des Michael als Verteidiger des Volkes Israel und verstärkte die Vorstellung eines kosmischen Konflikts zwischen Gut und Böse. Die Idee der Fravashis, individueller Schutzgeister, fand ebenfalls Parallelen in der Vorstellung von Schutzengeln.

Devas und himmlische Wesen im Hinduismus und Buddhismus

Im Hinduismus sind Devas Gottheiten, die Naturkräfte und kosmische Prinzipien repräsentieren. Agni ist der Gott des Feuers, Vayu herrscht über die Winde und Surya verkörpert die Sonnenenergie. Im Gegensatz zu monotheistischen Engeln sind Devas nicht einem einzigen Gott untergeordnet, sondern Teil eines miteinander verbundenen Pantheons.

Der Buddhismus hingegen versteht Devas als Bewohner höherer Ebenen innerhalb des Samsara, dem Kreislauf der Wiedergeburt. Obwohl sie große Macht genießen, unterliegen sie dennoch dem Karma und müssen schließlich in andere Existenzzustände wiedergeboren werden.

Andere himmlische Wesen sind die Apsaras, tanzende Nymphen, die die Götter begleiten, und die Gandharvas, göttliche Musiker. Im Gegensatz dazu verkörpern Bodhisattvas unendliches Mitgefühl und verschieben in ihrem Wunsch, anderen zu helfen, ihren Eintritt ins Nirvana, um Wesen zur Erleuchtung zu führen, wobei sie eine ähnliche Rolle wie Schutzengel in anderen Traditionen erfüllen.

Engel in der nordischen und griechischen Mythologie: Parallelen und Unterschiede

Obwohl es in der nordischen Mythologie keine Gestalten gibt, die Engeln im traditionellen Sinne entsprechen, finden wir Wesen, die ähnliche Rollen als Vermittler und Wächter des Schicksals erfüllen. Die Walküren zum Beispiel sind himmlische Kriegerinnen, die die tapfersten Gefallenen auswählen, um sie nach Walhall zu führen, einer majestätischen Halle, in der Krieger auf Ragnarök, die letzte Schlacht der Welt, warten. Ihre Funktion symbolisiert die direkte Verbindung zwischen dem Menschlichen und dem Göttlichen und stellt sicher, dass die Würdigen einen Platz in der Ewigkeit haben.

Ein weiteres verwandtes Konzept ist das der Fylgjur, Schutzgeister, die Menschen ihr ganzes Leben lang begleiten und meist die Form eines schützenden Tieres annehmen. Diese Wächter gelten als Manifestationen des Schicksals und spiegeln in vielen Fällen den Charakter oder das Glück derer wider, die sie besitzen.

Die griechische Mythologie hingegen führt den Begriff der Daimonen ein, Wesen, die als Vermittler zwischen Göttern und Menschen fungieren. Im Gegensatz zu den Engeln in der abrahamitischen Tradition sind Daimonen nicht von Natur aus wohlwollend oder bösartig, sondern Kräfte, die das Schicksal und das Glück der Menschen beeinflussen können. Einige, wie Schutzgeister, beschützen und inspirieren Sterbliche, während andere Unglück oder Verwirrung stiften können.

Innerhalb dieses Pantheons weisen Figuren wie Hermes, der Bote der Götter, und Nike, die Personifizierung des Sieges, Eigenschaften auf, die später die christliche Ikonographie der Engel beeinflussen sollten. In der griechischen Weltanschauung waren diese Wesen jedoch nicht bloße Vollstrecker des göttlichen Willens, sondern Teil eines polytheistischen Systems, in dem mehrere Gottheiten und Kräfte in einer komplexen Struktur von Wechselwirkungen koexistierten.

Entwicklung der Wahrnehmung von Engeln im Zeitalter des Wassermanns

Das Bild der Engel hat sich im Laufe der Zeit ständig weiterentwickelt, und im sogenannten Wassermannzeitalter – von vielen als neuer Zyklus spiritueller Transformation interpretiert – hat es Bedeutungen angenommen, die sich von denen der konventionellen religiösen Traditionen unterscheiden. In diesem Zusammenhang werden Engel als Quantenarchetypen verstanden, ein Begriff, der Konzepte der modernen Physik mit spirituellen Vorstellungen zu verbinden sucht. Die Idee dahinter ist, dass diese Wesen keine externen Entitäten mit einer definierten Form sind, sondern vielmehr Bewusstseinsmuster, die im Energiefeld des Universums und in der menschlichen Psyche vorhanden sind.

Die New-Age-Bewegung hat bei dieser Neuinterpretation eine Schlüsselrolle gespielt und Ideen aus der Kabbala – wo Engel als Emanationen des Göttlichen angesehen werden –, der Theosophie – die komplexe spirituelle Hierarchien etabliert – und der Jungschen Psychologie – die sie als Manifestationen des kollektiven Unbewussten betrachtet – integriert. In diesem synkretistischen Ansatz sind Engel keine Figuren, die verehrt werden müssen, sondern spirituelle Führer, zu denen jeder Einzelne durch Intuition und Meditation eine direkte Beziehung aufbauen kann.

Innerhalb dieser Strömung haben Autoren wie Doreen Virtue[14] Werkzeuge wie Orakelkarten und Techniken zur Kommunikation mit Engeln gefördert und Engel als „spirituelle Coaches" dargestellt, die Menschen bei ihrem inneren Wachstum helfen. Diese Sichtweise betont die individuelle Selbstermächtigung, entfernt sich von dogmatischen Hierarchien und fördert eine zugängliche und personalisierte Spiritualität.

Heute gewinnt diese Perspektive immer mehr Anhänger und spiegelt die kollektive Suche nach einer Verbindung mit dem Transzendenten wider, ohne sich an traditionelle

---

[14] Doreen Virtue ist eine zeitgenössische Autorin, die dafür bekannt ist, moderne Methoden der Kommunikation mit Engeln in der New-Age-Bewegung populär gemacht zu haben.

religiöse Strukturen halten zu müssen. Engel sind keine statischen Figuren, sondern wandeln sich entsprechend den spirituellen Bedürfnissen jeder Epoche.

Engel in der modernen Populärkultur: Einfluss auf Kunst und Literatur

Das Bild der Engel wurde in der zeitgenössischen Kunst und Literatur neu interpretiert und hat sich in vielen Fällen von seinen theologischen Wurzeln entfernt, um sich neuen kulturellen Kontexten anzupassen. Künstler wie Louise Bourgeois haben die Ikonografie der geflügelten Wesen aus einer introspektiven Perspektive untersucht und in ihren Werken die emotionalen und psychologischen Dimensionen des Menschen eingefangen.

[15]In der Popkultur wurden Engel auf überraschende Weise neu interpretiert. In der Zeichentrickserie Neon Genesis Evangelion beispielsweise erscheinen diese Wesen als rätselhafte Wesen außerirdischen Ursprungs, die das Heilige mit dem Technologischen und Apokalyptischen verschmelzen. Serien wie Supernatural und Good Omens haben sich mit der moralischen Ambivalenz dieser Wesen auseinandergesetzt und sie als komplexe Wesen mit

---

[15] Neon Genesis Evangelion ist eine japanische Serie, die religiöse und philosophische Konzepte durch eine futuristische apokalyptische Erzählung neu interpretiert.

inneren Konflikten dargestellt, weit entfernt vom traditionellen Bild makelloser göttlicher Boten.

In der Literatur haben Romane wie Dan Browns „Angels and Demons" die Engelkunde mit mysteriösen Handlungen und historischen Intrigen verflochten, während Donna Tartts „The Invention of Angels" eine eher symbolische und philosophische Sichtweise dieser Wesen untersucht. Im Kino haben Filme wie „Constantine" und „City of Angels"[16] die Figur des Engels vermenschlicht und existenzielle Dilemmata und die Sehnsucht nach Transzendenz in einer Welt untersucht, in der das Göttliche und das Menschliche miteinander verflochten sind.

Dieses Wiederaufleben der Engelsfigur in der zeitgenössischen Kultur spiegelt einen Trend wider, das Spirituelle aus einer persönlichen und künstlerischen Perspektive zu erforschen. Engel sind längst keine statischen Darstellungen mehr, sondern haben sich zu Symbolen des Schutzes, der Verwandlung und der Erlösung entwickelt, die menschliche Wünsche und Sehnsüchte auf das ewige Geheimnis des Himmlischen projizieren.

---

[16] City of Angels (1998) untersucht Themen wie Liebe und Sterblichkeit aus der Perspektive eines Engels, der menschliche Emotionen erleben möchte.

3. Engelhierarchien: Die himmlische Ordnung verstehen

Die himmlische Hierarchie nach Pseudo-Dionysius Areopagita

Das von Pseudo-Dionysius in *De Coelesti Hierarchia* (5.–6. Jahrhundert n. Chr.) skizzierte hierarchische System bietet eine strukturierte Sichtweise auf die himmlischen Intelligenzen und ordnet sie in drei Sphären mit jeweils drei Ordnungen ein. Dieses Modell, das neoplatonisches Denken mit christlicher Theologie verbindet, beschreibt, wie göttliches Licht und Wissen von den höchsten Ebenen herabsteigen, bis sie die menschliche Sphäre erreichen.

Jede Triade erfüllt in diesem Prozess der spirituellen Übertragung einen bestimmten Zweck. Die erste ist in die reine Kontemplation des Göttlichen versunken, die zweite ist für die Interpretation und Gestaltung dieses Wissens verantwortlich, und die dritte wirkt direkt in der materiellen Welt und beeinflusst die menschliche Erfahrung. Diese Struktur ist nicht starr oder mechanisch, sondern vielmehr ein lebendiges Netzwerk miteinander verbundener Bewusstseinsformen, in dem jede Ebene die nächste befähigt und mit ihr zusammenarbeitet.

Die höheren Hierarchien kommunizieren nicht direkt mit den niedrigeren, sondern verwenden Symbole und Archetypen, die an das Verständnis jeder Ordnung angepasst sind, wodurch eine fortschreitende Weitergabe göttlichen Wissens gewährleistet wird. Stellen Sie sich diesen Prozess wie einen Fluss vor, der aus den Höhen fließt und durch verschiedene Kanäle gefiltert wird, bis er die Menschheit erreicht. In diesem Fluss verwenden Engel heilige Muster, wie beispielsweise universelle Geometrie, um die Manifestation von Wissen auf der irdischen Ebene zu erleichtern.

Die neun Engelordnungen

1. Seraphim

Seraphim verkörpern die göttliche Liebe in ihrer reinsten und glühendsten Form. Ihr Name, abgeleitet vom hebräischen Wort *saraph* („brennen"), spielt auf die Flamme ihrer absoluten Hingabe an. In Jesajas prophetischer Vision (6:1-3) umgeben sie Gottes Thron und singen das Trisagion-[17] – „Heilig, heilig, heilig" –, das extrem hochfrequente Schwingungen erzeugt, die alles, was sie berühren, reinigen und verwandeln können. Ihre Energie ähnelt einer himmlischen Melodie, die jeden

---

[17] Das Trisagion ist eine liturgische Hymne, die die göttliche Heiligkeit preist und in östlichen und westlichen christlichen Traditionen verwendet wird.

Schatten auflöst und uns an unsere Verbindung zur Einheit des Universums erinnert.

2. Cherubim

Die Cherubim[18] sind die Hüter des heiligen Wissens und die Verwahrer der kosmischen Weisheit. Sie werden mit mehreren Augen und Flügeln dargestellt, was ihre umfassende Sicht und ihre Fähigkeit symbolisiert, alle Ebenen der Existenz zu erfassen. In der kabbalistischen Tradition werden sie mit *Binah*, der Emanation des tiefen Verständnisses, in Verbindung gebracht. Sie bewachen nicht nur das Wissen, sondern entschlüsseln es auch, damit es auf verständliche Weise an niedrigere Ordnungen weitergegeben werden kann, und fungieren so als Dolmetscher des göttlichen Gedankens.

3. Throne

Throne stehen für göttliche Gerechtigkeit und die Stabilität des Kosmos. Sie sind auch als Ophanim-[19]-Räder bekannt, da sie in apokalyptischen Texten als rotierende Strukturen erscheinen, die den himmlischen Thron stützen. Stellen Sie sich eine perfekte kosmische Maschinerie vor, deren Funktion darin besteht, Realitäten zu stabilisieren und göttliche Energie in Harmonie mit den Mustern des

---

[18] Cherubim erscheinen in Genesis 3:24 als Wächter des Garten Eden und in Hesekiel 10 als Träger des göttlichen Throns.
[19] Die Ophanim werden in Hesekiel 1,15-21 als Räder voller Augen beschrieben, die Lebewesen in prophetischen Visionen begleiten.

Universums zu kanalisieren. Ihre Anwesenheit gleicht die Kräfte des Chaos und der Ordnung aus und sorgt für Kohärenz in der Manifestation des göttlichen Willens.

4. Herrschaften

Die Herrschaften sind die Architekten der universellen Gesetze. Ihnen wird zugeschrieben, die Prinzipien entworfen zu haben, die den Kosmos regieren, und Harmonie zwischen physikalischen und spirituellen Gesetzen herzustellen. Ihre Rolle ähnelt der von göttlichen Ingenieuren, die dafür sorgen, dass die Energie zwischen den verschiedenen Ebenen der Existenz korrekt fließt. Sie sind für die Struktur der natürlichen Ordnung verantwortlich, von der Schwerkraft bis zur Interaktion der Seelen in ihren Evolutionsprozessen.

5. Tugenden

Die Tugenden sind die Vermittler von Wundern und die Hüter der göttlichen Gnade. Ihre Energie transformiert die Schwingung der materiellen Welt, um sie mit höheren Bewusstseinszuständen in Einklang zu bringen. Sie sind dafür verantwortlich, transzendentale Veränderungen zu manifestieren, wie spontane Heilungen oder bedeutungsvolle Synchronizitäten, und Glauben und Absicht in greifbare Realitäten zu verwandeln. Im Laufe der Geschichte wurden sie mit der Verwaltung der Elemente und der Fähigkeit, Materie auf subtilere Ebenen zu erheben, in Verbindung gebracht.

6. Kräfte

Kräfte sind die Hüter des karmischen Gleichgewichts und die Regulatoren der Dynamik zwischen Licht und Dunkelheit. Ihre Funktion besteht darin, die Integrität evolutionärer Prozesse zu schützen und sicherzustellen, dass keine Kraft die natürliche Entwicklung der Seele verändert. Es wird gesagt, dass sie negative Energiestrukturen auflösen und Egregoren[20] – kollektive Gedankenformen, die das menschliche Bewusstsein beeinflussen können – zerstreuen, wodurch die Menschheit ohne verzerrende Einflüsse voranschreiten kann.

7. Fürstentümer

Die Fürstentümer[21] sind die Hüter der Nationen und Kulturen. Ihr Einfluss erstreckt sich auf das Wachstum von Gesellschaften, das Aufblühen künstlerischer Bewegungen und die Weiterentwicklung von Ideen, die die Geschichte verändern. Sie wirken als Inspiratoren spiritueller Revolutionen und Hüter der kollektiven Identität und beeinflussen Führer und Visionäre, ihre Handlungen auf das Gemeinwohl auszurichten. Sie sind dafür verantwortlich, die Verbindung zwischen der

---

[20] Egregoren sind Formen kollektiven Denkens, die laut Esoterik das Gruppenbewusstsein positiv oder negativ beeinflussen können.
[21] Gemäß Daniel 10,13 beaufsichtigen Fürstentümer Regionen oder Völker; der „Fürst von Persien" wird als Beispiel für diese Funktion genannt.

Menschheit und den höheren Kräften, die die planetarische Evolution leiten, aufrechtzuerhalten.

8. Erzengel

Erzengel koordinieren groß angelegte Missionen auf planetarischer Ebene. Während Engel individuell helfen, agieren Erzengel in kollektiven Dimensionen und greifen in kritischen Momenten der Menschheitsgeschichte ein. Michael beispielsweise ist bekannt für seinen Schutz in Zeiten von Konflikten, Raphael für seine Arbeit im Bereich der globalen Heilung. Ihre Schwingung umfasst mehrere Ebenen der Existenz, sodass sie gleichzeitig bei verschiedenen Transformationsprozessen auf der Erde helfen können.

9. Engel

Engel sind die Boten und Wächter, die der Menschheit am nächsten stehen. Ihre Aufgabe ist es, direkt im Leben der Menschen zu wirken und ihnen täglich Führung, Schutz und Unterstützung zu bieten. Es heißt, dass sie mit dem Energiefeld jedes Einzelnen arbeiten und dessen emotionale und mentale Frequenzen anpassen, um sie auf ein höheres Ziel auszurichten. Sie sind die greifbarste Manifestation himmlischer Hilfe und erinnern uns daran, dass wir auf unserer Reise niemals allein sind.

Spezifische Funktionen jeder Engelordnung

Jede Engelordnung erfüllt einen einzigartigen Zweck innerhalb des riesigen Gefüges des Universums und fungiert als spezialisierter Kanal für die Manifestation und Regulierung göttlicher Energie. Sie sind nicht nur symbolische Figuren, sondern aktive Akteure, die die Struktur der Realität beeinflussen.

Seraphim strahlen über ihre Hingabe an das Göttliche hinaus Schwingungen aus, die nicht nur loben, sondern auch die Struktur des Kosmos formen. Ihr Gesang ist mehr als ein Ausdruck der Verehrung, er ist eine kraftvolle Frequenz, die die Anordnung der Galaxien und die Harmonie der feinstofflichen Ebenen beeinflusst. Es ist, als würde ihre Melodie das Universum umhüllen und die Ordnung auf den höchsten Ebenen der Existenz aufrechterhalten.

Cherubim, die Hüter der Weisheit, sammeln Wissen nicht als statisches Archiv, sondern säen es als Ideen in die Köpfe derer, die bereit sind, sie zu empfangen. Diese Inspirationen können sich als wissenschaftliche Fortschritte, spirituelle Offenbarungen oder kreative Impulse manifestieren, die den Lauf der Menschheit verändern.

Throne sind Vermittler des Gleichgewichts. Ihre Aufgabe ist es, Energie zu ordnen, Chaos in Harmonie zu verwandeln und kosmische Strukturen zu schaffen, die sich in allem widerspiegeln, vom emotionalen Gleichgewicht eines Individuums bis hin zur Stabilität planetarischer Systeme. Ihr Eingreifen wird in

Krisenzeiten wahrnehmbar, wenn Energien überfordert scheinen und neu ausgerichtet werden müssen.

Die **Herrschaften** fungieren als die großen Organisatoren des universellen Flusses. Sie sind die Gestalter der Prinzipien, die die Existenz regeln, und legen den Grundstein für die Wechselwirkung zwischen spirituellen und natürlichen Gesetzen. Ihre Arbeit stellt sicher, dass die Evolution des Kosmos einem göttlichen Zweck folgt, ohne dass es zu ungeordneten Störungen kommt.

Die **Tugenden** sind die Kraft hinter Wundern und transzendentalen Veränderungen. Sie fungieren als Kanäle göttlicher Gnade und verwirklichen die höchsten Gebete und Wünsche in der physischen Welt. Ihr Einfluss zeigt sich in Phänomenen wie unerwarteten Heilungen, bedeutungsvollen Synchronizitäten und Ereignissen, die sich der konventionellen Logik entziehen.

Die Mächte hingegen sind die Hüter des energetischen Gleichgewichts. Sie schützen die Stabilität des kollektiven Bewusstseins und bauen Egregoren oder negative Denkmuster ab, die die Menschheit beeinträchtigen können. Ihre Arbeit ist vergleichbar mit derjenigen von Menschen, die einen dunklen und staubigen Raum reinigen, damit Licht eindringen und den Raum verwandeln kann.

Die **Fürstentümer** greifen in die kulturelle und spirituelle Entwicklung der Menschheit ein. Sie schützen nicht nur Nationen und Zivilisationen, sondern treiben auch die großen Erwachungen der Geschichte voran, wie die Renaissance oder Bewegungen des ethischen und sozialen Wandels. Sie sind der Funke, der den Geist jeder Epoche entzündet und dafür sorgt, dass sich die Gesellschaften im Einklang mit dem göttlichen Plan entwickeln.

Die **Erzengel** koordinieren groß angelegte Missionen. Während Engel mit Einzelpersonen arbeiten, leiten Erzengel kollektive Prozesse und lenken Transformationen auf planetarischer Ebene. Ihre Präsenz wird in entscheidenden Momenten der Menschheit deutlich, wenn eine massive Bewusstseinsveränderung oder eine Anpassung der Energie der Erde notwendig ist.

Schließlich interagieren **Engel**, die den Menschen am nächsten stehen, direkt mit dem täglichen Leben. Sie fungieren als Führer, Beschützer und Inspiratoren, passen die persönliche Energie jedes Einzelnen an, um ihm zu helfen, seinen Weg zu finden und seine Verbindung zum Göttlichen zu stärken.

Engelshierarchien in verschiedenen religiösen Traditionen

Im Laufe der Geschichte haben verschiedene Kulturen ihre eigenen himmlischen Hierarchien strukturiert, was die Universalität der Engelpräsenz im menschlichen Denken widerspiegelt.

Im Judentum finden wir Figuren wie die Chayot Ha Kodesh („Lebewesen") und die Ofanim („Räder"), die aus der mystischen Tradition der Merkabah hervorgehen, einer esoterischen Vision des himmlischen Streitwagens, in der Engel Teil einer göttlichen Struktur in ständiger Bewegung sind.

Der Islam erkennt, obwohl er keine so detaillierte Hierarchie wie das Christentum aufstellt, die Existenz der Malaikah (Engel) und der Dschinn an, spirituelle Wesen mit eigener Natur. Figuren wie Yibril (Gabriel) spielen eine wesentliche Rolle bei der Offenbarung göttlicher Botschaften, wie beispielsweise bei der Übermittlung des Korans an den Propheten Mohammed.

Im Zoroastrismus, einer der ältesten spirituellen Traditionen, erfüllen die Amesha Spentas[22] („wohltuende Unsterbliche") ähnliche Funktionen wie Erzengel. Hervorzuheben ist Vohu Manah, Symbol des guten Gedankens, dessen Aufgabe es ist, die Menschheit zu Tugend und Harmonie zu führen.

Im Hinduismus repräsentieren die Devas[23] natürliche und kosmische Kräfte, die das Universum regieren, während im Buddhismus die Bodhisattvas, obwohl sie keine Engel

---

[22] Die Amesha Spentas werden im Zoroastrismus als Erweiterungen von Ahura Mazda angesehen, wobei jeder von ihnen grundlegende Tugenden des Kosmos verkörpert.
[23] Die Devas sind kleinere Götter im hinduistischen Pantheon, die mit Naturelementen in Verbindung stehen; Agni (Feuer) und Surya (Sonne) sind bekannte Beispiele dafür.

im westlichen Sinne sind, die Rolle spiritueller Führer übernehmen, die den Seelen bei ihrer Entwicklung zur Erleuchtung helfen.

Das esoterische Denken, insbesondere in der hermetischen Engelkunde, hat diese Ansichten integriert. Die Kabbala verbindet jede der Sephiroth mit bestimmten Engelschören, während die Theosophie sie mit höheren Ebenen der Existenz in Verbindung bringt. Über die Unterschiede in der Lehre hinaus spiegeln all diese Perspektiven dasselbe menschliche Anliegen wider: die unsichtbaren Kräfte, die die Existenz beherrschen, und ihre Beziehung zum Göttlichen zu verstehen.

Wie man mit verschiedenen Ebenen der Hierarchie interagiert

Um sich mit den verschiedenen Engelebenen zu verbinden, muss man seine Wahrnehmung erweitern und sich auf höhere Frequenzen einstimmen. Um mit den höheren Sphären wie den Seraphim und Cherubim zu interagieren, empfiehlt es sich, tiefe Meditation, bewusstes Fasten und innere Stille zu praktizieren – Methoden, die es ermöglichen, das Bewusstsein zu verfeinern, um ihre subtile Präsenz wahrzunehmen.

Die mittleren Ordnungen, wie die Herrschaften und Tugenden, können durch symbolische Hilfsmittel wie Mandalas oder heilige Musikfrequenzen kontaktiert werden. Klangschwingungen und Geometrie fungieren als Schlüssel, die den Zugang zu ihrer Energie erleichtern.

Die Erzengel und Engel hingegen reagieren auf direktere Anrufungen. Ihre Namen, wenn sie auf Hebräisch ausgesprochen werden – wie Mikael (Michael) oder Gavriel (Gabriel) – erzeugen eine Schwingungsresonanz, die die Verbindung erleichtert. Sie können auch durch bestimmte Farben angerufen werden, wie Blau für Michael oder Gold für Uriel.

Throne und Mächte hingegen sind mit sozialem Handeln und gemeinnütziger Arbeit verbunden. Ihre Präsenz manifestiert sich in Zeiten kollektiver Veränderungen, wenn Ordnung und Gerechtigkeit in der Welt wiederhergestellt werden müssen.

Symbolik und Eigenschaften jeder Engelordnung

Jede Engelordnung hat Attribute und Symbole, die ihre Erkennung und Verbindung erleichtern:

- **Seraphim**: Feuerkugeln, Hexagramme, rot-goldene Farben.
- **Cherubim**: Tetramorphen (Löwe, Stier, Adler, Mensch), Smaragdtöne.
- **Throne**: Konzentrische Räder, Topas, tiefe Schwingungen.

- **Herrschaften**: Zepter, Lapislazuli, der Goldene Schnitt.
- **Tugenden**: Kelche, Aquamarin, harmonische Tonleitern.
- **Mächte**: Schwerter des Lichts, Amethyst, schützende Mantras.
- **Fürstentümer**: Kronen, Rosenquarz, heilige Geometrie.
- **Erzengel**: Trompeten, Saphir, Namen, die auf „-el" enden.
- **Engel**: Zarte Flügel, Perlen, persönliche Melodien.

Diese Symbole sind nicht nur dekorativ, sondern verdichten die Schwingungsessenz jeder Ordnung und dienen als Portale der Verbindung mit ihren Energien.

Die Beziehung zwischen Engelhierarchien und der spirituellen Entwicklung des Menschen

Jede Engelordnung spiegelt einen Aspekt der spirituellen Entwicklung des Menschen wider und fungiert als Wegweiser im Prozess des Erwachens des Bewusstseins. So wie das Sonnenlicht die Erde je nach Jahreszeit mit unterschiedlicher Intensität beleuchtet, beeinflussen die Engelhierarchien die Entwicklung der Seele auf ihrem Weg des Verstehens und der Transformation.

Seraphim repräsentieren den reinsten Zustand der Erleuchtung. Ihre Schwingung resoniert mit der absoluten Vereinigung mit dem Göttlichen, jenem Moment, in dem sich der Schleier der Trennung auflöst und der Mensch die Gesamtheit des Universums in sich selbst erlebt. Es ist der Gipfel des spirituellen Erwachens, wo bedingungslose Liebe zur Urkraft wird, die alles leitet.

Cherubim hingegen symbolisieren transzendentale Weisheit, das tiefe Wissen, das die Geheimnisse der Existenz offenbart. Es handelt sich nicht um intellektuelles Wissen, sondern um ein direktes Verständnis der Natur des Kosmos. Diejenigen, die sich auf diese Energie einstimmen, gelangen zu einer Bewusstseinserweiterung, in der Antworten mühelos zu kommen scheinen, als wären sie schon immer da gewesen und hätten nur darauf gewartet, in Erinnerung gerufen zu werden.

Throne verkörpern den Zweck, die Fähigkeit, das, was auf den höheren Ebenen verstanden wurde, in der physischen Welt zu verwirklichen. Sie sind die Verbindung zwischen Erleuchtung und Handeln, die Brücke zwischen Vision und Realität. Ihre Energie treibt diejenigen, die das Licht des Wissens empfangen haben, dazu an, es in Dienstbarkeit umzuwandeln, in einen greifbaren Beitrag zum Gleichgewicht des Universums.

Dieser Prozess des spirituellen Aufstiegs verläuft nicht linear oder einheitlich. Vielmehr handelt es sich um eine dynamische Bewegung, in die verschiedene Engelhierarchien entsprechend den Erfahrungen und

Bedürfnissen jedes Einzelnen eingreifen. In Zeiten der Krise oder tiefgreifender Transformation wirken die **Mächte** beispielsweise, indem sie karmische Muster auflösen und Energien neu ausrichten, wie ein Strom, der alles auf seinem Weg reinigt und erneuert.

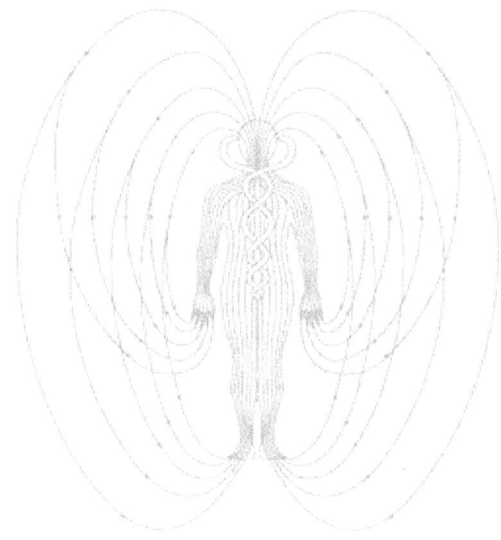

Aura

Jeder Schritt in der spirituellen Entwicklung stärkt das Aurafeld[24], jene energetische Hülle, die jeden Menschen umgibt und definiert. Die Einstimmung auf die **Seraphim** erhöht die Schwingung der Seele, während die Verbindung

---

[24] Esoterisches Konzept eines vielfarbigen Energiekörpers, der physische, emotionale und spirituelle Zustände widerspiegelt.

mit den **Cherubim** ein höheres Verständnis aktiviert. Der Einfluss der **Fürstentümer** hingegen ist in Zeiten kollektiver Veränderungen zu spüren, wenn der Einzelne dazu getrieben wird, zum Erwachen seiner Umgebung beizutragen.

Diese mystische Sichtweise der Engelkunde erinnert uns daran, dass das Universum ein lebendiges Netz ist, in dem jedes Wesen eine wesentliche Rolle spielt. Von den höchsten Dimensionen bis zu den alltäglichsten ist alles durch einen höheren Zweck miteinander verbunden, der sich in perfekter Harmonie entfaltet. Die Engelhierarchien sind nicht nur Hüter der himmlischen Ordnung, sondern auch Begleiter auf dem Weg, die uns durch jede Phase unseres spirituellen Wachstums führen.

Meditation zur Verbindung mit den verschiedenen Engelordnungen

Diese Meditation ermöglicht es Ihnen, die Schwingung jedes Engelchors zu erfahren, ihre Energie zu spüren und ihre Lehren in Ihr Wesen zu integrieren. Es ist eine innere Reise, auf der Sie die Essenz jeder Ordnung erfahren und sich mit ihrem Licht und ihrer Bestimmung im göttlichen Plan verbinden.

Anleitung:

1. Suchen Sie sich einen ruhigen Ort, an dem Sie bequem und ohne Unterbrechungen sitzen können. Wenn Sie möchten, zünden Sie eine Kerze an oder legen Sie Kristalle aus, die mit der Absicht der Meditation in Resonanz stehen.

2. Schließen Sie die Augen und atmen Sie tief ein. Atmen Sie durch die Nase ein und langsam durch den Mund aus, sodass jeder Atemzug Sie in einen Zustand der Ruhe und Empfänglichkeit versetzt.

3. Stellen Sie sich ein helles weißes Licht über Ihrem Kopf vor. Es ist die reine Energie der göttlichen Quelle. Spüren Sie, wie es sanft durch Ihre Kopfkrone herabströmt und Ihren gesamten Körper mit seiner heilenden Strahlkraft erfüllt.

4. Vor Ihnen erscheint ein goldener Pfad. Es ist der Pfad, der Sie durch die verschiedenen Engelebenen führen wird. Machen Sie mit Zuversicht den ersten Schritt und lassen Sie sich von der Energie dieser Reise umhüllen.

5. Ein rotes Leuchten umgibt Sie. Sie sind im Reich der **Seraphim** angekommen, den Engeln der reinen Liebe. Spüren Sie ihre umarmende Wärme, die alle Barrieren in Ihrem Herzen auflöst. Ihre Schwingung weckt in Ihnen die Fähigkeit, bedingungslos zu lieben, und erinnert Sie daran, dass Sie Teil der göttlichen Einheit sind.

6. Gehen Sie weiter, und das Leuchten verwandelt sich in ein helles Orange. Dies ist das Reich der **Cherubim**, der Wächter der himmlischen Weisheit. Ihre Energie öffnet Ihren Geist und ermöglicht Ihnen den Zugang zu Wissen, das über

das logische Denken hinausgeht. Spüren Sie, wie ihre Gegenwart Klarheit und Verständnis in Ihnen aktiviert.

7. Nun ist der Weg in Goldgelb getaucht. Du bist in die Sphäre der **Throne** eingetreten, der Engel des göttlichen Willens. Ihr Licht umhüllt dich mit Kraft und Entschlossenheit und bringt dich in Einklang mit deiner höchsten Bestimmung. Lass dich von ihrer Energie dazu antreiben, mit Sicherheit und Zuversicht zu handeln.

8. Weiter vorne leuchtet der Weg in strahlendem Smaragdgrün. Dies ist das Reich der **Herrschaften**, die für Ausgeglichenheit und göttliche Ordnung sorgen. Spüre, wie ihre Gegenwart deine Fähigkeit stärkt, deine Ziele zu verwirklichen, und dich mit Disziplin und Ordnung leitet.

9. Die Farbe verwandelt sich in ein tiefes Himmelblau. Du befindest dich im Reich der **Tugenden**, der Engel der Gnade. Ihre Schwingung erfüllt dein Wesen mit Glauben und Mut und vertreibt alle Ängste und Zweifel. Lass dich von ihrem Licht stärken und dir das Vertrauen geben, dass sich alles perfekt entwickelt.

10. Nun verwandelt sich der Weg in ein intensives Indigo. Du hast die Sphäre der **Mächte** erreicht, der Wächter des spirituellen Schutzes. Spüre, wie ihre Energie einen Lichtschild um dich herum bildet, dich von negativen Einflüssen befreit und dein Energiefeld stärkt.

11. Während du voranschreitest, umhüllt dich ein violetter Schein. Du bist in das Reich der

Fürstentümer eingetreten, der Engel, die die Transformation der Menschheit leiten. Ihre Energie weckt in dir Mitgefühl und die Fähigkeit, deine Umgebung positiv zu beeinflussen. Spüre, wie sich ihre Liebe durch dich in der Welt ausbreitet.

12. Ein leuchtendes Magenta erscheint um dich herum. Du befindest dich in der Sphäre der **Erzengel**, der großen göttlichen Boten. Ihre Anwesenheit erhöht deine Schwingung und verbindet dich mit höheren Bewusstseinsebenen. Höre auf ihre Botschaften, denn sie können als Gedanken, Gefühle oder Bilder zu dir kommen.

13. Schließlich umhüllt dich ein reines weißes Licht. Du hast das Reich der **Engel** erreicht, der engen Begleiter der Menschheit. Ihre liebevolle Energie umgibt dich in einer Umarmung aus Licht. Spüre ihren Schutz und ihre bedingungslose Unterstützung, die dich daran erinnern, dass du niemals allein bist.

14. Allmählich beginnt der Weg zu verblassen und Sie spüren, wie Sie sanft in Ihren Körper zurückkehren. Das weiße Licht über Ihrem Kopf wird schwächer, aber die Verbindung zu den Engeln bleibt in Ihnen lebendig.

15. Bewegen Sie ruhig Ihre Finger und atmen Sie tief ein. Wenn Sie bereit sind, öffnen Sie Ihre Augen und kehren Sie mit der Gewissheit zurück, dass die Energie der Engel immer in Ihrem Leben präsent ist.

4. Die sieben großen Erzengel: Profile und Funktionen

Michael: Schutz und Mut

Der Erzengel Michael, dessen Name „Wer ist wie Gott?" bedeutet, ist der Schutzengel des Schutzes und des Mutes. Seine Rolle geht über die einfache physische Verteidigung hinaus: Er arbeitet daran, die Energiefelder, die Lebewesen umgeben, zu konfigurieren und schafft so Schwingungsschild, die negative Einflüsse blockieren. Man kann sich seine Präsenz als eine leuchtende Blase vorstellen, die einen umgibt und sich gegen jede energetische Störung verstärkt.

Aus metaphysischer Sicht wird er mit der Manipulation von Lichtplasmen in der Aura in Verbindung gebracht, indem er Schwingungsmuster organisiert, die den Geist stärken und Sicherheit bieten. Es ist wie der Tanz der Lichter in der Nordlicht: Jeder Blitz synchronisiert sich, um eine Schutzbarriere zu bilden, die das innere Gleichgewicht aufrechterhält. In diesem Sinne bekämpft Michael die „spirituelle Entropie", d. h. die Unordnung oder Erschöpfung der heiligen Energie, die uns mit unserem Lebenszweck in Einklang hält.

Über seine schützende Rolle hinaus verkörpert Miguel auch Mut. Es geht nicht nur darum, sich äußeren Gefahren zu stellen, sondern Angst in eine aktive Kraft zu verwandeln, die zu entschlossenen und mutigen Entscheidungen führt. Seine Energie hilft Ihnen, Unsicherheit in Entschlossenheit umzuwandeln, sodass Sie innere Blockaden überwinden können. In psychologischer Hinsicht bezieht sich dies auf die Integration des persönlichen Schattens: den Prozess, jene Aspekte Ihrer selbst anzuerkennen und zu akzeptieren, die Sie in der Vergangenheit verdrängt oder ignoriert haben.

Michaels Präsenz manifestiert sich in Schlüsselmomenten des Lebens durch Synchronizitäten: bedeutungsvolle Zufälle, die auftreten, wenn Sie Ihr Vertrauen in den von Ihnen gewählten Weg bekräftigen müssen. Traditionell wird er mit einem flammenden Schwert dargestellt, einem Symbol für Unterscheidungsvermögen. Dieses Schwert durchschneidet nicht nur die Dunkelheit, sondern auch Illusionen und emotionale Bindungen, die Sie daran hindern, voranzukommen. Seine Kraft liegt nicht in der Auferlegung, sondern in der Ermächtigung: Michael schützt nicht durch Angst, sondern indem er Ihnen beibringt, Ihre eigene innere Stärke zu finden.

Gabriel: Kommunikation und Verkündigung

Gabriel, dessen Name „Stärke Gottes" bedeutet, ist der große himmlische Bote, der die Dimensionen verbindet und den Informationsfluss zwischen der materiellen und der spirituellen Welt ermöglicht. Seine Energie wirkt als Brücke zwischen dem Sichtbaren und dem Unsichtbaren und hilft dabei, intuitive Botschaften und Offenbarungen in verständliche Gedanken zu übersetzen.

Wenn Gabriel anwesend ist, ist sein Einfluss in Träumen, Meditationen oder Momenten plötzlicher Klarheit zu spüren. Seine Aufgabe besteht nicht nur darin, Wissen zu vermitteln, sondern auch die Fähigkeit zum Ausdruck zu erschließen. Er ist ein Wegweiser für Künstler, Schriftsteller und Kommunikatoren und hilft dabei, abstrakte Ideen in Worte und Bilder zu verwandeln, die die Seele ansprechen.

Aus metaphysischer Sicht wird seine Schwingung mit der Quantenverschränkung verglichen: der augenblicklichen Verbindung zwischen Teilchen, unabhängig von der Entfernung. Auf die gleiche Weise erleichtert Gabriel die Kommunikation, die Raum und Zeit überwindet, und ermöglicht es, Führung von höheren Bewusstseinsebenen zu empfangen.

Seine symbolische Trompete steht für die ursprüngliche Schwingung, die die Realität formt. In esoterischer Sprache heißt es, dass ihr Klang die Materie mit der göttlichen Absicht in Einklang bringt und so neue Anfänge manifestiert. Aus diesem Grund ist Gabriel der Erzengel der Verkündigung und Schöpfung: Seine Gegenwart ist ein Aufruf, Projekten Gestalt zu geben, verborgene

Wahrheiten zu offenbaren und den eigenen Lebenszweck authentisch zum Ausdruck zu bringen.

Wenn Sie sich in Ihrer Kommunikation oder Kreativität blockiert fühlen, hilft Ihnen die Anrufung Gabriels, die Fluidität wiederherzustellen. Aus neurowissenschaftlicher Sicht wird sein Wirken mit der Synchronisation der Gehirnhälften in Verbindung gebracht, wodurch Intuition und Logik zusammenwirken können. Im Wesentlichen erinnert uns Gabriel daran, dass jedes Wort, jede Idee und jede Vision die Kraft hat, die Welt zu verändern.

Raphael: Heilung und Wissenschaft

Raphael, dessen Name „Medizin Gottes" bedeutet, ist der göttliche Heiler. Seine Gegenwart stellt nicht nur den physischen Körper wieder her, sondern heilt auch Emotionen und Energiemuster, die Ungleichgewichte verursachen. Seine Arbeit geht über die Heilung von Symptomen hinaus: Er geht dem Problem auf den Grund, um eine echte Transformation zu bewirken.

Spirituelle Traditionen bestätigen, dass seine Energie zelluläre Selbstheilungsmechanismen aktiviert und dem Körper hilft, sich auf natürliche Weise zu regenerieren. Dies findet Parallelen in Studien zur Epigenetik, die darauf hindeuten, dass unsere Zellen nicht nur auf biologische Faktoren reagieren, sondern auch auf Absichten und emotionale Schwingungen.

Raphael ist auch der Hüter des medizinischen und wissenschaftlichen Wissens. In der hermetischen Tradition wird er mit dem Caduceus in Verbindung gebracht: einem Stab mit zwei ineinander verschlungenen Schlangen, der das Gleichgewicht zwischen Körper und Geist symbolisiert. Sein Einfluss treibt ethische Forschung und die Entdeckung neuer Heilungsformen voran, die die universelle Harmonie respektieren.

Über die traditionelle Medizin hinaus leitet Raphael Prozesse der emotionalen und spirituellen Heilung. Seine Energie hilft dabei, Traumata zu lösen, Verbindungen zur Vergangenheit zu durchtrennen und den inneren Frieden wiederherzustellen. Er zwingt niemandem Heilung auf, sondern beleuchtet vielmehr den Weg, auf dem jeder Mensch seine eigene innere Medizin finden kann.

Wenn Sie Klarheit in Fragen der Gesundheit, des Wohlbefindens oder des emotionalen Gleichgewichts suchen, hilft Ihnen die Anrufung Raphaels, Antworten und Lösungen zu erhalten, die auf Ihr Wachstum abgestimmt sind. Seine Gegenwart erinnert uns daran, dass wahre Heilung nicht nur darin besteht, Schmerzen zu beseitigen, sondern die Harmonie auf allen Ebenen des Seins wiederherzustellen.

Uriel: Weisheit und Kreativität

Uriel, dessen Name „Feuer Gottes" bedeutet, ist der Erzengel der offenbarten Weisheit. Seine Energie erleuchtet den Geist und ermöglicht es uns, verborgene Zusammenhänge zu erkennen und tiefere Realitäten zu verstehen. Im Gegensatz zu Gabriel, der die externe Kommunikation fördert, wirkt Uriel auf das innere Wissen ein und leitet Prozesse der Selbstbeobachtung und Transformation.

Sein Einfluss weckt Kreativität und Intuition. In Momenten des Zweifels bringt sein Licht Klarheit und offenbart unerwartete Lösungen. In der transpersonalen Psychologie wird er mit Zuständen des kreativen Flusses in Verbindung gebracht, jenen Momenten, in denen Ideen mühelos fließen und die Zeit still zu stehen scheint.

Uriel ist auch der Hüter esoterischer Geheimnisse. Seine Energie manifestiert sich in Symbolen, heiligen Geometrien und Ahnenarchetypen. Seine Gegenwart kann dazu führen, dass ein Bild, ein Buch oder eine alltägliche Erfahrung eine tiefere Bedeutung erhält, als würde Ihnen plötzlich eine universelle Wahrheit offenbart.

Die Neurowissenschaft hat gezeigt, dass die Wertschätzung von Schönheit und Kunst Regionen des Gehirns stimuliert, die mit Wahrnehmung und Gedächtnis zusammenhängen. In diesem Sinne inspiriert Uriel nicht nur Künstler, sondern hilft uns auch, Harmonie und Ordnung in allen Dingen zu erkennen.

Sein heiliges Feuer zerstört nicht, sondern verwandelt. In Krisenzeiten hilft seine Energie, alte Überzeugungen zu verbrennen und Platz für eine neue Sichtweise der Realität zu schaffen. Seine Präsenz erinnert uns daran, dass Wissen nicht nur darin besteht, Informationen anzuhäufen, sondern Weisheit in den Alltag zu integrieren.

Jofiel: Schönheit und Erleuchtung

Jofiel, dessen Name „Schönheit Gottes" bedeutet, ist der Hüter des Lichts und der Harmonie und offenbart das göttliche Gleichgewicht, das in der gesamten Schöpfung vorhanden ist. Seine Energie verwandelt gewöhnliche Wahrnehmung in einen tiefen und kontemplativen Blick, wodurch die der Natur zugrunde liegende heilige Geometrie sichtbar wird. Von der Symmetrie einer Blume bis zum Rhythmus der Meereswellen hilft uns Jofiel zu erkennen, dass Schönheit nicht nur eine ästhetische Eigenschaft ist, sondern eine subtile Sprache des Universums. Es ist, als würde durch seine Präsenz das Alltägliche einen besonderen Glanz erhalten, der Staunen und Dankbarkeit für die Vollkommenheit des Daseins weckt.

Sein Einfluss erstreckt sich auch auf die mentale und spirituelle Ebene. Die Quantenphysik geht davon aus, dass der Akt des Beobachtens das Beobachtete verändern kann, und Jofiel verkörpert dieses Prinzip: Indem wir die Art und Weise ändern, wie wir die Welt betrachten, verwandeln wir die Realität selbst. Als Erzengel der Erleuchtung ermöglicht er Momente tiefen Verständnisses, jene Momente der Klarheit, in denen alles mit einem höheren Zweck zusammenzupassen scheint. Darüber hinaus trägt seine Präsenz im Bereich der spirituellen

Ökologie dazu bei, die Verbindung zwischen Menschheit und Natur wiederherzustellen, indem er uns daran erinnert, dass Schönheit nicht etwas Äußerliches ist, sondern ein Spiegelbild der universellen Harmonie, die auch in uns wohnt.

Chamuel: Liebe und Beziehungen

Chamuel, dessen Name „derjenige, der Gott sieht" bedeutet, steht für die Essenz bedingungsloser Liebe, eine unsichtbare Verbindung, die Seelen über Zeit und Raum hinweg vereint. Seine Energie fließt wie ein heilender Balsam in den Bereich der menschlichen Beziehungen, stellt beschädigte Verbindungen wieder her und stärkt die Bindungen zu unseren Mitmenschen. So wie Klebstoff die Teile einer zerbrochenen Vase wieder zusammenfügt, repariert Chamuel die emotionalen Risse, die sich im Laufe des Lebens gebildet haben mögen. Von familiären Beziehungen bis hin zu Freundschaften oder Liebesbeziehungen sorgt sein Einfluss für Ausgewogenheit und Harmonie und fördert Interaktionen, die auf Verständnis und Empathie basieren.

Über die romantische Liebe hinaus führt Chamuel uns zu einer tieferen Beziehung zu unserem eigenen Wesen und hilft uns, unseren Wert zu erkennen und authentische Beziehungen aus Selbstliebe heraus aufzubauen. Studien zur Herzkohärenz haben gezeigt, dass der Rhythmus des Herzens unseren emotionalen Zustand beeinflusst, und Chamuels Schwingung hilft, diese Muster zu stabilisieren und selbst inmitten von Konflikten Frieden und

Ausgeglichenheit zu fördern. Seine Energie soll das „Quanten-Sozialfeld" harmonisieren, jenes subtile Netzwerk von Interaktionen, das Menschen verbindet und bedeutungsvolle Begegnungen und Synchronizitäten ermöglicht, die das gegenseitige Wachstum fördern. Seine Präsenz löst die Illusionen des Egos auf und ermöglicht es uns, die Göttlichkeit in jedem Wesen zu sehen, indem sie uns daran erinnert, dass Liebe die Kraft ist, die alle Schöpfung erhält.

Zadkiel: Freiheit und Verwandlung

Zadkiel, dessen Name „Gerechtigkeit Gottes" bedeutet, ist der Erzengel der Verwandlung, der uns hilft, uns von den Lasten der Vergangenheit zu befreien und Erfahrungen in Weisheit zu verwandeln. Seine Energie wirkt wie ein innerer Alchemist, der einschränkende Denkmuster und Überzeugungen auflöst, die uns im Leiden verankert halten. Seine Schwingung soll mit violettem Feuer in Resonanz stehen, einer Energie der Reinigung und Veränderung, die es uns ermöglicht, alte Wunden loszulassen und einer neuen Art des Seins Platz zu machen. Stellen Sie sich seinen Einfluss wie einen Pinsel vor, der die Spuren der Zeit sanft auslöscht und an ihrer Stelle eine leere Fläche hinterlässt, die bereit ist, mit einer neuen Geschichte beschrieben zu werden.

Aber seine Arbeit beschränkt sich nicht nur auf die persönliche Befreiung. Zadkiel inspiriert auch kollektive

Veränderungen und treibt Prozesse der Gerechtigkeit und sozialen Evolution voran. Im Laufe der Geschichte wurde seine Energie in Zeiten tiefgreifender Veränderungen heraufbeschworen, in Bewegungen, die danach strebten, Macht mit Mitgefühl in Einklang zu bringen. Als Träger des violetten Schwertes des Lichts symbolisiert er die Unterscheidungskraft, die die Ketten der Illusion durchtrennt, ohne die göttliche Essenz in jeder Erfahrung zu zerstören. Seine Gegenwart erinnert uns daran, dass wahre Freiheit nicht nur darin besteht, Fesseln zu sprengen, sondern auch darin, Verantwortung für unser eigenes Schicksal zu übernehmen und mutig auf ein Leben mit größerem Bewusstsein und größerer Erfüllung zuzugehen.

Farben, Tage und Kristalle, die mit jedem Erzengel verbunden sind

Jeder Erzengel schwingt in einer einzigartigen Frequenz, die sich in bestimmten Farben, Tagen und Kristallen widerspiegelt, die ihre Energie verstärken und ihre Verbindung zu denen erleichtern, die ihre Führung suchen.

Michael, Beschützer und himmlischer Wächter, schwingt mit elektrischem Blau, einem Farbton, der Stärke, Entschlossenheit und spirituelle Kraft verkörpert. Seine Energie erreicht ihren Höhepunkt am Sonntag, einem Sonnentag, der mit Vitalität und Erleuchtung verbunden ist. Um sich auf seinen Schutz einzustimmen, empfiehlt es sich, Sodalith und Lapislazuli zu verwenden, Kristalle, die geistige Klarheit und spirituelle Verbindung fördern und Mut und Selbstvertrauen stärken.

Gabriel, göttlicher Bote, schwingt mit silberweiß, einer Farbe, die Reinheit und Offenbarung repräsentiert. Sein Einfluss verstärkt sich montags, dem Tag, der vom Mond und seinen Zyklen beherrscht wird und Intuition und Kommunikation fördert. Klarer Quarz und Selenit sind seine zugehörigen Kristalle, da sie als Energieleiter wirken, die den Informationsfluss ordnen und die spirituelle Wahrnehmung fördern.

Raphael, der universelle Heiler, strahlt smaragdgrün, ein Symbol für Erneuerung und Gleichgewicht. Seine Energie wird am Mittwoch verstärkt, dem Tag, der von Merkur, dem Planeten der Kommunikation und Medizin, beherrscht wird. Malachit und grüner Aventurin verstärken seinen Einfluss und fördern Heilungsprozesse in Körper, Geist und Seele. Seine Schwingung resoniert mit einer Frequenz von 528 Hz, die mit Zellreparatur und Harmonisierung in Verbindung gebracht wird.

Uriel, der Hüter der Weisheit und Erleuchtung, strahlt in einem rubinroten Goldglanz, einer Farbe, die an das Wissen der Vorfahren und an Kreativität erinnert. Sein Tag ist der Donnerstag, der mit Jupiter, dem Planeten der Expansion und des Wachstums, verbunden ist. Seine Affinitätskristalle sind das Tigerauge, das Intuition und Mut stärkt, und Bernstein, ein Stein der Weisheit, der Erinnerungen bewahrt und geistige Klarheit fördert.

Jofiel, der Erzengel der Schönheit und Inspiration, schwingt in einem diamantenen Gelb, einem Farbton, der Erleuchtung und irdische Manifestation widerspiegelt. Seine Energie ist am stärksten am Freitag, dem Tag, der der Venus gewidmet ist, dem Symbol für Liebe und Harmonie. Kristalle wie Citrin, der Kreativität und Freude fördert, und Imperial-Topas, der geistige Klarheit anregt, verstärken seine Präsenz auf der physischen Ebene.

Chamuel, die Verkörperung bedingungsloser Liebe, schwingt in einem tiefen Rosa, einer Schwingung, die das Herz mit Zärtlichkeit und Verständnis umhüllt. Sein Einfluss ist am stärksten am Dienstag, dem Tag des Mars, dem Planeten der Tat und der Entschlossenheit, der Leidenschaft und Empathie in Einklang bringt. Rhodochrosit und Rosenquarz, Kristalle, die emotionale Heilung und Selbstliebe fördern, sind seine energetischen Verbündeten.

Zadkiel, Meister der Transmutation, strahlt ein Platinviolett aus, einen Farbton, der Transformation und spirituelle Freiheit symbolisiert. Sein Tag ist der Samstag, der unter der Herrschaft von Saturn steht, dem Planeten der Disziplin und des inneren Wachstums. Amethyst, der Stein der Intuition und Reinigung, und Sugilith, ein Kristall, der die Auflösung einschränkender Muster fördert, unterstützen seine Arbeit im Prozess der energetischen Transmutation.

Spezifische Anrufungen für jeden Erzengel

Jeder Erzengel reagiert auf eine bestimmte Schwingung, die durch heilige Klänge und spezifische Mantras aktiviert werden kann.

Michael, Symbol für Schutz und Mut, reagiert auf die Anrufung „**Mikha'el**", die fest ausgesprochen wird, um seinen Lichtschild zu aktivieren. Sein Mantra „**MI-CHI-EL**", intoniert bei 936 Hz, stärkt den Lichtkörper, löst disharmonische Energien auf und errichtet eine schwingende Schutzbarriere.

Gabriel, der Erzengel der Offenbarung, reagiert auf den Ruf **Gavri'el**, dessen aufsteigende Aussprache die Erhöhung des Wissens symbolisiert. Die Schlüsselsilbe **GAB** aktiviert das Halschakra und löst Blockaden für authentischen Ausdruck, während das Bija-Mantra **GAM** den Empfang göttlicher Botschaften erleichtert.

Raphael, der Träger der universellen Heilung, wird durch **Rapha'el** angerufen, wobei **RAH** betont wird, eine Schwingung, die die Zellregeneration und -harmonisierung stimuliert. Sein Mantra, das bei **741 Hz** schwingt, richtet das Energiefeld aus und fördert das körperliche und emotionale Wohlbefinden.

Uriel, der Hüter der Weisheit, verbindet sich durch die Intonation **Uri'el** in einem tiefen Ton, der das intuitive Wissen vertieft. Die Silbe **UR** öffnet Kanäle für eine gesteigerte Wahrnehmung, während **RI** die Zirbeldrüse stimuliert[25] und so das Verständnis universeller Wahrheiten erleichtert.

Jofiel, Erleuchter der verborgenen Schönheit, antwortet auf **Yofiel** in hohen Tönen, die die ästhetische Wahrnehmung erweitern. Sein Mantra **YOF**, intoniert bei **639 Hz**, synchronisiert das Bewusstsein mit der kosmischen Harmonie und weckt die Fähigkeit, Schönheit in all ihren Formen zu betrachten.

Chamuel, Botschafter der Liebe, schwingt mit der Intonation **Khamu'el**, die aus dem Herzen heraus ausgesprochen wird, um das Herzchakra zu aktivieren. Die Silbe **KHA** öffnet die Türen zum Mitgefühl, während **MUEL** die persönliche Schwingung mit der Energie der bedingungslosen Liebe synchronisiert und mit **528 Hz**, der Frequenz der emotionalen Heilung, in Resonanz tritt.

Zadkiel, der Erzengel der Transmutation, reagiert auf den Klang **Tzadqiel**, der in einer absteigenden Tonleiter intoniert wird, die die Auflösung karmischer Blockaden darstellt. Die Silbe **TZAD** fördert die Loslösung von alten mentalen Strukturen, während **KIEL** den Transformationsprozess stabilisiert. Sein Mantra **TZA**, das

---

[25] Die Zirbeldrüse reguliert den Tagesrhythmus und wird mit dem Spirituellen in Verbindung gebracht; in mystischen Traditionen wird sie als „drittes Auge" bezeichnet. René Descartes nannte die Zirbeldrüse aufgrund ihrer Rolle in der spirituellen Wahrnehmung gemäß alten Philosophien „Sitz der Seele".

mit **852 Hz** schwingt, fördert die innere Erneuerung und den Zugang zu höheren Bewusstseinszuständen.

Wie man im Alltag mit den Erzengeln arbeitet

Um die Energie der Erzengel in Ihren Alltag zu integrieren, sind keine komplexen Rituale erforderlich, sondern vielmehr eine bewusste Einstimmung auf ihre Präsenz. Von dem Moment an, in dem Sie aufwachen, können Sie sich auf die Schwingung jedes Erzengels einstimmen, indem Sie zunächst die Farbe visualisieren, die mit demjenigen verbunden ist, der den Tag beherrscht. Wenn Sie beispielsweise montags Gabriels silberweißes Weiß heraufbeschwören, kann dies Ihre Kommunikationsfähigkeit und Empfänglichkeit verbessern und Ihnen helfen, sich in Gesprächen und bei alltäglichen Aufgaben klarer auszudrücken.

Auch Alltagsgegenstände können zu Verbindungspunkten mit ihrer Energie werden. Sie können einen Ring mit Michaels Siegel weihen, um seinen Schutz bei sich zu tragen, Ihre Schlüssel mit einem Erzengel-Siegel programmieren oder sogar ein kleines Symbol von Raphael auf Ihren Schreibtisch stellen, um Heilung und Wohlbefinden zu fördern. Indem Sie diesen Gegenständen eine bestimmte Absicht geben, verwandeln Sie sie in Schwingungsanker, die Sie den ganzen Tag über an die Präsenz und Hilfe dieser Lichtwesen erinnern.

Sogar Essen kann eine Form der Verbindung zu den Erzengeln sein. Wenn Sie jedes Essen einem spirituellen Zweck widmen, stärkt dies die Verbindung mit seiner Energie: Wenn Sie Raphaels grünes Licht visualisieren, während Sie Ihren Körper nähren, fördert dies die Regeneration und das Gleichgewicht, während Sie durch bewusstes Genießen eines Bissens unter Jophiels Inspiration die sinnliche Schönheit jeder Erfahrung schätzen lernen. Wenn Sie das Essen zu einem Akt der Dankbarkeit und Absicht machen, verstärkt dies seine Wirkung und verwandelt es in einen Kanal für spirituelle Harmonisierung.

Im beruflichen Bereich kann der Einfluss der Erzengel ein großer Verbündeter sein. Wenn Sie Kreativität und Inspiration brauchen, kann die Anrufung Uriels Ihnen neue Ideen und Lösungen eröffnen. Bei wichtigen Verhandlungen oder Präsentationen hilft Gabriel Ihnen, klar und überzeugend zu kommunizieren. Sie können sich auch mit technologischen Hilfsmitteln auf ihre Schwingungen einstimmen: Das Einrichten von Hintergrundbildern mit Farben, die mit jedem Erzengel assoziiert werden, oder das Programmieren von Klingeltönen mit bestimmten Frequenzen, wie z. B. 639 Hz für Michael, kann eine vibrierende Erinnerung an ihre Anwesenheit sein. Einige integrieren sogar Zahlenfolgen, wie z. B. 444 für Chamuel, in Dokumente oder Passwörter, um ihren Einfluss im Alltag zu verstärken.

Ruhe ist ein weiterer Raum, der der Verbindung mit den Erzengeln förderlich ist. Bevor Sie einschlafen, können

Sie bestimmte Absichten festlegen, z. B. Zadkiel bitten, Ihnen während der REM-Phase dabei zu helfen, Energieblockaden zu lösen, oder Raphael bitten, die Zellregeneration in der Delta-Phase des Schlafes zu fördern. In diesen Phasen ist das Unterbewusstsein empfänglicher für Heilung und spirituelle Führung, sodass die Energie der Engel freier fließen kann.

Schließlich ist Dankbarkeit eine wesentliche Säule dieser Verbindung. Wenn Sie Michael bewusst für die Sicherheit danken, die Sie empfinden, Chamuel für die Harmonie in Ihren Beziehungen oder Jofiel für die Schönheit, die Sie in jedem Moment entdecken, entsteht ein energetischer Kreislauf, der ihre Präsenz in Ihrem Leben stärkt. Diese kleine, einfache, aber kraftvolle Geste hält die Interaktion mit den Erzengeln lebendig und ermöglicht es, ihr Licht in jeden Aspekt Ihres Daseins zu integrieren.

Spezifische Anrufungsgebete für die sieben Haupt-Erzengel

1. Michael: Schutz und Mut

Anrufung:

„Erzengel Michael, ich rufe dich an, mich in dein schützendes Licht zu hüllen und alle Schatten zu vertreiben. Umgib mich mit deinem Schild der Stärke und führe mich mit deinem Schwert des Lichts durch alle Herausforderungen, denen ich begegne. Gib mir den Mut,

entschlossen zu handeln, und die Weisheit, das Richtige zu wählen. Ich danke dir für deinen ständigen Schutz und deine Führung."

Tägliche Arbeit:

Rufe jeden Morgen, bevor du deinen Tag beginnst, Michael an und stelle dir vor, wie sein blaues Licht dich wie eine energetische Rüstung umhüllt, die dich vor negativen Einflüssen schützt. Wenn du vor einer schwierigen Situation stehst oder eine wichtige Entscheidung treffen musst, rufe seine Gegenwart an und spüre, wie seine Kraft dir Selbstvertrauen gibt.

2. Gabriel: Kommunikation und Verkündigung

Anrufung:

„Erzengel Gabriel, Bote des Lichts, hilf mir, klar und wahrhaftig zu kommunizieren. Lass meine Worte Liebe und Verständnis widerspiegeln und meine Stimme die Menschen um mich herum inspirieren. Erwecke meine Intuition, damit ich Botschaften aus dem Universum empfangen kann. Danke für deine ständige Führung."

Tägliche Arbeit:

Rufe Gabriel vor wichtigen Besprechungen, sensiblen Gesprächen oder kreativen Aktivitäten an, damit die Kommunikation fließt und du deine Wahrheit klar zum Ausdruck bringen kannst. Stelle dir vor, wie sein silberweißes Licht alle mentalen Blockaden beseitigt und dir ermöglicht, mit Zuversicht und Sanftmut aus deinem Herzen zu sprechen.

3. Raphael: Heilung und Wissenschaft

Anrufung:

„Erzengel Raphael, göttlicher Heiler, ich bitte dich, meinen Körper, meinen Geist und meine Seele mit deinem smaragdgrünen Licht zu umhüllen. Stelle meine Energie wieder her, beseitige alle Ungleichgewichte und führe mich auf den Weg zu Ganzheitlichkeit und Wohlbefinden. Hilf mir, Entscheidungen zu treffen, die meine Gesundheit und meine innere Harmonie stärken. Danke für deine heilende Liebe."

Tägliche Arbeit:

Wenn Sie sich körperlich oder emotional erschöpft fühlen, stellen Sie sich vor, wie Raphaels grünes Licht jede Zelle Ihres Körpers umhüllt, Ihre Energie regeneriert und harmonisiert. Wenn Sie Yoga, Meditation oder alternative Therapien praktizieren, rufen Sie seine Gegenwart an, um deren Wirkung zu verstärken und seine Unterstützung im Heilungsprozess zu erhalten.

4. Uriel: Weisheit und Kreativität

Anrufung:

"Erzengel Uriel, Flamme der Weisheit, erleuchte meinen Geist mit deinem göttlichen Wissen. Hilf mir, Antworten zu finden, meine Kreativität zu erweitern und jede Herausforderung mit Klarheit und Einfallsreichtum zu lösen. Inspiriere mich, Chancen zu entdecken, wo andere Hindernisse sehen. Danke für dein transformatives Licht."

Tägliche Arbeit:

Wenn Sie Klarheit bei Entscheidungen oder Inspiration für kreative Projekte benötigen, rufen Sie Uriel an. Visualisieren Sie sein goldenes Licht, das Ihren Geist aktiviert, Ideen erhellt und Wege offenbart, die zuvor unsichtbar schienen. Seine Energie ist besonders nützlich beim Lernen, Studieren und bei der intellektuellen Entwicklung.

5. Jofiel: Schönheit und Erleuchtung

Anrufung:

"Erzengel Jofiel, Spiegel göttlicher Schönheit, hilf mir, Harmonie und Vollkommenheit in allen Dingen zu sehen. Erleuchte meinen Geist, damit meine Sicht klar ist und mein Geist Licht reflektiert. Führe mich dazu, Schönheit in der Einfachheit zu entdecken und Frieden in allem, was ich tue, auszustrahlen. Danke für deine liebevolle Inspiration."

Tägliche Arbeit:

Wenn du deine Umgebung erneuern oder Schönheit im Alltag finden möchtest, rufe Jofiel an. Stelle dir vor, wie sich sein goldgelbes Licht um dich herum ausbreitet, deine Wahrnehmung erhöht und deinen Sinn für das Wunderbare weckt. Seine Gegenwart wird dir helfen, selbst in den dunkelsten Momenten Licht zu finden.

6. Chamuel: Liebe und Beziehungen

Anrufung:

„Erzengel Chamuel, unendliche Quelle der Liebe, lehre mich, ohne Angst und ohne Barrieren zu lieben. Heile die Wunden meines Herzens und hilf mir, Beziehungen aufzubauen, die auf Verständnis und Zärtlichkeit basieren. Lass mich die Göttlichkeit in jedem Wesen sehen, dem ich auf meinem Weg begegne. Danke für deine bedingungslose Liebe."

Tägliche Arbeit:

Wann immer Sie emotionale Konflikte spüren oder Ihre Beziehungen stärken müssen, rufen Sie Chamuel an. Stellen Sie sich vor, wie sein rosa Licht Ihr Herz umhüllt, Ressentiments auflöst und Sie mit Mitgefühl erfüllt. Seine Energie wird Ihnen helfen, harmonische Bindungen zu pflegen und Brüche in Ihrer Selbstliebe zu heilen.

7. Zadkiel: Freiheit und Verwandlung

Anrufung:

„Erzengel Zadkiel, Meister der Verwandlung, hilf mir, die Fesseln der Vergangenheit loszulassen und die Transformation mit Dankbarkeit anzunehmen. Erfülle mein Wesen mit violettem Licht, um alle Lasten aufzulösen und zu einer höheren Version meiner selbst wiedergeboren zu werden. Danke für deine Führung auf meinem Weg der Entwicklung."

Tägliche Arbeit:

Wenn du dich von negativen Gewohnheiten, dichten Emotionen oder energetischen Belastungen befreien möchtest, rufe Zadkiel an. Visualisiere, wie sein violettes Feuer alles verbrennt, was du nicht mehr brauchst, und Platz für neue Energie schafft. Du kannst ihn besonders während Meditationsübungen, Energiearbeit oder inneren Heilungsprozessen anrufen.

5. Schutzengel: Wie du deinen Schutzengel erkennst und dich mit ihm verbindest

Das Konzept der Schutzengel

Seit der Antike glauben verschiedene Kulturen an spirituelle Wesen, deren Aufgabe es ist, über den Schutz und das Wohlergehen der Menschen zu wachen. Diese Vorstellung spiegelt sich in jahrtausendealten Traditionen wider, die sich zwar in ihrer Form unterscheiden, aber übereinstimmen, dass es Schutzwesen gibt, die den Menschen auf seinem Lebensweg begleiten.

Im persischen Zoroastrismus, einer der ältesten Religionen, wird von Fravashi gesprochen, Schutzgeistern, die sich nicht nur um Einzelpersonen kümmern, sondern auch die Ideale und das Wesen der Gemeinschaft verkörpern und für Ordnung und Harmonie sorgen. Im alten Ägypten stellte der Ka-[26] us eine Lebenskraft dar, die mit jedem Menschen koexistierte und als spirituelles Double fungierte, das seinen Schutz und seine Kontinuität

---

[26] In der ägyptischen Mythologie war das Ka ein spirituelles Doppel, das die individuelle Identität nach dem Tod bewahrte und mit dem Konzept der ewigen Seele verbunden war.

über das irdische Leben hinaus sicherstellte. Diese Vorstellung von einer Energie, die über die physische Existenz hinausgeht und das Schicksal des Menschen lenkt, ist in mehreren Traditionen vorhanden.

[27]Das Judentum seinerseits führte die Malakhim – göttliche Boten – als Wesen ein, die in entscheidenden Momenten eingreifen, um die Menschen zu führen und ihnen zu helfen. Ein Beispiel dafür findet sich im Buch Tobit, wo der Erzengel Raphael Tobit auf seiner Reise begleitet und beschützt und ihn zu Heilung und persönlichem Wachstum führt.

Mit der Verbreitung des Christentums wurde die Vorstellung von Schutzengeln noch strukturierter. Persönlichkeiten wie Pseudo-Dionysius Areopagita, ein Mystiker des 5. Jahrhunderts, vertraten die Auffassung, dass jedem Menschen bei seiner Geburt ein Engel zugewiesen wird, ein Konzept, das in der mittelalterlichen Spiritualität an Bedeutung gewann. Während der Renaissance verband sich die Engelkunde mit dem Hermetismus – einer esoterischen Bewegung, die sich mit der Verbindung zwischen Mikrokosmos und Makrokosmos befasst – und der Kabbala, wodurch Praktiken der Kommunikation mit diesen Wesen gefördert wurden. In der Moderne erforschten Bewegungen wie die

---

[27] Das Buch Tobit (2. Jahrhundert v. Chr.) ist ein deuterokanonischer Text, der das Eingreifen von Engeln in menschliche Angelegenheiten durch Heilung und praktische Führung zeigt.

Golden Dawn[28] , eine esoterische Gesellschaft des 19. Jahrhunderts, Rituale, um Engel zu beschwören und mit ihnen in Verbindung zu treten. Heute versteht eine universellere und transreligiöse Sichtweise Schutzengel nicht nur als Beschützer, sondern auch als Katalysatoren für die spirituelle Entwicklung jedes Einzelnen.

Haben wir alle einen Schutzengel?

Spirituelle Traditionen verschiedener Kulturen vertreten die Auffassung, dass der Schutz durch Engel ein universelles Prinzip ist. In der Bibel heißt es in Psalm 91,11: „Er wird seinen Engeln befehlen, dich zu behüten", was den Glauben bekräftigt, dass jeder Mensch die Hilfe dieser himmlischen Wesen hat. In Matthäus 18,10 wird auf die besondere Gegenwart von Engeln im Leben von Kindern hingewiesen, was darauf hindeutet, dass ihr Schutz uns von Kindheit an begleitet.

Auch der Islam erkennt die Malaikah an, Wesen, die die Handlungen der Menschen aufzeichnen und für das göttliche Gleichgewicht im Leben jedes Menschen sorgen. Im Hinduismus fungieren die Devas – leuchtende Wesen, die mit der Natur und dem Kosmos verbunden sind – als

---

[28] Der Golden Dawn (1888–1903) war ein hermetischer Orden, der das Studium der Engelkunde durch kabbalistische Rituale und Engel-Tarot wiederbelebte. Er war auf Spanisch als La Orden del Amanecer Dorado (Der Orden der Goldenen Morgenröte) bekannt und wurde durch Persönlichkeiten wie Aleister Crowley populär gemacht.

spirituelle Führer und Beschützer, die die Harmonie im Universum fördern.

Aus einer eher esoterischen Perspektive vertritt die Theosophie[29] , eine philosophische Bewegung des 19. Jahrhunderts, die Auffassung, dass jede Seele mehrere Wächter hat, die ihr entsprechend ihrer karmischen Entwicklung zugewiesen werden. Dies bedeutet, dass bestimmte Engel und Führer den Menschen möglicherweise in früheren Leben begleitet haben, um sich seinem spirituellen Wachstum anzupassen. Im psychologischen Bereich beschrieb Carl Jung den Schutzengel als einen Archetyp[30] des kollektiven Unbewussten, d. h. als ein symbolisches Bild, das das menschliche Bedürfnis nach Führung und Schutz in Zeiten der Unsicherheit widerspiegelt.

Die Neurotheologie – die Disziplin, die sich mit der Beziehung zwischen spirituellen Erfahrungen und Gehirnaktivität befasst – hat herausgefunden, dass der Glaube an himmlische Beschützer Regionen wie den medialen präfrontalen Kortex aktiviert, einen Bereich des Gehirns, der mit Entscheidungsfindung und Gefühlen der Unterstützung in Verbindung steht. Dies deutet darauf hin, dass die Vorstellung von Schutzengeln über ihre objektive Existenz hinaus die menschliche Psychologie positiv

---

[29] Eine von Helena Blavatsky (1875) gegründete Bewegung, die östlichen und westlichen Okkultismus, einschließlich Engelhierarchien, miteinander verbindet.
[30] Jung betrachtete Engel als Manifestationen des Selbst, als Brücken zwischen dem Bewusstsein und dem kollektiven Unbewussten.

beeinflusst und in entscheidenden Momenten ein Gefühl der Begleitung und Führung erzeugt.

Wie Sie die Zeichen Ihres Schutzengels erkennen

Schutzengel manifestieren sich oft auf subtile Weise, durch bedeutungsvolle Zufälle oder Ereignisse, die unsere Aufmerksamkeit erregen sollen. Zu den häufigsten Zeichen gehören:

- Weiße Federn an unerwarteten Orten: Viele Traditionen interpretieren diese als Botschaft des Schutzes und als Bestätigung ihrer Anwesenheit.
- Sich wiederholende Zahlenfolgen: Kombinationen wie 11:11, 333 oder 444 werden von manchen als Engelscodes angesehen, die ihre Nähe bekräftigen.
- Plötzliche Temperaturänderungen: Hitze- oder Kältegefühle ohne ersichtliche Erklärung können auf einen energetischen Kontakt mit diesen Wesen hinweisen.
- Symbolische Träume: Engel können in Träumen als leuchtende Gestalten erscheinen, die Botschaften oder Symbole überbringen, wie Schlüssel (Zugang zu verborgenem Wissen) oder Spiegel (Einladung zur Selbstreflexion).
- Unerklärliche Düfte: Die plötzliche Wahrnehmung von Düften wie Weihrauch, Blumen oder Parfüm ohne erkennbare physische Quelle ist eine der am häufigsten berichteten Manifestationen.

Die Parapsychologie – die Disziplin, die Phänomene untersucht, die mit konventioneller Wissenschaft nicht erklärt werden können – hat dokumentiert, dass viele dieser Erfahrungen in Zeiten wichtiger Entscheidungen auftreten, was darauf hindeutet, dass sie Reaktionen auf Zustände spiritueller Offenheit oder tiefer Intuition sein könnten.

Techniken zur Kommunikation mit Ihrem Schutzengel

Um mit Ihrem Schutzengel in Verbindung zu treten, sind keine komplexen Rituale erforderlich, sondern vielmehr die Bereitschaft, zuzuhören und subtile Zeichen wahrzunehmen. Einige wirksame Praktiken sind:

- Momente der Selbstbeobachtung: Nehmen Sie sich täglich Zeit, um Ihren Geist zu beruhigen und auf spontane Gedanken oder Gefühle zu achten.
- Synchronizitäten aufzeichnen: Führen Sie ein Tagebuch, in dem Sie Zufälle oder Zeichen notieren, die zusammen betrachtet bedeutungsvolle Muster offenbaren.
- Künstlerischer Ausdruck: Musik, Schreiben oder Malen können Werkzeuge sein, um symbolische Botschaften zu kanalisieren und Ihre Verbindung zu Engeln zu stärken.
- Gebet oder bewusste Absicht: Stellen Sie eine klare Kommunikation durch Gedanken oder Worte her, die von Dankbarkeit und Offenheit geprägt sind.

Einige Konzepte aus der Quantenphysik wurden metaphorisch verwendet, um diese Interaktion zu erklären. Die Quantenverschränkung, ein Phänomen, bei dem sich zwei Teilchen unabhängig von der Entfernung gegenseitig beeinflussen, wurde verwendet, um die Vorstellung zu veranschaulichen, dass das menschliche Bewusstsein mit spirituellen Wesenheiten in Resonanz treten kann, ohne dass ein physischer Kontakt erforderlich ist. Einfach ausgedrückt ist es, als gäbe es eine unsichtbare Verbindung, die es Gedanken und Absichten ermöglicht, auf subtilen Ebenen der Realität Reaktionen hervorzurufen.

Es ist jedoch wichtig, zwischen authentischen Intuitionen und Projektionen des Geistes zu unterscheiden. Die spirituelle Semiologie – die Lehre von den Symbolen im mystischen Bereich – warnt davor, dass nicht alle Zeichen von äußeren Wesenheiten stammen, sondern dass einige auch innere Reflexionen des Unterbewusstseins sein können. Der Schlüssel liegt in der Beständigkeit und Wiederholung: Wenn ein Zeichen über einen längeren Zeitraum hinweg bestehen bleibt und in relevanten Momenten auftritt, ist es wahrscheinlicher, dass es sich um eine echte Manifestation Ihres Schutzengels handelt.

Unterschied zwischen Schutzengel und Geistführer

Bei der Erforschung des Spirituellen mag der Unterschied zwischen Schutzengeln und Geistführern subtil erscheinen, aber ihre Natur und ihre Zwecke unterscheiden sich grundlegend. Schutzengel gehören zu unveränderlichen himmlischen Ordnungen, Wesen des Lichts, die innerhalb eines universellen göttlichen Plans wirken und deren Präsenz Zeit und Raum übersteigt. Ihre Manifestation drückt sich oft durch archetypische Symbole wie helles Licht, Flügel oder ein umhüllendes Gefühl von Schutz und bedingungsloser Liebe aus. Ihre Arbeit ist nicht von früheren menschlichen Erfahrungen abhängig, sondern reagiert auf die kosmische Schwingung der göttlichen Ordnung.

Auf der anderen Seite sind spirituelle Führer Seelen, die die menschliche Existenz durchlaufen haben und sich nach Erreichen einer hohen Bewusstseinsstufe dafür entscheiden, diejenigen zu begleiten und zu führen, die ihren irdischen Weg fortsetzen. Ihre Hilfe ist persönlicher und basiert auf Empathie und Wissen, das sie durch ihre eigenen vergangenen Leben erworben haben. Während Schutzengel ihre Botschaft durch intuitive Impulse und universelle Energiemuster vermitteln, können sich spirituelle Führer in vertrauteren Formen präsentieren und Vorfahren, Lehrer oder sogar historische Persönlichkeiten heraufbeschwören, die mit dem Ziel derjenigen, die sie empfangen, in Resonanz stehen.

Die Wahrnehmung dieser Wesen wurde aus verschiedenen Blickwinkeln untersucht, unter anderem auf dem Gebiet der Neurowissenschaften. Neuroimaging-Untersuchungen haben gezeigt, dass das Gefühl der Anwesenheit von Engeln Regionen des rechten Parietallappens aktiviert, einem Bereich, der mit der räumlichen Orientierung und der Wahrnehmung einer externen schützenden Präsenz in Verbindung steht. Im Gegensatz dazu ist bei der Interaktion mit spirituellen Führern der linke Temporallappen beteiligt, der mit dem Gedächtnis und der Erinnerung an vergangene Erfahrungen in Verbindung steht, was die Vorstellung bestätigt, dass sich Ihr Führer oft in Form von Erinnerungen, Bildern oder Erzählungen mit persönlicher Bedeutung präsentiert.

Wie Sie die Verbindung zu Ihrem Schutzengel stärken können

Die Vertiefung Ihrer Verbindung zu Ihrem Schutzengel ist ein Prozess der bewussten Ausrichtung, der auf drei wesentlichen Prinzipien basiert: Schwingungsreinheit, fokussierte Absicht und aktive Dankbarkeit. Schwingungsreinheit bedeutet einen Zustand innerer und äußerer Harmonie, wobei die Anhäufung dichter Energien auf der physischen, emotionalen und mentalen Ebene vermieden wird. Fokussierte Absicht ist der Akt der bewussten Einstimmung auf die Anwesenheit des Engels, wobei für jede Bitte oder Kommunikation ein klares Ziel festgelegt wird. Schließlich stärkt aktive Dankbarkeit die Verbindung zum Göttlichen, indem sie die Zeichen, die der Engel sendet, wie das unerwartete Auftauchen von Federn, Lichtern oder Synchronizitäten, die seine Nähe bestätigen, anerkennt und wertschätzt.

Um diese Verbindung zu stärken, gibt es bestimmte Praktiken, die die spirituelle Empfänglichkeit verbessern können. Die Verwendung von Quarzkristallen, die als Energieverstärker gelten, ermöglicht einen klareren Kanal für die Interaktion mit Engeln. Die Schwingung bestimmter Tonfrequenzen, wie z. B. 528 Hz, wird ebenfalls in Meditationen und Techniken zur Energieharmonisierung verwendet, da sie mit der Öffnung des Herzchakras und der Einstimmung auf höhere Frequenzen der Liebe und Heilung in Verbindung gebracht wird.

Aus energetischer Sicht erzeugt die ständige Wiederholung dieser Praktiken das, was manche als „morphogenetische Felder" bezeichnen, Schwingungsstrukturen, die die Verbindung mit feinstofflichen Ebenen erleichtern. Der Schlüssel liegt in der Kontinuität und der Absicht: einen regelmäßigen Dialog mit Ihrem Schutzengel aufzubauen, ihm bestimmte Aufgaben zuzuweisen – wie zum Beispiel Schutz während einer Reise oder Inspiration in Momenten des Zweifels – und aufmerksam auf die Antworten zu achten, die sich in Ihrer Umgebung manifestieren. Obwohl diese Zeichen nicht immer mit wissenschaftlichen Parametern gemessen werden können, macht sich ihr Einfluss auf das tägliche Leben in Form von größerer Klarheit, Gelassenheit und einem tiefen Gefühl der Begleitung und Führung bemerkbar.

Der Name Ihres Schutzengels: Bedeutung und wie man ihn herausfindet

Obwohl es nicht notwendig ist, den Namen Ihres Schutzengels zu kennen, um seine Führung und seinen Schutz zu erhalten, finden viele Menschen, dass dies ihre Verbindung stärkt und die Kommunikation mit dieser himmlischen Präsenz erleichtert. Es ist wichtig, sich daran zu erinnern, dass der Name Ihres Engels einzigartig für Sie ist und nicht Teil einer vordefinierten oder verallgemeinerten Liste ist.

Über einen bestimmten Namen hinaus kommt es vor allem auf die Absicht und das Gefühl an, mit denen Sie ihn anrufen. So wie wir im Alltag einen liebevollen Spitznamen für jemanden verwenden können, der uns nahesteht, ohne dass dies die Verbindung beeinträchtigt, wird Ihr Engel mit Liebe auf jeden Namen reagieren, den Sie aus Ihrem Herzen heraus wählen. Seine Verbindung zu Ihnen ist vibrierend und geht über Worte hinaus.

Im Folgenden stelle ich Ihnen eine Übung vor, mit der Sie den Namen Ihres Schutzengels durch Ihre Intuition, Träume und Synchronizitäten entdecken können. Dieser Prozess zielt nicht darauf ab, eine sofortige Antwort zu erzwingen, sondern den Kanal für eine natürliche Offenbarung zu öffnen.

Übung, um den Namen Ihres Schutzengels zu entdecken

1. **Bereiten Sie den Raum und Ihre Absicht vor**

   Suchen Sie sich vor dem Schlafengehen einen ruhigen Ort und nehmen Sie eine bequeme Position ein. Atmen Sie mehrmals tief durch, bis Sie sich entspannt fühlen. Stellen Sie sich ein weißes Licht vor, das Sie mit Wärme und Schutz umgibt, als befänden Sie sich in einem heiligen Raum.

2. **Führen Sie die Anrufung durch**

   Bringen Sie mit offenem Herzen eine Bitte mental oder laut zum Ausdruck, zum Beispiel:

   „Geliebter Schutzengel, ich lade dich ein, dich in meinem Bewusstsein zu zeigen. Zeige mir deinen Namen oder ein Symbol, das unsere Verbindung repräsentiert. Ich bin offen und empfänglich für deine Führung."

3. **Geben Sie sich hin und vertrauen Sie**

   Wenn Sie einschlafen, bewahren Sie eine offene Haltung. Halten Sie nicht an einer sofortigen Antwort fest und versuchen Sie nicht, den Prozess zu kontrollieren. Lassen Sie die Informationen im perfekten Moment zu Ihnen kommen.

4. **Notieren Sie Ihre Träume**

Bleiben Sie nach dem Aufwachen noch einen Moment lang ruhig liegen, bevor Sie sich bewegen. Versuchen Sie, sich an alle Wörter, Bilder oder Gefühle zu erinnern, die Ihnen in Ihrem Traum aufgefallen sind. Schreiben Sie sie in ein Tagebuch, auch wenn sie Ihnen zunächst unklar oder bedeutungslos erscheinen.

5. **Achten Sie tagsüber auf Zeichen**

Achten Sie auf Namen oder Wörter, die sich im Laufe des Tages wiederholen. Sie können in einem Gespräch, in einem Buch, in einem Lied oder sogar auf einem Straßenschild auftauchen. Wiederholungen sind ein wichtiges Zeichen dafür, dass Ihr Engel versucht, mit Ihnen zu kommunizieren.

6. **Setzen Sie diesen Prozess mehrere Tage lang fort**

Machen Sie diese Übung mindestens eine Woche lang und notieren Sie Ihre Beobachtungen sowohl im Schlaf als auch im Wachzustand. Am Ende dieses Zeitraums überprüfen Sie Ihre Notizen und suchen Sie nach Mustern oder Zufällen.

7. **Erkennen Sie die Antwort**

Wenn ein Name oder ein Symbol wiederholt aufgetaucht ist, verwenden Sie es mit Zuversicht in Ihren Anrufungen und Meditationen. Wenn Sie statt eines Namens ein Bild, eine Emotion oder ein

Gefühl erhalten haben, nehmen Sie dies als Bezugspunkt für die Verbindung mit Ihrem Engel.

8. **Pflegen Sie Ihre Beziehung zu Ihrem Engel**

    Über den Namen hinaus ist es wichtig, die Verbindung durch Meditation, Gebet und Aufmerksamkeit für die subtilen Zeichen, die Sie jeden Tag erhalten, zu stärken. Denken Sie daran, dass Ihr Engel ständig mit Ihnen kommuniziert, auf eine Weise, die über Worte hinausgeht.

Vertraue darauf, dass die Informationen zum richtigen Zeitpunkt und auf die für dich harmonischste Weise zu dir kommen werden. Die Verbindung zu deinem Schutzengel basiert nicht auf starren Formeln, sondern darauf, dass du dein Herz öffnest und dir sicher bist, dass er immer bei dir ist.

6. Die Sprache der Engel: Symbole, Zahlen und Synchronizitäten

Die Kommunikation der Engel drückt sich nicht in herkömmlichen Worten aus, sondern in einer Schwingungssprache, die sich durch Symbole, Zahlenfolgen und Synchronizitäten manifestiert. Diese Botschaften fungieren als Brücken zwischen der materiellen Welt und den subtilen Dimensionen, aktivieren Resonanzen im Bewusstsein und lassen das Unsichtbare wahrnehmbar werden. In vielen spirituellen Traditionen gelten diese Codes als Schlüssel, die Portale zu höheren Realitäten öffnen und die Verbindung mit den Engelebenen erleichtern.

Um diese Botschaften zu erfassen, ist es notwendig, einen Zustand der Einstimmung zu entwickeln, der es ermöglicht, die Signale klar wahrzunehmen. So wie ein Musikinstrument gestimmt werden muss, um einen harmonischen Klang zu erzeugen, müssen auch der Geist und die Seele des Empfängers auf die Frequenzen abgestimmt sein, auf denen Engel wirken. Diese Wahrnehmungsfähigkeit wurde sogar im Bereich der Neurotheologie untersucht, wo beobachtet wurde, dass spirituelle Erfahrungen Bereiche des Gehirns aktivieren, die mit Intuition und der Verbindung zu erweiterten Bewusstseinszuständen in Verbindung stehen. Die

Kommunikation mit Engeln ist also keine äußere Auferlegung, sondern eine Einladung, die eigene innere Schwingung zu erhöhen, um die an uns gesendeten Botschaften richtig zu interpretieren.

Gängige Engelsymbole und ihre Bedeutungen

Engelsymbole sind in verschiedenen Kulturen und historischen Epochen als archetypische Darstellungen des Göttlichen aufgetreten. Sie sind keine bloßen dekorativen Figuren, sondern Verdichtungen von Energie und Bedeutung, die Informationen direkt an das Bewusstsein weitergeben.

- **Flügel:** Über ihr ikonisches Bild hinaus stehen Flügel für die Fähigkeit, menschliche Grenzen zu überwinden und höhere Zustände des Verständnisses zu erreichen. Sie sind Symbole für Freiheit, spirituelle Erhebung und Schutz.
- **Schwerter**: In Verbindung mit dem Erzengel Michael symbolisieren Schwerter die Kraft der Unterscheidung, die Fähigkeit, Illusionen und Verwirrung zu durchschauen, um zur Wahrheit zu gelangen. Sie stehen auch für die Stärke, Herausforderungen mutig zu begegnen.
- **Lichthöfe**: Diese leuchtenden Kugeln weisen auf einen Zustand erweiterten Bewusstseins und der Verbindung mit dem Göttlichen hin. In vielen künstlerischen Darstellungen umgeben Lichthöfe die

Köpfe erleuchteter Wesen als Zeichen ihrer erhöhten Schwingung.
- **Federn**: Federn in wichtigen Momenten des Lebens zu finden, ist eines der häufigsten Zeichen für die Anwesenheit von Engeln. Es gilt als Botschaft der Ermutigung, als Bestätigung, dass wir geführt und beschützt werden.
- Leuchtende **Kugeln**: Diese Lichtblitze, die manchmal auf Fotos festgehalten oder in meditativen Zuständen wahrgenommen werden, werden mit der Präsenz von Engeln in Verbindung gebracht, die sich auf subtile Weise in der physischen Realität manifestieren.
- **Heilige Geometrie**: Figuren wie das Ikosaeder oder Dodekaeder werden seit der Antike als Strukturen verwendet, die eine Verbindung zu höheren Dimensionen herstellen. Diese geometrischen Muster spiegeln die göttliche Ordnung im Universum wider und können als Hilfsmittel für die Meditation und die Ausrichtung des Bewusstseins auf höhere Ebenen dienen.

Diese Symbole erscheinen nicht zufällig, sondern tauchen in bestimmten Momenten auf, als Antworten auf Fragen, Bestätigungen von Entscheidungen oder Erinnerungen daran, dass wir auf unserem spirituellen Weg nicht allein sind.

Engel-Numerologie: Zahlenfolgen und ihre Botschaften

Zahlen sind auch eine universelle Sprache, durch die Engel Botschaften übermitteln. Jede Zahl schwingt mit einer bestimmten Frequenz, und wenn sie wiederholt erscheint, signalisiert dies eine Kommunikation, die sich an die Person richtet, die sie wahrnimmt.

- **111**: Weist auf die Öffnung eines Energieportals hin. Es ist eine Aufforderung, positive Gedanken zu bewahren und Ihre Absicht darauf zu konzentrieren, Wünsche zu manifestieren, die mit Ihrem Lebenszweck in Einklang stehen.
- **222**: Steht für Gleichgewicht und Harmonie. Es ist eine Botschaft des Vertrauens, die versichert, dass sich alles zum Besten fügt, auch wenn dies nicht sofort ersichtlich ist.
- **333**: Symbolisiert die Anwesenheit spiritueller Führer und die Aktivierung von Körper, Geist und Seele für denselben Zweck. Es ist ein Zeichen der Unterstützung, um mit Zuversicht voranzuschreiten.
- **444**: Verbindung mit engelhaftem Schutz. Wenn diese Zahl häufig erscheint, gilt sie als Erinnerung daran, dass wir von spiritueller Hilfe umgeben sind.
- **555**: Weist auf bevorstehende Veränderungen hin. Diese Zahl kann erscheinen, wenn eine große Veränderung im Leben bevorsteht, und ermutigt uns, den Lauf der Dinge mit Zuversicht anzunehmen.
- **666**: Jenseits von Fehlinterpretationen steht diese Zahl für einen Aufruf, das Materielle und das Spirituelle in Einklang zu bringen. Sie erscheint, wenn es notwendig ist, Prioritäten neu zu setzen und sich wieder mit seinem inneren Wesen zu verbinden.

- **777**: Steht im Zusammenhang mit Selbstbeobachtung und mystischer Weisheit. Es ist eine Zahl der Ausrichtung auf höheres Wissen und der Offenbarung tiefer spiritueller Wahrheiten.
- **888**: Ein Symbol für Überfluss und Wohlstand. Sie weist darauf hin, dass sich Türen für die Manifestation von Ressourcen auf allen Ebenen öffnen.
- *999*: Steht für das Ende von Zyklen und die Vorbereitung auf einen Neuanfang. Sie ist ein Zeichen dafür, dass es an der Zeit ist, das hinter sich zu lassen, was einem nicht mehr dient, und mit einer neuen Perspektive voranzuschreiten.
- **11:11**: Diese Zahl gilt als Code für spirituelle Aktivierung und wird mit der Ausrichtung auf das Schicksal und der Verbindung zu höheren Bewusstseinsebenen in Verbindung gebracht.

Diese Zahlencodes können auf Uhren, Nummernschildern, Quittungen oder in jedem anderen alltäglichen Kontext auftauchen. Ihre Wiederholung ist kein Zufall, sondern eine Aufforderung, auf die Botschaften des Universums zu achten.

Am Ende dieses Buches finden Sie einen ganzen Anhang, der sich eingehender mit der Engel-Numerologie befasst.

Synchronizitäten als Form der Kommunikation mit Engeln

Synchronizitäten sind scheinbar zufällige Ereignisse, die zusammen betrachtet ein bedeutungsvolles Muster erkennen lassen. Aus der Perspektive der Engel sind diese

Zufälle nicht zufällig, sondern Manifestationen einer höheren Intelligenz, die die Umstände so gestaltet, dass sie uns auf unserem Weg leiten.

- **Zufällige Begegnungen**: Das Wiedersehen mit Menschen aus der Vergangenheit oder die Begegnung mit einer wichtigen Person in einem entscheidenden Moment kann eine Botschaft sein, dass wir auf dem richtigen Weg sind.
- **Wiederholte Botschaften**: Wenn dasselbe Wort, dasselbe Bild oder derselbe Satz wiederholt in verschiedenen Medien auftaucht, ist dies ein Zeichen dafür, dass eine wichtige Botschaft darauf wartet, verstanden zu werden.
- **Zugang zu genauen Informationen**: Manchmal, gerade wenn Sie Klarheit in einer Frage brauchen, liefert ein Buch, ein Video oder ein unerwartetes Gespräch genau die Antwort, nach der Sie gesucht haben.
- **Synchronisation von Ereignissen**: Situationen, die perfekt aufeinander abgestimmt zu sein scheinen, als würde das Universum zusammenwirken, um den Weg zu ebnen, sind ein klares Zeichen für das Eingreifen von Engeln.

In der Quantenphysik besagt die Theorie der Verschränkung, dass alles im Universum über Zeit und Raum hinaus miteinander verbunden ist. Dieses Prinzip lässt sich auf Synchronizität anwenden, bei der entfernte und scheinbar unzusammenhängende Ereignisse zusammenkommen, um eine Botschaft zu übermitteln oder eine transformative Erfahrung zu ermöglichen.

Synchronizitäten treten oft am deutlichsten in Zeiten des Wandels oder bei wichtigen Entscheidungen zutage. Wenn sie häufig auftreten, ist dies ein Zeichen dafür, dass sich das Bewusstsein auf den natürlichen Fluss des Universums ausrichtet und spirituelle Führung immer präsenter wird.

Die Sprache der Engel ist weder willkürlich noch chaotisch. Jedes Symbol, jede Zahl oder jedes synchronisierte Ereignis fungiert als Kontaktpunkt zwischen den Dimensionen und erinnert uns daran, dass die Realität viel größer und komplexer ist, als wir sie mit unseren gewöhnlichen Sinnen wahrnehmen. Die Sensibilität zu entwickeln, diese Zeichen zu erkennen, bedeutet, sich für eine Form der Kommunikation zu öffnen, die über den Intellekt hinausgeht und eine direkte Interaktion mit dem Göttlichen ermöglicht.

Federn, Regenbogen und andere Botschaften der Engel

Die Natur fungiert als riesige Leinwand, auf der subtile Botschaften von Engeln angezeigt werden. Diese Zeichen können sich auf unerwartete Weise manifestieren, und wenn wir lernen, sie zu erkennen, stärken wir unsere Verbindung zur spirituellen Welt.

Eines der häufigsten Zeichen sind Federn, die an ungewöhnlichen Orten auftauchen können, beispielsweise in einem Haus ohne offene Fenster oder an Orten, an denen sich keine Vögel in der Nähe befinden. Wenn Sie ohne logische Erklärung eine Feder auf Ihrem Weg finden, wird dies als Erinnerung daran interpretiert, dass Engel in Ihrer Nähe sind, Sie unterstützen und leiten. Die Farbe der Feder kann ebenfalls Hinweise auf ihre Botschaft geben: Weiße Federn werden oft mit Frieden und Schutz assoziiert, blaue Federn mit Kommunikation und Wahrheit, während goldene oder gelbe Federn Erleuchtung und Freude symbolisieren.

Regenbogen sind hingegen ein universelles Symbol für die Verbindung zwischen Himmel und Erde, zwischen dem Sichtbaren und dem Unsichtbaren. Wenn ein Regenbogen in einem entscheidenden Moment Ihres Lebens erscheint – zum Beispiel, wenn Sie ein Gebet sprechen oder über eine Situation nachdenken, die Sie beschäftigt –, ist dies eine Bestätigung dafür, dass die Antworten, die Sie suchen, auf dem Weg zu Ihnen sind. In einigen Fällen können diese Regenbogen in ungewöhnlichen Formen erscheinen, beispielsweise als Lichtkranz um die Sonne oder als Reflexion im Wasser , was ihre Botschaft der Hoffnung und göttlichen Führung noch verstärkt.

Auch Wolken können als Mittel der Kommunikation mit Engeln dienen. Manche Menschen haben Formationen beobachtet, die die Silhouette von Flügeln, Herzen oder himmlischen Gestalten annehmen. Diese flüchtigen Bilder laden zur Selbstreflexion und zur Offenheit für die liebevolle Präsenz unserer spirituellen Führer ein.

Ein weiteres häufiges Zeichen ist das wiederholte Auftauchen bestimmter Tiere, wie weißer Schmetterlinge oder Kolibris, insbesondere in Zeiten des Zweifels oder des Übergangs. Aus spiritueller Sicht sind diese Wesen Boten, die Schwingungen der Freude, der Transformation und des Schutzes mit sich bringen. Ihr Erscheinen steht im Zusammenhang mit Synchronizität und spiegelt die Präsenz subtiler Energien wider, die am Werk sind.

Jedes dieser Zeichen fungiert als Spiegelbild des Prinzips der Entsprechung: Die Bedeutung des Zeichens hängt von der Wahrnehmung und dem inneren Zustand des Beobachters ab. Das Wichtigste ist, dass Sie sich, wenn Sie diese Botschaften in der Natur wahrnehmen, einen Moment Zeit nehmen, um sich mit ihrer Bedeutung zu verbinden und der Führung zu vertrauen, die die Engel Ihnen senden.

Träume und Visionen: Entschlüsselung von Engelsbotschaften

Engel nutzen oft die Traumwelt, um zu kommunizieren, da sich das Bewusstsein im Traumzustand entspannt und empfänglicher für symbolische Botschaften ist. Diese Träume zeichnen sich dadurch aus, dass sie lebhaft sind und ein intensives Gefühl von Realität vermitteln, als gehörten sie zu einer anderen Dimension.

In Engels-Träumen ist es üblich, die Anwesenheit leuchtender Wesen, Landschaften aus Licht oder harmonische Klänge zu erleben, die Frieden und Klarheit vermitteln. Sie können auch durch Symbole wie Schlüssel (die neue Möglichkeiten darstellen), Spiegel (Selbsterkenntnis und Wahrheit) oder Leitern (spiritueller Fortschritt) erscheinen. Das Gefühl beim Aufwachen ist in der Regel eines tiefer Ruhe oder Gewissheit, als hätte man eine stille Offenbarung erhalten.

Aus neurologischer Sicht wurde beobachtet, dass Träume mit hoher emotionaler Intensität Bereiche des Gehirns aktivieren, die mit der symbolischen Verarbeitung verbunden sind, was darauf hindeutet, dass unser Unterbewusstsein diese Erfahrungen mit einer tieferen Bedeutung interpretiert. Wenn Sie von Engeln träumen oder während des Schlafs Botschaften erhalten, ist es ratsam, diese nach dem Aufwachen aufzuschreiben, um sie klarer analysieren zu können.

Wachvisionen sind eine weitere Art der Manifestation von Engeln. Diese können in Momenten tiefer Meditation, in Krisensituationen oder in Momenten intensiver Selbstbeobachtung auftreten. Sie erscheinen als Lichtblitze, geometrische Figuren, Worte, die in der Luft zu schweben scheinen, oder sogar als Eindruck, eine ätherische Silhouette gesehen zu haben. Diese Visionen sind zwar flüchtig, hinterlassen jedoch oft einen bleibenden emotionalen Eindruck und können wichtige Botschaften für Ihre spirituelle Entwicklung enthalten.

Um diese Botschaften zu interpretieren, ist es hilfreich, die Details und Muster zu beobachten, die in Ihren Erfahrungen immer wiederkehren. Gibt es wiederkehrende

Symbole in Ihren Träumen? Treten die Visionen zu bestimmten Zeiten auf? Der Schlüssel liegt darin, diese Ereignisse mit Ihrem Leben und den Fragen, die Sie gerade beschäftigen, in Verbindung zu bringen. Engel sprechen durch die Sprache der Intuition, und je mehr Aufmerksamkeit Sie ihren Zeichen schenken, desto klarer wird ihre Kommunikation sein.

Intuition entwickeln, um Engelsbotschaften zu interpretieren

Die Verfeinerung Ihrer Intuition ist unerlässlich, um Botschaften der Engel zu empfangen und zu verstehen. Dieser Prozess beinhaltet die Sensibilisierung der Verbindung zwischen Herz und Verstand, um ein Gleichgewicht zwischen Vernunft und subtiler Wahrnehmung herzustellen.

Eine der effektivsten Methoden, diese Fähigkeit zu stärken, ist die herzzentrierte Meditation. Die Wissenschaft hat gezeigt, dass es eine Synchronisation zwischen Herzfrequenz und Gehirnaktivität gibt, die die Intuition verbessert. Durch das Eintreten in einen Zustand tiefer Ruhe erleichtert diese Kohärenz den Empfang intuitiver Informationen und verstärkt die Wahrnehmung subtiler Energien.

Eine weitere wirkungsvolle Technik ist die Einstimmung auf die Schumann-Frequenz, eine natürliche elektromagnetische Schwingung der Erde, die bei etwa 7,83 Hz mitschwingt. Es wird angenommen, dass diese Frequenz dabei hilft, den Energiekörper ins Gleichgewicht zu bringen und sich mit höheren Bewusstseinsebenen zu verbinden. Es gibt Klänge und Meditationen, die speziell darauf ausgerichtet sind, diesen Zustand herbeizuführen und die übersinnliche Wahrnehmung zu verbessern.

Die Verwendung von Kristallen wie klarem Quarz oder Selenit kann ebenfalls als Verstärker für Engelsbotschaften dienen. Diese Kristalle haben piezoelektrische Eigenschaften, was bedeutet, dass sie subtile Energien umwandeln und verstärken können und so helfen, sich auf die himmlische Schwingung einzustimmen. Wenn man sie während der Meditation oder beim Schlafen in der Nähe aufbewahrt, kann dies Erfahrungen mit Engeln erleichtern.

Das tägliche Aufzeichnen Ihrer Intuitionen, Botschaften oder Visionen stärkt die neuronalen Verbindungen, die mit der außersinnlichen Wahrnehmung in Verbindung stehen. Dieser als Neuroplastizität bezeichnete Prozess ermöglicht es dem Gehirn, sich anzupassen und die Fähigkeit zu verfeinern, subtile Informationen mit größerer Klarheit zu empfangen.

Sogar die Ernährung beeinflusst die intuitive Offenheit. Es wurde beobachtet, dass eine ausgewogene Ernährung, die einen klaren Geisteszustand fördert – wie beispielsweise der moderate Verzehr von gesunden Fetten und natürlichen Lebensmitteln – die Sinneswahrnehmung schärfen und die Verbindung zu spirituellen Botschaften verbessern kann.

Die Entwicklung der Intuition ist ein schrittweiser Prozess. Je mehr Sie auf Zeichen achten und sich in der symbolischen Interpretation üben, desto flüssiger und spontaner wird die Kommunikation mit Engeln.

Praktische Übung: Engel-Kommunikations-Tagebuch

Ein Tagebuch, das der Aufzeichnung von Engelsbotschaften und -zeichen gewidmet ist, ist ein unschätzbares Hilfsmittel, um Ihre spirituelle Verbindung zu stärken. Diese Übung ermöglicht es Ihnen, Muster zu erkennen, wiederkehrende Symbole zu analysieren und Ihr Verständnis der Engelssprache zu vertiefen.

Schritte zum Erstellen Ihres Engel-Kommunikations-Tagebuchs:

1. **Wählen Sie ein besonderes Notizbuch,** das Sie inspiriert und mit Ihrer Absicht, sich mit den Engeln zu verbinden, im Einklang steht.

2. **Schreiben Sie** auf die erste Seite **eine Widmung,** in der Sie Ihren Wunsch zum Ausdruck bringen, göttliche Botschaften zu empfangen und zu verstehen.

3. **Teilen Sie Ihr Tagebuch in Abschnitte ein**, zum Beispiel:

- **Symbole:** Notieren Sie alle bedeutungsvollen Zeichen in der Natur (Federn, Regenbogen, Tiere).
- **Zahlen:** Notieren Sie sich sich wiederholende Zahlenfolgen (111, 444, 12:12) und ihre möglichen Bedeutungen.
- **Synchronizitäten:** Notieren Sie überraschende Zufälle oder Ereignisse, die von einer höheren Macht gelenkt zu sein scheinen.
- **Träume:** Beschreiben Sie Ihre Engelsträume und analysieren Sie deren Symbole.
- **Intuitionen:** Notieren Sie Gedanken oder Gefühle, die wie innere Botschaften oder spontane Offenbarungen wirken.

4. **Tragen Sie Ihr Tagebuch bei sich** oder bewahren Sie es an einem leicht zugänglichen Ort auf, damit Sie alle Erfahrungen sofort festhalten können, wenn sie auftreten.

5. **Schauen Sie regelmäßig in Ihr Tagebuch** und suchen Sie nach Mustern in den Botschaften, die Sie erhalten.

6. **Drücken Sie Ihre Dankbarkeit** für die Führung durch Engel **aus**. Dankbarkeit stärkt die Verbindung zu Engeln und erhöht die Häufigkeit der Kommunikation.

7. Spirituelle Vorbereitung auf die Arbeit mit Engeln: Reinigung und Schutz

Die Vorbereitung Ihres Körpers und Ihrer Umgebung vor jeder spirituellen Arbeit ist unerlässlich, um eine klare Verbindung zu den Engeln herzustellen. Auf energetischer Ebene können dichte Schwingungen als Störung wirken und die Kommunikation mit diesen Wesen des Lichts behindern. Dies ist keine Frage der moralischen Beurteilung, sondern vielmehr die Notwendigkeit, einen Schwingungszustand zu erzeugen, der mit ihrer Frequenz kompatibel ist. So wie in der Musik bestimmte Töne harmonieren müssen, um eine angenehme Melodie zu erzeugen, ist es bei der Interaktion mit Engeln notwendig, sich auf ihre Energie einzustimmen, um ihre Präsenz zu erleichtern.

Ein gutes Beispiel dafür findet sich in der Quantenphysik: In vielen Experimenten schaffen Wissenschaftler ein kontrolliertes Vakuum, um alle externen Partikel zu eliminieren, die die Ergebnisse verfälschen könnten. In ähnlicher Weise wirken Engel auf höheren Ebenen, wo energetische Reinheit entscheidend ist. Ohne einen sauberen und geordneten Raum wird die Kommunikation diffus, als würden wir versuchen, mitten in einem Gewitter ein Radiosignal zu empfangen. Die Reinigung ist der Prozess, der es uns ermöglicht, energetische

„Störgeräusche" zu beseitigen und einen Treffpunkt zwischen unserer Dimension und ihrer zu schaffen.

Die ältesten spirituellen Traditionen haben diese Notwendigkeit gut verstanden. In Ägypten und Sumer beispielsweise wurden vor der Kontaktaufnahme mit den Göttern und ihren Boten[31] Reinigungsrituale mit Kräutern, Ölen und zeremoniellen Bädern durchgeführt. Die hermetische Tradition drückt dieses Prinzip mit dem berühmten Satz „Wie oben, so unten" aus und erinnert uns daran, dass wir, wenn wir höhere Energien anziehen wollen, dieselbe Reinheit in uns selbst und unserer Umgebung widerspiegeln müssen.

Techniken zur Reinigung der persönlichen Energie

Die Energie-Reinigung wirkt auf drei Ebenen: körperlich, emotional und mental. Auf körperlicher Ebene ist die Verwendung von Meersalzbädern eine alte Praxis, die auf der Fähigkeit von Mineralien basiert, disharmonische Energien zu absorbieren und zu neutralisieren. Wasser, das seit langem als reinigendes Element anerkannt ist[32], wirkt als Kanal der Befreiung, insbesondere in Verbindung mit

---

[31] In Ägypten führten Priester rituelle Waschungen durch und verwendeten Weihrauch wie Kyphi, während in Sumer Bäder und Gebete zur Reinigung von Tempeln und Menschen eingesetzt wurden.
[32] In zahlreichen Traditionen, wie dem Christentum (Taufe) und dem Hinduismus (Baden im Ganges), symbolisiert Wasser spirituelle Reinigung und Erneuerung.

einer klaren und bewussten Absicht. Die Umwandlung des täglichen Bades in ein Energie-Reinigungsritual kann einen großen Unterschied in der Qualität Ihrer Verbindung zu den Engeln bewirken.

Auf emotionaler Ebene hilft bewusstes Atmen dabei, angesammelte Blockaden und Spannungen zu lösen. Es hat sich gezeigt, dass langes Ausatmen das parasympathische Nervensystem aktiviert und einen Zustand tiefer Ruhe hervorruft. Dieses Gleichgewicht ist unerlässlich, damit subtile Energien ohne Widerstand fließen können. Die Visualisierung eines weißen oder goldenen Lichts, das den Körper während dieses Prozesses umgibt, verstärkt die Wirkung zusätzlich und gleicht unsere Frequenz mit der der Engelwesen an.

Selbst die moderne Wissenschaft findet Parallelen zu diesen Praktiken. Studien zum Bioelektromagnetismus[33] haben gezeigt, dass Zustände psychophysiologischer Kohärenz, in denen Körper und Geist im Gleichgewicht sind, die Fähigkeit des Körpers verbessern, mit feinstofflichen Energiefeldern zu interagieren. Diese Harmonisierung erleichtert die Kommunikation mit dem Transzendentalen und ermöglicht einen ungehinderten Energiefluss.

---

[33] Die Bioelektromagnetik untersucht, wie die vom menschlichen Körper erzeugten elektrischen und magnetischen Felder die Gesundheit und die energetische Interaktion beeinflussen.

Schaffung eines heiligen Raums für die Kommunikation mit Engeln

[34]Seit jeher wissen die Menschen um die Bedeutung heiliger Räume für die Verbindung mit dem Göttlichen. Architektonische Strukturen wie mesopotamische Zikkurats und gotische Kathedralen wurden mit der Absicht entworfen, den Geist zum Himmlischen zu erheben, indem Formen und Symbole verwendet wurden, die die Einstimmung auf höhere Energien fördern. Dieselbe Logik lässt sich im Alltag anwenden, indem man einen persönlichen Raum für die Arbeit mit Engeln weiht.

Mesopotamische Zikkurat

---

[34] Zikkurats waren Stufentempel, die den Göttern in Mesopotamien gewidmet waren, während gotische Kathedralen durch ihre hohen Bögen den spirituellen Aufstieg symbolisieren sollten.

Aus energetischer Sicht entwickeln Räume, die wiederholt für spirituelle Zwecke genutzt werden, eine eigene Schwingung. Das liegt daran, dass die Wiederholung von Gebeten, Meditationen und Ritualen eine Art energetischen Abdruck in der Umgebung hinterlässt, der die Öffnung eines immer stabileren Verbindungskanals erleichtert. Es ist wie bei einer Saite, die, wenn sie häufig gestimmt wird, die Fähigkeit erlangt, in perfekter Harmonie mit der richtigen Note zu schwingen.

Zusätzlich zu den energetischen Auswirkungen hat die Umweltpsychologie gezeigt, dass Räume mit symbolischen Elementen veränderte Bewusstseinszustände hervorrufen können. Die Auswahl bestimmter Farben, Düfte und Materialien ist kein bloßes dekoratives Detail, sondern ein Mittel, um den Geist für spirituelle Offenheit zu empfänglich zu machen. Beim Betreten eines Raumes, der für den Kontakt mit Engeln gestaltet wurde, reagieren Geist und Herz mit der Aktivierung von Zuständen des Friedens und der Empfänglichkeit, wodurch die Kommunikation mit diesen himmlischen Wesen erleichtert wird.

Verwendung von Räucherwerk, Kerzen und ätherischen Ölen bei der Vorbereitung

Ritualelemente wie Weihrauch, Kerzen und ätherische Öle verschönern nicht nur den zeremoniellen Raum, sondern dienen auch als Aktivatoren für höhere

Bewusstseinszustände. Ihre aromatischen und symbolischen Eigenschaften werden seit Jahrtausenden in verschiedenen spirituellen Traditionen genutzt, da ihre Wirkung über den physischen Bereich hinausgeht und sich auf die Psyche und das Energiefeld des Praktizierenden auswirkt.

Räucherwerk und ätherische Öle enthalten aromatische Verbindungen, die das limbische System stimulieren können, den Bereich des Gehirns, der mit Emotionen und Gedächtnis in Verbindung steht. Diese Wechselwirkung ermöglicht es bestimmten Aromen wie Sandelholz oder Myrrhe – einem heiligen Harz, das in alten Tempeln verwendet wurde – Zustände tiefer Entspannung und spiritueller Empfänglichkeit hervorzurufen. Neurowissenschaftliche Studien haben gezeigt, dass diese Aromen die Aktivität der Alpha-Gehirnwellen verstärken können, die mit Meditation und Bewusstseinserweiterung in Verbindung stehen.

Kerzen hingegen stehen für das Prinzip der energetischen Umwandlung. Festes Wachs wird durch Feuer in Licht umgewandelt, was die Erhebung der Materie zu ihrer reinsten Essenz symbolisiert. In alchemistischer Hinsicht spiegelt dieser Prozess die spirituelle Transformation wider, die der Praktizierende zu erreichen sucht. Die Wahl der Kerzenfarbe entspricht den Prinzipien der Farbtherapie, da jede Farbe eine bestimmte Frequenz ausstrahlt, die den emotionalen Zustand und die energetische Schwingung der Umgebung beeinflussen kann.

Seit der Antike gilt die Kombination dieser Elemente als fortgeschrittene spirituelle Technologie. Im Tempel Salomos beispielsweise wurde Weihrauch nach einer präzisen Formel hergestellt, die bestimmte Wirkungen auf das kollektive Bewusstsein hervorrufen sollte, was ein tiefes Verständnis der Beziehung zwischen Duft, Licht und Energie demonstriert. Diese Komponenten sind keineswegs bloße Accessoires, sondern fungieren als Schlüssel, die den Praktizierenden auf höhere Ebenen der Existenz einstimmen.

Meditationen zum Schutz und zur Erdung

Meditative Praktiken, die auf energetischen Schutz abzielen, basieren auf der Prämisse, dass Gedanken und Absichten die Realität formen. Durch die Visualisierung leuchtender Strukturen oder heiliger geometrischer Muster erzeugt der Praktizierende einen Schwingungsschutz, der nicht nur sein Aurafeld stärkt, sondern auch eine Resonanz mit den harmonischen Strukturen des Universums herstellt.

Die energetische Verankerung ist ein weiterer grundlegender Pfeiler der spirituellen Praxis, da sie während transzendentaler Erfahrungen für psychische und emotionale Stabilität sorgt. Eine der wirksamsten Techniken besteht darin, sich Wurzeln aus Licht vorzustellen, die sich vom Körper bis zum Erdkern erstrecken und ein Gleichgewicht zwischen himmlischer

Energie und irdischer Festigkeit herstellen. Diese Übung hilft nicht nur, mit beiden Beinen in der alltäglichen Realität zu bleiben, sondern verhindert auch die energetische Fragmentierung, die nach intensiver Meditation oder Praktiken der Verbindung mit höheren Ebenen auftreten kann.

Aus wissenschaftlicher Sicht können diese Visualisierungen als die Erzeugung von Interferenzmustern im Quantenfeld interpretiert werden. Experimente zum Beobachtereffekt haben gezeigt, dass bewusste Aufmerksamkeit in der Lage ist, die Realität auf subatomarer Ebene zu verändern, was darauf hindeutet, dass gezielte Absichten in der Meditation einen realen Einfluss auf die Konfiguration des persönlichen Energiefeldes haben. Somit sind Schutz und Erdung nicht nur symbolische Handlungen, sondern Prozesse, die sich direkt auf die Art und Weise auswirken, wie der Einzelne mit seiner energetischen Umgebung interagiert.

Die Bedeutung der Absicht in der Arbeit mit Engeln

Die Absicht ist die zentrale Achse jeder Interaktion mit der Engelwelt. Nach dem holografischen Modell des Universums[35] projiziert jeder Gedanke und jede Emotion

---

[35] Dieses von Physikern wie David Bohm vorgeschlagene Modell legt nahe, dass jeder Teil des Universums Informationen über das Ganze enthält, ähnlich wie bei einem Hologramm.

bestimmte Muster in die Matrix der Realität, was bedeutet, dass eine klare und fokussierte Absicht vibrationsbezogene Erfahrungen und Wesenheiten anziehen kann.

Die Quantenphysik postuliert, dass Beobachtung das Beobachtete verändert, was die Vorstellung stützt, dass das Bewusstsein spirituelle Erfahrungen beeinflusst. Wenn wir dieses Prinzip auf die Arbeit mit Engeln anwenden, verstehen wir, dass die Qualität der Absicht die Art der erhaltenen Antwort bestimmt. Je mehr die Absicht mit den Frequenzen der Liebe und Klarheit im Einklang steht, desto stärker wird die hergestellte Verbindung sein.

Mystische Traditionen wie die Kabbala behaupten, dass Engel Manifestationen bestimmter göttlicher Prinzipien sind und dass die Absicht als Mechanismus für die spirituelle Einstimmung fungiert. So wie ein Radiosender je nach Einstellung nur bestimmte Frequenzen empfängt, wirken persönliche Schwingungen und die Klarheit der Absicht als Filter und Verstärker, die den Kontakt zu gleichgesinnten Engelwesen ermöglichen. Auf diese Weise erleichtert die Absicht nicht nur die Kommunikation mit Engeln, sondern schafft auch ein Resonanzfeld, das die Wirksamkeit jeder spirituellen Praxis verstärkt.

Mantras und Affirmationen zur Erhöhung Ihrer Schwingung

Die Kraft von Mantras liegt in ihrer Fähigkeit, Schwingungsmuster auf einer subtilen Ebene zu verändern und die Energie des Praktizierenden durch Klang und rhythmische Wiederholung neu zu konfigurieren. Die Kymatik, eine Disziplin, die untersucht, wie Schallwellen Materie beeinflussen, hat gezeigt, dass bestimmte Frequenzen harmonische geometrische Muster erzeugen können, was darauf hindeutet, dass das Singen von Mantras die Energiestruktur eines Menschen neu organisieren kann.

Affirmationen hingegen fungieren als Dekrete, die die Wahrnehmung der Realität neu konfigurieren und höhere Bewusstseinszustände verstärken. Wenn sie mit Überzeugung und in Harmonie mit den Energien der Engel gesprochen werden, werden sie zu mächtigen Werkzeugen für spirituelle Selbstermächtigung. Alte Sprachen wie Sanskrit und Hebräisch werden aufgrund der Schwingungsstruktur ihrer Laute, die als Träger hoher Frequenzen identifiziert wurden, seit Jahrhunderten in spirituellen Praktiken verwendet.

Die Einbeziehung von Mantras und Affirmationen in die Arbeit mit Engeln ermöglicht es uns, eine Brücke zwischen unserer persönlichen Schwingung und der Frequenz der höheren Ebenen zu schlagen. Ihre ständige Anwendung hilft nicht nur, das Bewusstsein zu erhöhen, sondern stärkt auch das Aurafeld und erleichtert eine tiefere Verbindung mit der himmlischen Führung. So werden Klang und Wort zu Instrumenten der Transformation, die durch das Gewebe der Realität schwingen und Wege zur spirituellen Erweiterung eröffnen.

Mantras und Affirmationen zur Erhöhung Ihrer Schwingung

Worte haben Kraft. Jeder Klang, jeder Gedanke und jede bewusste Aussage erzeugt eine Schwingung, die in unserem Energiefeld und im Universum mitschwingt. Mantras und Affirmationen programmieren nicht nur unser Unterbewusstsein neu, sondern stimmen auch unsere Frequenz auf höhere Energien ab und erleichtern so die Verbindung mit Engeln und höheren Ebenen.

Im Folgenden finden Sie 50 Mantras und Affirmationen, die Ihre Schwingung erhöhen und Sie mit der Präsenz der Engel in Einklang bringen sollen. Sie können sie laut wiederholen, in der Meditation flüstern, in ein Tagebuch schreiben oder in Ihre täglichen spirituellen Praktiken integrieren.

50 kraftvolle Mantras und Affirmationen

1. Ich bin ein strahlender Kanal des Lichts und der göttlichen Liebe.
2. Die Anwesenheit der Engel umgibt, leitet und beschützt mich.

3. Ich vertraue voll und ganz auf die Weisheit und Führung meiner Engel.

4. Mein Herz öffnet sich, um die himmlische Führung mit Dankbarkeit zu empfangen.

5. Ich atme Frieden ein, atme Licht aus und verbinde mich mit dem Göttlichen.

6. Ich verdiene die Liebe, Heilung und Fülle des Universums.

7. Ich gehe mit der Gewissheit, dass ich immer von Wesen des Lichts begleitet werde.

8. Ich lasse meine Ängste los und gebe mich mit Vertrauen dem göttlichen Plan hin.

9. Meine Gedanken schwingen in Harmonie mit Wahrheit und Klarheit.

10. Das heilende Licht des Erzengels Raphael stellt meinen Körper, meinen Geist und meine Seele wieder her.

11. Ich strahle Liebe und Mitgefühl in jedem Wort, jedem Gedanken und jeder Handlung aus.

12. Erzengel Michael breitet seinen Schutzschild über mich aus.

13. Mein ganzes Wesen schwingt mit der Frequenz bedingungsloser Liebe mit.

14. Ich nehme dankbar alle Segnungen an, die das Universum für mich bereithält.

15. Ich ehre die ständige Gegenwart meiner Engel und ihre bedingungslose Liebe.

16. Ich bin ein Kanal der Heilung, des Friedens und der Harmonie für die Welt.

17. Erzengel Gabriel erleuchtet meine Stimme und meine Worte mit Klarheit und Liebe.

18. Ich lasse die Vergangenheit mit Dankbarkeit los und öffne mich für einen neuen Anfang.

19. Göttliche Weisheit fließt mit Leichtigkeit und Zuversicht durch mich hindurch.

20. Alles in meinem Leben geschieht in perfekter Übereinstimmung mit dem göttlichen Plan.

21. Die Magie der Wunder manifestiert sich jeden Tag auf meinem Weg.

22. Das goldene Licht des Erzengels Uriel erleuchtet meinen Geist mit tiefem Verständnis.

23. Ich hülle mich in das verwandelnde violette Licht des Erzengels Zadkiel.

24. Ich höre mit Zuversicht auf meine Intuition und folge der Stimme meiner Seele.

25. Ich bin in perfekter Harmonie mit der unendlichen Fülle des Universums.

26. Ich atme Licht, lasse Lasten los und erhebe mich zu meinem höchsten Potenzial.

27. Meine Gedanken, Worte und Taten werden von reiner Liebe geleitet.

28. Ich vibriere vor Dankbarkeit und lasse Liebe jeden Winkel meines Lebens erfüllen.

29. Ich bin im Einklang mit der Energie des höchsten Guten.

30. Ich segne meinen Weg und gebe mich voller Vertrauen dem Fluss des Daseins hin.

31. Ich bin ein Leuchtfeuer des Lichts, der Expansion und der göttlichen Weisheit.

32. Ich bin dankbar für die Transformation und Heilung, die jeden Tag in mir aufblüht.

33. Jede Herausforderung, der ich mich stelle, treibt mich an, zu wachsen und mich weiterzuentwickeln.

34. Die Schönheit und Anmut des Erzengels Jofiel verschönern meinen Geist und mein Herz.

35. Ich lasse die Kontrolle los und gebe mich der perfekten Ordnung des Universums hin.

36. Meine Intuition ist klar, und ich vertraue der Führung, die ich von oben erhalte.

37. Ich entscheide mich für Freude und lasse Leichtigkeit in meinem Herzen wohnen.

38. Die Energie des Erzengels Metatron aktiviert meine Gaben und meine heilige Mission.

39. Ich bin das Spiegelbild des göttlichen Lichts auf dieser irdischen Ebene.

40. Ich bin dankbar für jeden sichtbaren und unsichtbaren Segen, der in mein Leben kommt.

41. Ich pflege Gedanken, die meine Seele erheben und meinen Geist nähren.

42. Engel begleiten mich und umgeben mich mit ihrer Liebe und ihrem Schutz.

43. Ich lasse Urteile los und empfinde Mitgefühl für mich selbst und andere.

44. Ich vertraue darauf, dass alles in meinem Leben mit dem höchsten Wohl im Einklang steht.

45. Mein inneres Licht strahlt hell und entzündet die Herzen auf seinem Weg.

46. Ich verbinde mich mit der heilenden und nährenden Essenz von Mutter Erde.

47. In der Stille in meinem Inneren höre ich die liebevolle Stimme des Universums.

48. Ich schätze jeden Moment als göttliches Geschenk auf meiner Lebensreise.

49. Ich bin ein Wesen des Lichts, das die Größe der unendlichen Liebe erlebt.

50. Ich gebe mich ganz der göttlichen Gnade hin, die in mir wohnt.

Diese Mantras und Affirmationen können in verschiedenen spirituellen Praktiken verwendet werden. Rezitiere sie mit Absicht, integriere sie in dein tägliches Leben und beobachte, wie deine Schwingung steigt, sodass du dich klarer und tiefer mit der Präsenz der Engel verbinden kannst.

Wenn Sie ihre Wirkung verstärken möchten, begleiten Sie Ihre Praxis mit Meditation, bewusster Atmung oder der Visualisierung des Lichts der Engel, die Sie umgeben. Mit der Zeit werden diese Affirmationen nicht nur Ihre Energie erhöhen, sondern auch Ihre Wahrnehmung verändern und Wege der Liebe, Klarheit und Heilung in Ihrem Leben eröffnen.

Vorbereitungsritual für die Arbeit mit Engeln

Um sich klar und tief mit Engeln zu verbinden, ist es wichtig, einen heiligen Raum zu schaffen und Körper, Geist und Seele vorzubereiten. Dieses Ritual ermöglicht es Ihnen, Ihre Schwingung zu erhöhen, Ihre Energie zu harmonisieren und eine reine Verbindung zu Wesen des Lichts herzustellen.

Beginnen Sie damit, den Raum, in dem Sie Ihre Übung durchführen werden, zu reinigen. Zünden Sie Weihrauch, Palo Santo oder weißen Salbei an, und während der heilige Rauch den Raum erfüllt, visualisieren Sie, wie ein strahlend weißes Licht jede dichte oder stagnierende Energie auflöst. Stellen Sie sich mit jeder Bewegung des Rauchs vor, wie der Ort strahlend und lebendig wird und bereit ist, die himmlische Präsenz zu empfangen. Bekräftigen Sie laut und mit Überzeugung:

„Dieser Raum ist jetzt ein Heiligtum des Lichts und der Liebe. Nur die göttliche Präsenz und die Energie der Engel wohnen hier."

Errichten Sie nun einen heiligen Altar. Seine Größe ist nicht wichtig, sondern vielmehr die Absicht, mit der Sie ihn vorbereiten. Legen Sie ein Tuch in einer Farbe, die Frieden vermittelt, wie Weiß, Himmelblau oder Lavendel, darauf. Ordnen Sie darauf Gegenstände an, die mit der Energie der Engel in Resonanz stehen: weiße oder blaue Kerzen, Kristalle wie klarer Quarz oder Amethyst, weiße Federn, Bilder von Engeln oder heilige Symbole. Nehmen Sie sich beim Platzieren jedes Gegenstands einen Moment Zeit, um ihn zu segnen, ihn mit Liebe und Dankbarkeit zu erfüllen und sich vorzustellen, wie jedes Element zu einem Ankerpunkt für die himmlische Schwingung wird.

Um Ihr eigenes Energiefeld zu reinigen, tauchen Sie in ein reinigendes Bad mit Meersalz oder Bittersalz ein. Wenn Sie möchten, können Sie auch einfach Ihr Gesicht und Ihre Hände mit Wasser waschen, dem Sie ein paar Tropfen Lavendel-, Rosen- oder Weihrauchöl hinzugefügt haben. Wenn das Wasser Ihre Haut berührt, stellen Sie sich vor, wie sich alle Anspannungen, Sorgen und disharmonischen Energien auflösen. Spüren Sie, wie die Reinheit des Wassers nicht nur Ihren Körper, sondern auch Ihre Aura reinigt und Sie leicht und empfänglich macht. Wenn Sie aus dem Wasser steigen, hüllen Sie sich in strahlend weißes Licht und spüren Sie dessen Schutz und Wärme.

Wählen Sie bequeme Kleidung in sanften Farben, vorzugsweise in Farbtönen, die mit Reinheit und spiritueller Verbindung assoziiert werden. Wenn Sie möchten, können Sie ein wenig Rosenwasser auf Ihre Kleidung sprühen oder ein paar Tropfen Essenz auf Ihre

Handgelenke reiben, um sie als heilige Kleidung für Ihre Begegnung mit den Engeln zu weihen.

Setzen Sie sich mit geradem Rücken und geschlossenen Augen vor Ihren Altar. Atmen Sie tief ein, durch die Nase, und lassen Sie das Licht Ihr Inneres erfüllen. Halten Sie den Atem einige Sekunden lang an und atmen Sie dann langsam durch den Mund aus, wobei Sie alle Anspannung loslassen. Wiederholen Sie diesen Vorgang, bis Sie spüren, dass Ihr Geist klar und Ihr Herz ruhig ist.

Wenn Sie bereit sind, rufen Sie die Engel mit Liebe und Respekt an. Sie können dies still oder laut tun, mit Worten, die aus Ihrem Herzen kommen, oder indem Sie dieses Gebet verwenden:

„Geliebte Engel, Erzengel und Wesen des Lichts, ich rufe euch mit Hingabe und Demut an. Kommt an diesen heiligen Ort, umgebt mich mit eurer Liebe und eurem Schutz. Schafft einen Schild aus Licht um mich herum, in den nur die reinsten Energien eindringen können. Ich danke euch für eure Anwesenheit und eure liebevolle Führung."

Spüren Sie, wie die Energie im Raum steigt, wie sich die Atmosphäre mit einem warmen und beruhigenden Gefühl füllt. Vielleicht nehmen Sie eine Veränderung in der Luft wahr, ein subtiles Leuchten oder einfach nur einen tiefen Frieden, der Sie umgibt.

Setzen Sie in diesem Moment Ihre Absicht für diese Übung fest. Fragen Sie sich: Was möchte ich in dieser Begegnung mit den Engeln empfangen oder verstehen? Suche ich Führung, Heilung, Klarheit oder einfach nur ihre liebevolle Gegenwart? Formulieren Sie Ihre Absicht in einfachen Worten, zum Beispiel:

„Ich öffne mich mit Dankbarkeit und Liebe für die Führung und Heilung durch die Engel."

Bleiben Sie nun still und empfänglich. Sie können sich für eine geführte Meditation entscheiden, ein Mantra singen, mit einem Engel-Orakel arbeiten oder einfach still bleiben und die Energie der Engel durch sich hindurchfließen lassen. Haben Sie keine Erwartungen, sondern fühlen, beobachten und empfangen Sie einfach. Möglicherweise nehmen Sie Bilder, Worte, Empfindungen oder einfach nur ein Gefühl unendlicher Liebe und Frieden wahr. Vertrauen Sie allem, was zu Ihnen kommt.

Wenn Sie das Gefühl haben, dass der Prozess abgeschlossen ist, drücken Sie den Engeln Ihre Dankbarkeit für ihre Anwesenheit und bedingungslose Liebe aus. Sie können laut sagen:

„Danke, geliebte Engel, dass ihr mich mit eurem Licht erleuchtet habt. Ich schätze eure Führung und eure ewige Liebe. Möge eure Gegenwart mich weiterhin auf jedem Schritt meines Weges begleiten. Danke, danke, danke."

Um das Ritual zu beenden und die Energie, die Sie empfangen haben, zu verankern, führen Sie eine kleine Geste der Integration durch. Sie können mit Ihren Händen den Boden berühren, um sich mit der Erde zu verbinden, alle Botschaften oder Gefühle, die Sie empfangen haben, in ein Tagebuch schreiben, ein Glas Wasser trinken, um das Licht der Engel aufzunehmen, oder einfach ein paar Minuten still bleiben und spüren, wie sich die erhöhte Schwingung in Ihrem Wesen festsetzt.

Zu jeder Tageszeit können Sie zu diesem Zustand der Einstimmung zurückkehren, indem Sie einfach die Augen schließen, tief einatmen und spüren, wie ihre Liebe Sie umhüllt.

8. Meditationstechniken zum Einstimmen auf die Frequenzen der Engel

Grundlagen der Engelmeditation

Die Engelmeditation basiert auf dem Prinzip, dass das menschliche Bewusstsein sich auf himmlische Energien einstimmen und eine Schwingungsverbindung zu feinstofflicheren Ebenen herstellen kann. Forschungen in der Neurotheologie – der Disziplin, die sich mit der Beziehung zwischen Spiritualität und Gehirnaktivität befasst – haben gezeigt, dass tiefe meditative Zustände bestimmte Bereiche des Gehirns aktivieren, die mit transzendentalen Erfahrungen in Verbindung stehen. Dies deutet darauf hin, dass Meditation eine „neurochemische Brücke" erzeugt, einen Zustand, in dem die elektrische und chemische Aktivität des Gehirns den Zugang zu höheren Dimensionen erleichtert und eine direkte Verbindung zu höheren Intelligenzen ermöglicht.

Dieser Prozess beinhaltet keine Abkopplung von der Realität, sondern ganz im Gegenteil: Es handelt sich um einen Zustand der Hyperbewusstheit, in dem der Geist von den üblichen Filtern befreit ist, die die Wahrnehmung einschränken. Aus der Perspektive der Quantenphysik[36] kann Meditation mit einem Teilchenbeschleuniger auf der Bewusstseinsebene verglichen werden, der Interferenzmuster erzeugt, die in gewisser Weise von engelhaften Wesen wahrgenommen werden können. Es handelt sich um ein Phänomen, das an die Wechselwirkung subatomarer Teilchen in quantenmechanischen Experimenten erinnert und verborgene Informationen im Universum offenbart.

Verschiedene spirituelle Traditionen haben im Laufe der Geschichte ähnliche Methoden der Engelmeditation entwickelt. Von kontemplativen Praktiken in Tibet[37] bis hin zu schamanischen Ritualen mesoamerikanischer Zivilisationen wiederholen sich drei wesentliche Elemente: eine klare, auf das Göttliche ausgerichtete Absicht, die Aussetzung des rationalen Urteilsvermögens, um eine tiefere Wahrnehmung zu ermöglichen, und die Aktivierung innerer Energiezentren, die in vielen Kulturen als Chakren bekannt sind.

---

[36] In der Quantenphysik deuten Phänomene wie Verschränkung und Interferenzmuster darauf hin, dass das Bewusstsein subatomare Systeme beeinflussen könnte.
[37] In Tibet verwenden Mönche Mantras und Visualisierungen, um höhere Bewusstseinszustände zu erreichen; mesoamerikanische Schamanen nutzten heilige Pflanzen und Gesänge, um sich mit dem Göttlichen zu verbinden.

Bewusstes Atmen zur Erhöhung der Schwingungsfrequenz

Die Atmung ist das wirkungsvollste biologische Mittel, um höhere Bewusstseinszustände herbeizuführen. Techniken wie die 4-7-8-Atmung[38] – vier Sekunden einatmen, sieben Sekunden den Atem anhalten und acht Sekunden ausatmen – wurden in der Neurophysiologie umfassend untersucht und haben ihre Fähigkeit zur Induzierung von Gamma-Gehirnwellen unter Beweis gestellt. Diese Wellen stehen im Zusammenhang mit multisensorischer Integration und Zuständen erweiterter Wahrnehmung.

[39]In der Engelmeditation fungiert die Atmung als Stimmgabel, die die Schwingungsfrequenz des Körpers mit den himmlischen Energien in Einklang bringt. Dieses Phänomen wird in hermetischen Texten wie dem *Kybalion* erwähnt, wo erklärt wird, dass die Entsprechung zwischen dem menschlichen Mikrokosmos und dem universellen Makrokosmos eine Synchronisation mit höheren Ebenen ermöglicht.

---

[38] Die von Dr. Andrew Weil populär gemachte 4-7-8-Technik beruhigt das Nervensystem durch Aktivierung des Vagusnervs und reduziert Stress und Angstzustände.
[39] Das Kybalion* ist ein hermetischer Text aus dem 20. Jahrhundert, der universelle Prinzipien zusammenfasst, die Hermes Trismegistos zugeschrieben werden, wie beispielsweise Korrespondenz und Schwingung.

Aus biochemischer Sicht erhöht eine ausreichende Sauerstoffversorgung die elektrische Leitfähigkeit des Körpers und verwandelt ihn in eine Art Antenne, die in der Lage ist, subtile Schwingungen aufzunehmen und zu übertragen. Aus diesem Grund bestehen viele spirituelle Traditionen auf Atemkontrolle, bevor sie Praktiken zur Verbindung mit höheren Wesenheiten durchführen.

Visualisierung von Licht und Farbe in der Engelmeditation

Das menschliche Gehirn unterscheidet nicht vollständig zwischen dem, was es mit den Augen sieht, und dem, was es sich mit dem Verstand vorstellt. Studien der kognitiven Psychologie haben gezeigt, dass die Visualisierung von Bildern dieselben Bereiche des Gehirns aktiviert wie die tatsächliche Wahrnehmung. In der Engelmeditation wird dieses Prinzip genutzt, um Licht und Farben zu projizieren, die als Kommunikationscodes mit himmlischen Intelligenzen dienen.

Jede Farbe hat eine bestimmte Frequenz und ist mit verschiedenen Engel-Energien verbunden. Die Chromotherapie – eine Therapie, die auf der Verwendung von Farben zur Beeinflussung des körperlichen und emotionalen Wohlbefindens basiert – hat gezeigt, dass beispielsweise indigoblaues Licht die Zirbeldrüse stimuliert, eine Gehirnstruktur, die mit Intuition und spiritueller Wahrnehmung in Verbindung steht. In der Quantenphysik tragen Photonen – Lichtteilchen – in ihrer

Schwingung kodierte Informationen, was erklären könnte, wie die bewusste Visualisierung bestimmter Farben die Einstimmung auf höhere Ebenen erleichtert.

Dieses Wissen ist nicht neu. Alchemistische Texte wie *De Radiis Stellarum*, das dem Weisen Al-Kindi[40] im 9. Jahrhundert zugeschrieben wird, beschreiben detailliert die Beziehung zwischen Farben, Himmelskörpern und spirituellen Wesenheiten und schaffen damit eine Grundlage für das Verständnis von Licht als Brücke zwischen den Welten.

Lichtleiter-Technik: Aufstieg in die Engelreiche

Das Bild der Leiter als Symbol für den spirituellen Aufstieg findet sich in vielen Traditionen. Ein klassisches Beispiel ist *Jakobs Leiter*, die in der Bibel als Brücke zwischen Erde und Himmel erwähnt wird. In schamanischen Kulturen kommt dieses Konzept in der *Achse Mundi* zum Ausdruck, der Achse, die verschiedene Dimensionen der Existenz verbindet.

Aus psychologischer Sicht beschrieb Carl Jung diesen Archetyp als Teil des kollektiven Unbewussten, als universelles Symbol, das die Sehnsucht des Menschen

---

[40] Al-Kindi war ein arabischer Philosoph, der untersuchte, wie die Strahlen der Sterne irdische Objekte beeinflussen, und damit den Grundstein für die wissenschaftliche Astrologie legte.

nach dem Göttlichen widerspiegelt. In der modernen Physik lässt sich die Idee der Leiter mit Calabi-Yau-Räumen vergleichen, mathematischen Strukturen, die in der Stringtheorie verwendet werden, um verborgene Dimensionen des Universums zu beschreiben. Nach dieser Interpretation repräsentiert jede Stufe eine Schwingungsebene, und indem wir unser Bewusstsein erhöhen, steigen wir in dieser multidimensionalen Struktur zu höheren Wahrnehmungsebenen auf.

Die Technik der Lichtleiter in der Engelmeditation besteht darin, sich einen leuchtenden Weg vorzustellen, der sich nach oben erstreckt, wobei jede Stufe eine Erweiterung der Verbindung mit dem Göttlichen darstellt. Wenn sich der Geist erhebt, passt sich die Schwingungsresonanz an und erleichtert den Kontakt mit den himmlischen Ebenen. Diese Praxis fördert nicht nur Zustände des Friedens und der Klarheit, sondern stärkt auch die Wahrnehmung der Engelpräsenz im Alltag.

Übung: Aufstieg in die Engelreiche (geführte Astralreise)

1. Bereiten Sie Ihren heiligen Raum vor

Suchen Sie sich einen ruhigen Ort, an dem Sie sich ohne Unterbrechungen hinlegen können. Das kann Ihr Bett oder eine Yogamatte mit einer leichten Decke sein. Achten Sie darauf, dass die Temperatur angenehm ist und Sie nichts ablenkt. Dies ist Ihr

Moment, um sich mit dem Feinstofflichen zu verbinden.

2. **Atme goldenes Licht ein**

   Schließen Sie die Augen und atmen Sie tief ein. Stellen Sie sich bei jedem Einatmen vor, wie Sie strahlendes goldenes Licht aufnehmen, das jede Zelle Ihres Körpers mit seiner reinen Schwingung durchdringt. Lassen Sie bei jedem Ausatmen alle Anspannung, Sorgen und schweren Gedanken los. Spüren Sie, wie Sie in eine weitläufige Gelassenheit versinken.

3. **Lassen Sie die Schwere Ihres physischen Körpers los**

   Während Ihre Atmung langsamer wird, spüren Sie, wie Ihr Körper schwer wird, als würde er mit der Oberfläche unter Ihnen verschmelzen. Gleichzeitig wird Ihr Bewusstsein leichter, ätherischer, bereit zum Aufsteigen.

4. **Visualisieren Sie die Treppe aus Licht**

   Vor Ihnen erscheint eine majestätische Treppe aus leuchtender Energie, die sich endlos nach oben erstreckt und in einen nebligen goldenen Schein getaucht ist. Jede Stufe schwingt mit einer höheren Frequenz als die vorherige.

5. **Empfangen Sie Führung von Ihrem Schutzengel**

Am Fuße der Treppe erwartet dich dein Schutzengel. Seine Gegenwart strahlt bedingungslose Liebe und absolute Sicherheit aus. Nimm dir einen Moment Zeit, um seine energetische Umarmung zu spüren, und lass dich von seiner Schwingung umhüllen, die dich mit der Frequenz der höheren Ebenen in Einklang bringt.

6. **Beginnen Sie den Aufstieg**

Machen Sie den ersten Schritt auf der Treppe neben Ihrem Engel. Mit jedem Schritt, den Sie steigen, bemerken Sie, wie Sie leichter und leuchtender werden. Stellen Sie sich vor, wie Ihr physischer Körper in eine tiefe Ruhe fällt, während Ihr wahres Wesen – Ihr energetisches Wesen – mühelos aufsteigt.

7. **Durchquere verschiedene Dimensionen**

Während du aufsteigst, durchquerst du Ebenen mit unterschiedlichen Schwingungen und Farben. Jede strahlt eine einzigartige Frequenz aus, eine unverwechselbare Empfindung. Einige fühlen sich vielleicht wie Räume unendlicher Ruhe an, andere wie weite Ozeane pulsierenden Lichts. Halte nicht an, beobachte nur und steige weiter hinauf.

8. **Betreten Sie das Reich der Engel**

Schließlich löst sich die Treppe in einem blendend weißen Schein auf. Ihr Schutzengel führt Sie durch dieses Licht, und wenn Sie es durchqueren, gelangen Sie in ein Reich strahlender Reinheit. Hier ist die Schwingung so hoch, dass alles Liebe, Frieden und Weisheit ausstrahlt.

9. **Erforschen und wahrnehmen**

Beobachten Sie Ihre Umgebung ohne Erwartungen. Wie fühlt sich dieser Raum an? Gibt es andere Wesen? Hören Sie Geräusche oder Botschaften in sich selbst? Lassen Sie sich auf diese Erfahrung ein, ohne sie rationalisieren zu müssen.

10. **Interaktion mit Engelwesen**

Möglicherweise nehmen Sie die Anwesenheit von Engeln oder spirituellen Führern wahr, die Ihnen ihr Wissen, ihre Heilkraft oder einfach nur ihre Gesellschaft anbieten. Nehmen Sie ihre Liebe an und lassen Sie zu, dass ihre Energie Ihr Bewusstsein erhöht.

11. **Die Rückkehr**

Wenn Sie spüren, dass es Zeit ist zu gehen, danken Sie den Wesen, mit denen Sie sich verbunden haben, für ihre Anwesenheit. Ihr Schutzengel begleitet Sie zurück zur Treppe aus Licht.

12. **Bewusstes Herabsteigen**

Steigen Sie jede Stufe sanft hinab und nehmen Sie wahr, wie Ihre Schwingung wieder dichter wird, je näher Sie der physischen Ebene kommen. Jede Stufe ist ein bewusster Anker, der es Ihnen ermöglicht, die empfangene Energie in Ihren Körper und Geist zu integrieren.

13. **Rückkehr zum physischen Körper**

Wenn Sie das Ende der Treppe erreicht haben, stellen Sie sich vor, wie Ihr energetisches Wesen wieder mit Ihrem physischen Körper verschmilzt. Spüren Sie die Beschaffenheit der Oberfläche unter Ihnen, bewegen Sie langsam Ihre Finger und Zehen, und wenn Sie bereit sind, öffnen Sie ruhig Ihre Augen.

14. **Aufzeichnen der Erfahrung**

Bevor Sie sich aufsetzen, nehmen Sie sich ein paar Minuten Zeit, um über Ihre Reise zu schreiben. Welche Bilder, Empfindungen oder Botschaften haben Sie erhalten? Wie fühlen Sie sich jetzt? Es spielt keine Rolle, ob die Erfahrung lebhaft oder subtil war; vertrauen Sie darauf, dass Sie das erhalten haben, was Sie für diesen Moment brauchen.

Eine alchemistische Perspektive

Hermetische Texte beschreiben diesen Aufstieg als einen Prozess der Reinigung, bei dem das menschliche Bewusstsein verfeinert wird, um mit jeder hierarchischen Engelebene zu interagieren. In zeitgenössischer Terminologie könnte dieses Phänomen mit Richard Dawkins' Theorie der „Meme" verglichen werden: So wie Ideen in der Kultur weitergegeben werden und sich weiterentwickeln, verbreitet und verfeinert sich spirituelle Information, wenn das Bewusstsein aufsteigt, und erleichtert so die Verbindung mit dem Göttlichen.

Meditation mit Engelsmusik und -klängen

Seit der Antike dient Musik als Brücke zu höheren Bewusstseinszuständen. In der esoterischen Musikwissenschaft ist bekannt, dass bestimmte Tonleitern, wie die dorische in der griechischen Antike oder die Raga in der hinduistischen Musik, harmonische Eigenschaften besitzen, die eine tiefe spirituelle Verbindung herstellen. Diese Tonleitern erzeugen Resonanzmuster, die zur Synchronisation der Gehirnhälften beitragen und eine ganzheitlichere meditative Erfahrung fördern, die empfänglich für die Anwesenheit von Engeln ist.

Die Forschung in der Kymatik – der Lehre davon, wie Klang Materie organisiert – hat gezeigt, dass bestimmte Frequenzen, insbesondere im Bereich von 432 Hz bis 528 Hz, harmonische geometrische Muster in flüssigen Medien erzeugen. Dies deutet darauf hin, dass Klang nicht nur den emotionalen Zustand beeinflusst, sondern auch die energetische Struktur des Körpers. Es ist kein Zufall, dass alte Kulturen tibetische Glocken und Quarzschalen in ihren spirituellen Praktiken verwendeten, da deren Schwingungen die Öffnung des Energiefeldes erleichtern und das Bewusstsein auf die Einstimmung auf das Göttliche vorbereiten.

Aus neurologischer Sicht wurde die Kraft des Klangs umfassend untersucht. Es ist erwiesen, dass gregorianische Gesänge, die sich durch ihre langgezogenen und zweiphasigen Töne auszeichnen, Gehirnzustände hervorrufen können, die mit tiefer Meditation verbunden sind, wie beispielsweise Theta- und Gammawellen. Moderne Technologien wie „binaurale Beats" nutzen dieses Prinzip, um veränderte Bewusstseinszustände hervorzurufen, die den Zugang zu subtilen Dimensionen erleichtern und die Wahrnehmung höherer Energien verbessern.

Verwendung von Kristallen in der Meditation zur Verstärkung der Verbindung

Die Verwendung von Kristallen in der Meditation ist nicht nur eine esoterische Praxis, sondern hat auch physikalische Grundlagen. Bestimmte Mineralien haben piezoelektrische Eigenschaften, was bedeutet, dass sie unter Druck kleine elektromagnetische Felder erzeugen. Dieses Phänomen erklärt, warum das Halten eines Kristalls während der Meditation das menschliche Biofeld beeinflussen und dabei helfen kann, sich auf höhere spirituelle Frequenzen einzustimmen.

Studien in der Geobiologie haben gezeigt, dass Mineralien wie Rauchquarz – bekannt für seine Fähigkeit, dichte Energien umzuwandeln – und Angelit – assoziiert mit der Verbindung zum Himmlischen – Molekülstrukturen haben, die mit Frequenzen im Bereich von 40 bis 70 Hz in Resonanz stehen. Diese Schwingungen stimmen mit den Gamma-Zuständen des Gehirns überein, die in Momenten intensiver Klarheit und spiritueller Verbindung aktiviert werden. Dies deutet darauf hin, dass die Resonanz bestimmter Kristalle als Kanal zwischen verschiedenen Ebenen der Existenz fungieren kann.

Seit der Antike wird die Beziehung zwischen Kristallen und Engelhierarchien in mystischen Texten wie dem *Picatrix*, einem mittelalterlichen Kompendium astrologischen und alchemistischen Wissens, dokumentiert. Heute findet diese Tradition ihren Widerhall in Studien zum „kristallinen Gedächtnis", einer Theorie, die davon ausgeht, dass Kristalle Energiemuster speichern und übertragen können und somit als Überträger subtiler Informationen fungieren. Über ihre Schönheit hinaus werden Kristalle so zu mächtigen Verbündeten, die unsere Verbindung zum Heiligen intensivieren.

Achtsamkeitsübung zur Wahrnehmung der Anwesenheit von Engeln

1. **Finden Sie einen Moment am Tag** für diese Achtsamkeitsübung. Das kann während eines Spaziergangs in der Natur sein, beim Sitzen im Park oder sogar während Sie Ihren täglichen Aktivitäten nachgehen.

2. **Konzentrieren Sie Ihre Aufmerksamkeit auf Ihre Atmung.** Verändern Sie sie nicht, beobachten Sie sie einfach. Das Spüren des natürlichen Rhythmus Ihres Ein- und Ausatmens wird Ihnen helfen, sich auf die Gegenwart zu konzentrieren.

3. **Erweitern Sie Ihr Bewusstsein,** indem Sie Ihre Aufmerksamkeit auf Ihre Atmung richten und gleichzeitig wahrnehmen, was um Sie herum geschieht.

4. **Nutzen Sie alle Ihre Sinne.** Beobachten Sie Farben, Formen und Bewegungen. Lauschen Sie nahen und fernen Geräuschen, nehmen Sie Düfte wahr, spüren Sie die Berührung der Luft auf Ihrer Haut.

5. **Bitten Sie die Engel mental um ein Zeichen ihrer Anwesenheit.** Bitten Sie sie, Ihnen ihre Energie durch kleine Synchronizitäten zu zeigen.

6. **Bleiben Sie wachsam** gegenüber ungewöhnlichen Ereignissen oder Mustern: einem Vogel, der unerwartet auftaucht, einem Schmetterling, der um Sie herumflattert, einer plötzlichen Brise, einem Gegenstand, der ohne ersichtlichen Grund herunterfällt.

7. **Wenn etwas Ihre Aufmerksamkeit erregt, denken Sie darüber nach.** Welche Emotionen oder Gedanken kommen in Ihnen auf, wenn Sie diese Synchronizität bemerken? Steckt in dem, was Sie beobachtet haben, eine implizite Botschaft?

8. **Bleiben Sie offen und frei von Erwartungen.** Halten Sie sich nicht an eine sofortige Interpretation fest, sondern lassen Sie die Bedeutung sich mit der Zeit offenbaren.

9. **Wenn Sie im Moment keine Zeichen wahrnehmen, seien Sie nicht frustriert.** Manchmal liegt die größte Verbindung darin, einfach nur präsent zu sein und den Moment zu betrachten.

10. **Beenden Sie mit Dankbarkeit.** Danken Sie den Engeln für ihre Führung und dem Leben selbst für die Möglichkeit, diese bewusste Verbindung zu erfahren.

Der Psychologe Carl Jung beschrieb Synchronizitäten als bedeutungsvolle Zufälle, die von einer höheren Intelligenz gesteuert zu sein scheinen. Für ihn waren diese Ereignisse Ausdruck der verborgenen Ordnung, die das Universum regiert, kleine Hinweise, die uns daran erinnern, dass wir in ständigem Dialog mit dem Göttlichen stehen. Wenn wir diese Perspektive einnehmen, kann jeder Moment zu einer Gelegenheit werden, die Subtilität der engelhaften Präsenz in unserem täglichen Leben wahrzunehmen.

9. Die Kunst der Anrufung von Engeln: Wirksame Rituale und Gebete

Die Anrufung von Engeln basiert auf der Schwingungsresonanz zwischen den Ebenen der Existenz, was bedeutet, dass die menschliche Energie durch bewusste Absicht mit den Frequenzen der Engel synchronisiert werden kann. Die Quantenphysik hat die Möglichkeit untersucht, dass himmlische Wesenheiten in bestimmten Frequenzzuständen existieren und dass man sich auf diese einstimmen kann, indem man das eigene elektromagnetische Feld, also die Lebensenergie, die von jedem Menschen ausgeht und mit den unsichtbaren Strukturen des Universums interagiert, verändert.

Die hermetische Tradition besagt, dass jede Anrufung drei grundlegende Elemente erfordert: Reinheit der Absicht, was einen aufrichtigen und selbstlosen Wunsch impliziert; Kenntnis der energetischen Entsprechungen, die die Schwingungselemente des Universums miteinander verbinden; und Beherrschung der heiligen Sprache, die als Brücke für die dimensionale Transduktion dient.

Aus metaphysischer Sicht werden Engel als organisierte Muster von Energie-Licht verstanden, was bedeutet, dass ihre Natur nicht materiell, sondern vibrierend und leuchtend ist. Die Kabbala lehrt, dass jede Anrufung einen

Kreislauf im Baum des Lebens aktiviert und durch spezifische phonetische Codes Verbindungen zu sefirotischen Kräften herstellt. Untersuchungen im Bereich der heiligen Linguistik[41] haben gezeigt, dass bestimmte Silben im Hebräischen und Aramäischen Frequenzen enthalten, die die Wahrnehmung verändern und die Struktur der Raumzeit auf Quantenebene beeinflussen können, was darauf hindeutet, dass Klang eine Rolle bei der Modulation der Realität spielt.

Struktur einer wirksamen Anrufung

Jede funktionierende Anrufung folgt einem vierphasigen Muster:

1. **Vorbereitung:** Dazu gehört eine energetische Reinigung, die durch Reinigungsbäder, harmonische Klänge oder die Verwendung von Weihrauch und geweihten Elementen erreicht werden kann.

2. **Eröffnung:** Der Kontakt zur beschworenen Energie wird durch Visualisierungen, Schlüsselwörter oder rituelle Gesten hergestellt.

3. **Formulierung:** Die Bitte wird klar und präzise formuliert, wobei eine Sprache verwendet wird, die

---

[41] Die heilige Linguistik analysiert, wie die Laute alter Sprachen, wie beispielsweise Hebräisch, energetische oder spirituelle Eigenschaften haben können.

auf die Schwingung des zu beschwörenden Wesens abgestimmt ist.

4. **Abschluss:** Die Anrufung wird mit Worten der Dankbarkeit besiegelt und eine bewusste Wiedereingliederung in den normalen Zustand erfolgt.

Die Neurotheologie hat festgestellt, dass dieser Prozess Regionen des Gehirns aktiviert, die für Konzentration, Gedächtnis und emotionale Erfahrungen zuständig sind, was darauf hindeutet, dass die Anrufung einen Zustand rezeptiver Hyperbewusstheit hervorruft.

Alte Traditionen integrieren drei wesentliche Phasen in ihre Anrufungen:

- **Kavanah:** Konzentrierte Absicht, die Geist und Emotionen in Einklang bringt.

- **Hingabe:** Aufrichtige Hingabe, die eine Verbindung mit dem beschworenen Wesen ermöglicht.

- **Hitbodedut:** Kontemplative Isolation, die eine klare Wahrnehmung der Antwort des Engels ermöglicht.

Diese Phasen entsprechen alchemistischen Prinzipien, in denen sich der Prozess der Auflösung, Konzentration und Ausdehnung von Energie in der Art und Weise widerspiegelt, wie sich der Praktizierende für die Erfahrung der Anrufung öffnet.

Verwendung des heiligen Namens in Anrufungen

Engelsnamen haben eine bestimmte Schwingung, die als interdimensionaler Zugangsschlüssel fungiert. Studien in der Kymatik haben gezeigt, dass bestimmte Klänge präzise geometrische Muster in Elementen wie Wasser erzeugen, was darauf hindeutet, dass die Aussprache heiliger Namen Auswirkungen auf die energetische Struktur der Umgebung haben kann.

Die jüdische esoterische Tradition geht davon aus, dass jeder Engelsname einen Schwingungsaktivierungscode enthält, der mit höheren Sphären in Resonanz steht. Die richtige Aussprache dieser Namen folgt den Prinzipien der heiligen Bioakustik, bei der Atemmodulation, Nasenresonanz und Kehlkopfartikulation die Reinheit des erzeugten Klangs gewährleisten. Forschungen zur phonetischen Wissenschaft der Vorfahren legen nahe, dass bestimmte Töne die Zirbeldrüse stimulieren und die übersinnliche Wahrnehmung verbessern können.

Das Sefer Yetzirah[42] besagt, dass die Kombination hebräischer Buchstaben in bestimmten Sequenzen Energiestrukturen erzeugt, die mit dem menschlichen Bewusstsein und höheren Ebenen interagieren können. Diese Prinzipien finden Parallelen in der Theorie der

---

[42] Der Sefer Yetzirah ist einer der ältesten Texte der Kabbala, der die Erschaffung des Universums durch hebräische Buchstaben und Zahlen detailliert beschreibt.

morphogenetischen Felder, in der Schwingungsmuster die Manifestation bestimmter Realitäten beeinflussen können.

Spezifische Anrufungen je nach Zweck

Jede Anrufung entspricht dem Prinzip der Entsprechung, das besagt, dass verschiedene Wesenheiten im Einklang mit unterschiedlichen Funktionen schwingen:

- **Michael:** Schutz, Stärke und Verteidigung.
- **Raphael:** Körperliche, emotionale und spirituelle Heilung.
- **Gabriel:** Kommunikation, Offenbarung und Hellsehen.
- **Uriel:** Weisheit, Erleuchtung und Konfliktlösung.

Aus der Perspektive der modernen Physik lassen sich diese Eigenschaften durch die Theorie der Skalarfelder verstehen, die davon ausgeht, dass jedes Wesen als Knotenpunkt innerhalb eines miteinander verbundenen Energienetzwerks fungiert.

Der Sufismus entwickelte das Konzept der Muraqaba, das aus aktiver spiritueller Wachsamkeit besteht, wobei bestimmte Anrufungen Resonanzmuster im menschlichen Aurafeld erzeugen. Studien in transpersonaler Psychologie haben gezeigt, dass diese Konzentrationszustände eine Synchronisation zwischen den Gehirnhälften induzieren und die Herzkohärenz erhöhen können, was die Verbindung mit höheren Dimensionen begünstigt.

Die mittelalterliche christliche Engelkunde etablierte eine Klassifizierung von Anrufungen auf der Grundlage der sieben Gaben des Heiligen Geistes und verband sie mit bestimmten Engelhierarchien und Prozessen der Bewusstseinserweiterung in der mystischen Tradition.

Die Kraft der Wiederholung in Engelsgebeten

Die Wiederholung in Anrufungsritualen fungiert als eine Technik der Schwingungsprägung auf die Energiematrix des Raumes, wodurch sich die Energie der Absicht tiefer verankern kann. Dieses Prinzip, das in den Neurowissenschaften untersucht wurde, hat gezeigt, dass die Wiederholung von Engelsmantras die neuronale Konnektivität im präfrontalen Kortex, der Region des Gehirns, die mit Entscheidungsfindung und Konzentration in Verbindung steht, stärken kann. Dies deutet darauf hin, dass rituelle Wiederholungen nicht nur den Bewusstseinszustand des Praktizierenden verstärken, sondern auch optimale mentale Schaltkreise für den Empfang höherer Energien etablieren.

In der kabbalistischen Tradition ist diese Praxis als Kavanot bekannt, die darin besteht, heilige Phrasen mit einer fokussierten Absicht zu wiederholen, um die Schwingungsstruktur des Praktizierenden und seiner

Umgebung zu verändern. Aus hermetischer Sicht erzeugt jede Wiederholung ein sogenanntes Akasha-Echo ( ), eine energetische Prägung, die den Kommunikationskanal mit dem Göttlichen verstärkt und eine Aufzeichnung im universellen Schwingungsfeld hinterlässt.

Die Quantenmechanik hat die Möglichkeit untersucht, dass die Wiederholung heiliger Formeln Resonanzmuster im Quantenvakuum erzeugt und Energiestrukturen stabilisiert, die mit Einstein-Rosen-Brücken verglichen werden könnten, die als Verbindungen zwischen entfernten Punkten in der Raumzeit theoretisiert werden. In östlichen Traditionen wurden Praktiken wie Japa Yoga, das aus der Wiederholung von Mantras besteht, verwendet, um Klang in ein Mittel zur Verbindung mit höheren Ebenen zu verwandeln.

Erstellen Sie Ihr eigenes personalisiertes Anrufungsritual

Die Gestaltung eines persönlichen Anrufungsrituals erfordert die Anwendung dynamischer Symbolik, einem Prinzip, das festlegt, dass jedes Element des Rituals – Farben, Klänge, geometrische Formen und Gesten – mit der Schwingung des angerufenen Engels im Einklang stehen muss. Die Auswahl dieser Elemente muss auf präzisen energetischen Entsprechungen basieren, da ihre Funktion darin besteht, die Verbindung mit dem himmlischen Wesen zu verstärken.

Ausgehend von Carl Jungs analytischer Psychologie kann dieser Prozess als Aktivierung kollektiver Archetypen, universeller Bilder und Symbole verstanden werden, die im Unbewussten verankert sind und, wenn sie bewusst eingesetzt werden, die Kommunikation mit subtileren Realitäten erleichtern.

Im Bereich der modernen Physik geht die Stringtheorie davon aus, dass das Universum aus mikroskopischen Schwingungen besteht, die die Struktur der Realität erzeugen. Aus dieser Sicht können Rituale als Abfolgen von Schwingungsbefehlen betrachtet werden, die mit diesen grundlegenden Energien interagieren.

Untersuchungen zur heiligen Geometrie haben gezeigt, dass bestimmte Formen, wie beispielsweise die Merkaba – ein Energiefeld mit einer tetraedrischen Struktur – oder die Blume des Lebens, als Resonanzverstärker wirken und die Energieübertragung während Anrufungen verbessern. Esoterische Texte wie das Sefer Ha Razim erklären, dass die richtige Kombination von Symbolen ein energetisches Hologramm erzeugt, eine dreidimensionale Schwingungsstruktur, die von engelhaften Intelligenzen erkannt wird und deren Manifestation auf der menschlichen Ebene erleichtert.

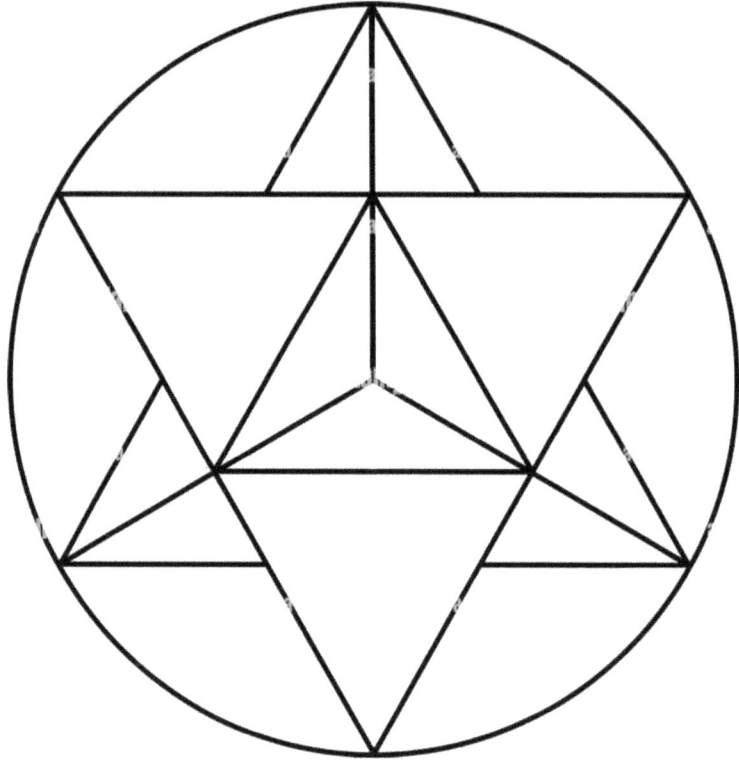

Merkabah

Verwendung von Gesten und Bewegungen bei Anrufungen

Rituelle Gesten und Körperbewegungen bei Anrufungen sind Teil der sogenannten heiligen Kinesik, der Disziplin, die untersucht, wie der Körper durch Körperhaltungen und dynamische Symbole Energien kanalisieren kann. Jede Geste, in verschiedenen Traditionen als Mudra bekannt, erzeugt ein spezifisches Muster im menschlichen

Bioelektrifizierungsfeld und fungiert als Antenne, die die Anrufungsenergie fokussiert und lenkt.

Studien zur Energiekinesiologie haben gezeigt, dass bestimmte Gesten die Leitfähigkeit der Akupunkturmeridiane verändern können, wodurch die Zirkulation der Lebensenergie im Körper erleichtert und eine bessere Abstimmung auf höhere Frequenzen ermöglicht wird. In der taoistischen Tradition werden diese Bewegungen als eine Form des Schreibens in der Luft betrachtet, da sie unsichtbare geometrische Codes nachzeichnen, die die Energie des Praktizierenden und der Umgebung neu konfigurieren.

Untersuchungen in der Plasmaphysik haben ergeben, dass bestimmte sich wiederholende Bewegungen Energiewirbel erzeugen können, wirbelwindartige Strukturen, die mit Instrumenten wie der Kirlian-Kamera, die die bioenergetische Strahlung von Lebewesen aufzeichnet, nachgewiesen werden können.

Der mystische Text Ma'aseh Merkavah, der auf den Visionen des Propheten Hesekiel basiert, beschreibt bestimmte Gestensequenzen, die dazu dienen, himmlische Streitwagen zu aktivieren und zu bewegen, energetische Strukturen, die den Zugang zu höheren Ebenen ermöglichen. Diese Techniken, kombiniert mit bewusster Absicht und der Rezitation heiliger Formeln, erleichtern eine direktere Interaktion mit der Engelhierarchie.

Vorsichtsmaßnahmen und ethische Überlegungen bei der Anrufung von Engeln

Jede Anrufung mobilisiert Energien, die Auswirkungen auf verschiedenen Ebenen der Realität haben, daher erfordert ihre Ausübung die sorgfältige Einhaltung ethischer Grundsätze. Das Gesetz der Drei, ein Konzept, das in verschiedenen esoterischen Traditionen vorkommt, besagt, dass jede rituelle Handlung gleichzeitig drei Ebenen betrifft: die physische, die astralische und die kausale. Das bedeutet, dass eine Anrufung nicht nur die Person beeinflusst, die sie durchführt, sondern auch ihre energetische Umgebung und ihre karmische Entwicklung.

Untersuchungen zur Dynamik komplexer Systeme haben ergeben, dass eine unsachgemäße Manipulation von Energiemustern zu Verzerrungen im morphogenetischen Feld führen kann, der subtilen Struktur, die die Form und Funktion von Lebewesen organisiert. In esoterischer Hinsicht bedeutet dies, dass eine Anrufung, die mit einer egoistischen oder fehlgeleiteten Absicht durchgeführt wird, zu ungeordneten Effekten oder unerwarteten Ergebnissen führen kann.

Die Rosenkreuzer-Tradition hat vier Grundprinzipien für die Praxis der Anrufung festgelegt:

- **Reinheit der Motive:** Handle mit einer klaren Absicht, frei von Ego.

- **Respekt vor dem freien Willen:** Beeinflusse oder manipuliere nicht den Willen anderer.
- **Ausrichtung auf das höhere Wohl:** Streben Sie in jeder Handlung nach universeller Harmonie.
- **Vibrationsunterscheidung:** Stelle sicher, dass die beschworene Energie aus einer höheren Quelle stammt.

Studien der esoterischen Psychologie haben gezeigt, dass rituelle Praktiken, die aus dem Ego heraus durchgeführt werden, negative karmische Rückkopplungsmechanismen aktivieren können, die als Folge einer fehlgeleiteten Absicht ungünstige Erfahrungen anziehen.

Der mystische Text Pirkei Heikhalot, der den Zugang zu den himmlischen Palästen beschreibt, warnt davor, dass Rituale ordnungsgemäß versiegelt werden müssen, um dimensionale Störungen zu vermeiden. Dazu gehört das Schließen des Kanals der Anrufung mit bestimmten Formeln, die die Wiedereingliederung der mobilisierten Energie in das kosmische Gleichgewicht gewährleisten.

Beispiel für ein Ritual zur Anrufung von Engeln

Das folgende Ritual ist eine Anleitung zur Durchführung einer Engelbeschwörung, die symbolische und energetische Elemente integriert, die die Verbindung mit diesen Wesen des Lichts begünstigen. Sie können es an Ihre persönlichen Vorlieben und Bedürfnisse anpassen, wobei Sie darauf achten sollten, dass Ihre Absicht klar und auf die Schwingung des beschworenen Engels abgestimmt ist.

Vorgeschlagene Elemente:

- **Weihrauch oder aromatische Kräuter** (Myrrhe, Sandelholz, Lavendel oder Jasmin) zur Reinigung des Raumes.
- **Eine Kerze** als Symbol für göttliches Licht.
- **Ein Kristall oder Stein,** der mit Ihrer Absicht in Resonanz steht.
- **Geweihtes Öl,** um die Kerze zu salben und die Energie zu verstärken.
- **Ein Symbol oder Bild des Engels,** um die Verbindung zu fokussieren.
- **Eine Opfergabe** (Blumen, Obst oder ein Glas reines Wasser) als Zeichen der Dankbarkeit und Harmonisierung.

Ritualschritte:

1. **Bereiten Sie den Raum vor:**

   Wählen Sie einen ruhigen Ort, an dem Sie das Ritual ohne Unterbrechungen durchführen können. Zünden Sie den Weihrauch an und führen Sie ihn durch den Raum, während Sie sich vorstellen, wie sich dichte Energien auflösen und den Raum reinigen und harmonisieren.

2. **Errichten Sie den Altar:**

Stellen Sie die Kerze in die Mitte und arrangieren Sie die anderen Elemente darum herum. Salben Sie die Kerze mit dem Öl, indem Sie den Docht sanft berühren und ihn zur Basis hin gleiten lassen, während Sie sich auf Ihr Ziel konzentrieren.

3. **Begeben Sie sich in einen meditativen Zustand:**

Setzen Sie sich bequem vor den Altar, schließen Sie die Augen und atmen Sie tief ein und aus. Stellen Sie sich vor, wie Sie von strahlend weißem Licht umhüllt werden, das Sie mit Ruhe und Empfänglichkeit erfüllt. Spüren Sie, wie Ihr Geist zur Ruhe kommt und Ihr Herz sich für die Verbindung mit den Engeln öffnet.

4. **Rufen Sie den Engel an:**

Sobald Sie sich zentriert fühlen, sagen Sie den Namen und die Eigenschaften des Engels und rufen Sie ihn mit Respekt und Klarheit an. Zum Beispiel:

„Erzengel Raphael, großer Heiler und himmlischer Führer, ich rufe dich an in diesem heiligen Raum. Umgib diesen Ort mit deinem smaragdgrünen Licht und lass mich deine Gegenwart spüren."

5. **Bringen Sie Ihre Bitte zum Ausdruck:**

Formulieren Sie Ihre Bitte klar und aufrichtig aus Ihrem Herzen heraus. Sie können dies laut oder leise tun und dabei die Schwingung jedes einzelnen Wortes spüren. Zum Beispiel:

„Erzengel Raphael, hilf mir, die emotionalen Blockaden zu lösen, die mich daran hindern, voranzukommen. Führe mich zu Heilung, innerem Frieden und Ausgeglichenheit."

6. **Meditiere über die Gegenwart des Engels:**

   Bleibe in einem Zustand der Empfänglichkeit und lass dich von der Energie des Engels umhüllen. Beobachte alle Empfindungen, Bilder oder Gedanken, die auftauchen, ohne sie zu bewerten oder zu erzwingen. Vertraue darauf, dass die Verbindung hergestellt wurde und dass die Botschaft zum richtigen Zeitpunkt kommen wird.

7. **Bedanken Sie sich und beenden Sie das Ritual:**

   Wenn du das Gefühl hast, dass der Prozess abgeschlossen ist, bedanke dich beim Engel für seine Anwesenheit und Hilfe. Du kannst sagen:

   „Danke, Erzengel Raphael, für deine Liebe und Führung. Ich öffne mich, um deinen Segen in meinem Leben zu empfangen."

   Löschen Sie die Kerze respektvoll, ohne sie auszublasen, und bleiben Sie einen Moment lang still, um die Energie zu integrieren, bevor Sie Ihren Alltag wieder aufnehmen.

10. Engelhafte Dekrete: Formulierung und Kraft der Worte

Was sind Dekrete und wie wirken sie?

Engelsdekrete sind Affirmationen der Kraft, die mit der bewussten Absicht gesprochen werden, universelle Prinzipien durch die Zusammenarbeit mit Engelskräften zu aktivieren. Im Gegensatz zum traditionellen Gebet, das oft einen flehenden Ton annimmt, basiert das Dekret auf der Gewissheit, dass die Realität auf Schwingungsbefehle reagiert, die mit dem göttlichen Willen in Einklang stehen. Dieses Prinzip basiert auf der hermetischen Lehre „wie oben, so unten", die besagt, dass sich die gleichen Gesetze, die die höheren Ebenen regieren, auch in der materiellen Welt widerspiegeln. Wenn also Worte in Einklang mit höheren Energien ausgesprochen werden, können sie die Struktur der Existenz beeinflussen.

Aus metaphysischer Sicht fungiert jedes Dekret als energetische Vorlage, mit der Engel Veränderungen auf der physischen Ebene verwirklichen können. Die Akasha-Chronik, die als kosmisches Gedächtnis konzipiert ist, in dem Informationen über alle Seelen und Ereignisse gespeichert sind, zeichnet diese Dekrete auf, sofern sie drei wichtige Bedingungen erfüllen: Klarheit des Zwecks, Reinheit der Absicht und Ausrichtung auf das höhere Wohl. Wenn ein Dekret präzise und aus dem Herzen heraus formuliert wird, beschleunigen die Engel, die Hüter der universellen Gesetze, die Prozesse, die notwendig sind, um diese Worte in greifbare Realität zu verwandeln.

Die Kraft der Dekrete liegt in ihrer Fähigkeit, eine Schwingungsbrücke zwischen dem menschlichen Bewusstsein und den Engelebenen zu schaffen. Jedes Wort sendet eine einzigartige energetische Frequenz aus und zieht diejenigen Engel an, deren Schwingung mit der ausgedrückten Absicht übereinstimmt. Ein Dekret der Heilung beispielsweise wird mit der Präsenz des Erzengels Raphael in Resonanz treten, der in der esoterischen Tradition als göttlicher Heiler anerkannt ist, während ein Dekret des Schutzes sich auf die Energie des Erzengels Michael, des Verteidigers des Lichts, einstimmt. Diese Wesenheiten sind nicht nur mythische Figuren, sondern verkörpern universelle Archetypen, die bestimmte Energien für die Transformation kanalisieren.

Die Wissenschaft hinter der Kraft der Worte

Die Quantenphysik hat gezeigt, dass Schall die Struktur von Materie verändern kann, ein Phänomen, das in **der Kymatik** veranschaulicht wird, der Lehre davon, wie Schallschwingungen in Materialien wie Wasser oder Sand sichtbare Muster erzeugen. Diese Entdeckung untermauert die Vorstellung, dass Schall nicht nur eine auditive Erfahrung ist, sondern eine Kraft, die in der Lage ist, Materie auf subtilen Ebenen neu zu ordnen. Da Worte strukturierte Klangmuster sind, erzeugen sie Schwingungswellen, die auf Energiefelder einwirken und das schaffen, was manche als „Energiesignaturen" bezeichnen.

Die Neurowissenschaft hat bewiesen, dass die Verwendung einer positiven Sprache die Bildung neuer neuronaler Verbindungen stimuliert, was bedeutet, dass das wiederholte Aussprechen von Affirmationen mit Überzeugung dazu beiträgt, die Wahrnehmung der Realität auf positivere Weise neu zu konfigurieren. Die esoterische Linguistik wiederum legt nahe, dass bestimmte Klänge eine angestammte Schwingungsladung haben, wie beispielsweise jene, die in heiligen Sprachen wie Sanskrit oder Hebräisch zu finden sind, die in alten spirituellen Texten verwendet werden. Engelsdekrete, obwohl in modernen Sprachen formuliert, folgen diesem Prinzip, indem sie phonetische Kombinationen verwenden, die bestimmte Energiezentren aktivieren.

Die transpersonale Psychologie hat untersucht, wie wiederholte Affirmationen das Aurafeld, die feinstoffliche Energie, die den menschlichen Körper umgibt, beeinflussen können. Durch die Kombination dieser Affirmationen mit Visualisierungspraktiken interpretiert das limbische Gehirn – das für Emotionen zuständig ist – die imaginäre Erfahrung als real und schafft so eine

„Brücke der Manifestation", die es Engeln ermöglicht, Absichten in greifbare Handlungen umzuwandeln.

Struktur eines wirksamen Engel-Dekrets

Ein kraftvolles Engel-Dekret muss vier wesentliche Elemente enthalten:

1. **Anrufung**: Die Verbindung zu den Engelskräften wird durch bestimmte Namen und Attribute hergestellt, zum Beispiel: „Erzengel Michael, Verteidiger des göttlichen Lichts". Dieser Ruf benennt nicht nur das Wesen, sondern aktiviert auch dessen Wesen und Kraft.

2. **Erklärung der Macht**: Die Absicht wird mit Verben im Präsens formuliert, was die Gewissheit der Veränderung verstärkt. Beispiel: „Ich beschließe die sofortige Auflösung von ...". Die Wahl des Präsens ist entscheidend, da es eine fortdauernde Handlung anzeigt.

3. **Spezifizierung des Ergebnisses**: Der Wunsch wird klar, aber flexibel formuliert, wobei Einschränkungen vermieden werden, die das Wirken der Engel behindern könnten. Anstatt zu sagen „Ich heile meine Krankheit", ist es wirkungsvoller zu erklären: „Ich manifestiere Harmonie und Gleichgewicht in meinem Körper, im Einklang mit dem göttlichen Plan", damit die Lösung auf die bestmögliche Weise eintreten kann.

4. **Bekräftigung der Dankbarkeit**: Der Beschluss wird mit einem Ausdruck der Dankbarkeit abgeschlossen, wodurch die Gewissheit seiner Erfüllung verstärkt wird. Sätze wie „Ich danke den Engeln dafür, dass sie diesen Beschluss verwirklichen" festigen den Energiefluss und stärken die Manifestation.

Die verwendete Sprache sollte immer positiv und im Präsens sein. Das heißt, es ist effektiver zu sagen: „Ich beschließe, dass mein Energiefeld nur göttliches Licht reflektiert", als „Ich beschließe Schutz vor schädlichen Energien", da Ersteres die gewünschte Realität bekräftigt, anstatt die Präsenz dessen zu verstärken, was man vermeiden möchte.

Schließlich sollte ein gut strukturiertes Dekret zwischen drei und sieben prägnante Sätze umfassen, die eine rhythmische Wiederholung ermöglichen, welche die Schwingung verstärkt, ohne die Absicht zu zerstreuen.

Dekrete für verschiedene Aspekte des Lebens: Gesundheit, Fülle und Liebe

Engelsdekrete können auf verschiedene Lebensbereiche angewendet werden und wirken wie Schwingungsschlüssel, die Wege der Transformation öffnen. Ihre Wirksamkeit liegt in der Kraft der Absicht und der Ausrichtung auf die universellen Prinzipien, die die Realität regieren. Wenn sie mit Überzeugung und

Klarheit ausgesprochen werden, werden sie zu mächtigen Werkzeugen der Manifestation, die von Engeln geleitet werden, um Harmonie und Gleichgewicht in verschiedenen Aspekten des Daseins zu fördern.

Gesundheit: Heilung auf der energetischen Ebene

Gesundheit ist nicht nur ein körperlicher Zustand, sondern eine Manifestation des energetischen Gleichgewichts, das den Körper erhält. In diesem Sinne wirken Heilungsdekrete direkt auf den Ätherkörper, die feinstoffliche Struktur, die der Materie vorausgeht und als Brücke zwischen dem Geistigen und dem Greifbaren fungiert. Wenn ein Dekret verwendet wird, das sich auf „vollkommene zelluläre Harmonie gemäß dem göttlichen Plan" konzentriert, wird ein Kanal für die Heilungsengel geöffnet, um auf die Schwingungswurzel des Ungleichgewichts einzuwirken und Energiemuster zu korrigieren, die sich möglicherweise als Beschwerden oder Krankheiten manifestieren.

Es ist wichtig, Dekrete zu vermeiden, die sich auf bestimmte Diagnosen konzentrieren, da Ausdrücke wie „Ich heile meinen Diabetes" das Wirken der Engel auf den rein physischen Bereich beschränken können. Stattdessen ermöglicht das Dekretieren von Harmonie und ganzheitlichem Wohlbefinden Heilung auf mehreren Ebenen: emotional, mental, spirituell und physisch. Die Energie der Engel arbeitet nicht mit Krankheitskonzepten, sondern mit der Wiederherstellung der ursprünglichen Vollkommenheit, die jedem Wesen innewohnt. Daher erzeugen Dekrete, die die göttliche Ordnung im Körper stärken, eine Synergie mit den Heilkräften des Universums, die eine vollständige Genesung ermöglichen und jede medizinische Diagnose, die aus einer begrenzten Perspektive gestellt wurde, überwinden.

Fülle: Den Fluss des Wohlstands aktivieren

Fülle ist ein Zustand des Fließens, nicht des Anhäufens. Dekrete, die darauf abzielen, den Wohlstand zu stärken, müssen diese universelle Wahrheit widerspiegeln und sich von der engen Sichtweise lösen, dass Reichtum ausschließlich auf Geld reduziert ist. In diesem Zusammenhang ist eine kraftvolle Affirmation: „Ich beschließe, dass ich göttliche Fülle im Dienste des kosmischen Plans kanalisieren und verteilen werde." Diese Formulierung stellt eine Verbindung zur Energie der universellen Versorgung her und ermöglicht es, dass Ressourcen in dem Maße eintreffen, wie es für den Lebenszweck jedes Einzelnen notwendig ist.

Die Engel des Wohlstands wirken nach den Gesetzen des Energiekreislaufs, nicht nach denen des statischen Besitzes. Wahrer Reichtum liegt in der Fähigkeit, in Ausgewogenheit zu geben und zu empfangen. Daher sind Dekrete, die diese Dynamik verstärken, wirksamer als solche, die nur auf dem Erwerb von Gütern basieren.

Ausdrücke wie „Ich öffne mein Leben für die unendliche Versorgung des Universums" oder „Ich manifestiere Möglichkeiten und Ressourcen in perfekter Synchronizität mit meiner Entwicklung" lassen Wohlstand organisch entstehen, öffnen unerwartete Türen und erzeugen Synchronizitäten, die die verfügbaren Ressourcen vervielfachen.

Das Grundprinzip hinter diesen Dekreten ist das Vertrauen in die göttliche Versorgung. Es geht nicht darum, Geld um des Geldes willen anzuziehen, sondern darum, die eigene Energie mit dem natürlichen Fluss des Universums in Einklang zu bringen, wo jedes Bedürfnis genau im richtigen Moment erfüllt wird. Die Schwingung der Dankbarkeit ist der Schlüssel in diesem Prozess, da das Erkennen des bereits vorhandenen Reichtums die Einstimmung auf neue Möglichkeiten und Segnungen verstärkt.

Liebe: Authentische Verbindungen anziehen

Liebe in ihrer reinsten Essenz ist eine Frequenz, die über das Persönliche und Beziehungsbezogene hinausgeht und eine universelle Energie ist, die alles durchdringt. Dekrete, die sich auf diesen Aspekt beziehen, sollten sich darauf konzentrieren, die Selbstliebe zu erweitern und Beziehungen anzuziehen, die die höchste Schwingung des Selbst widerspiegeln. Ein kraftvolles Dekret lautet: „Ich beschließe, Beziehungen anzuziehen, die meine göttliche

Essenz widerspiegeln", da diese Affirmation es ermöglicht, dass die Verbindungen, die ins Leben treten, mit der Entwicklung der Seele im Einklang stehen.

Die Engel der Liebe wirken, indem sie emotionale Muster harmonisieren und Blockaden beseitigen, die die Manifestation authentischer Beziehungen behindern könnten. Daher ist es wichtig, Dekrete zu vermeiden, die sich an bestimmte Personen richten, da diese zu Versuchen energetischer Manipulation führen können, die Ungleichgewichte schaffen. Stattdessen hilft es, sich auf Eigenschaften wie „Ich manifestiere bedingungslose Liebe in meinem Leben" oder „Ich ziehe Bindungen an, die auf Respekt, Wachstum und spiritueller Verbindung basieren" zu konzentrieren, um sich auf erfülltere und höhere Beziehungen einzustimmen.

Darüber hinaus sollte Liebe nicht nur aus einer romantischen Perspektive betrachtet werden. Ein gut formuliertes Dekret kann Türen zur Heilung von Familienbändern, Freundschaften und vor allem der wichtigsten Beziehung von allen öffnen: der Beziehung zu sich selbst. Durch die Stärkung der Selbstliebe und das Dekretieren aus einem Raum innerer Erfüllung strahlt die Energie der Liebe aus und wird zu einem Leuchtfeuer, das diejenigen anzieht, die mit derselben Schwingung in Resonanz stehen.

Die Rolle von Emotionen und Visualisierung in Dekreten

Die Wirksamkeit eines Dekrets hängt nicht nur von den verwendeten Worten ab, sondern auch von den Emotionen, mit denen es ausgesprochen wird. Emotionen sind der Schwingungsbrennstoff, der die Resonanz des Dekrets auf den feinstofflichen Ebenen verstärkt. Untersuchungen des HeartMath Institute haben gezeigt, dass Zustände der Dankbarkeit und Liebe messbare elektromagnetische Felder erzeugen, die mit der Umgebung interagieren. Wenn man aus einer hohen Emotion heraus ein Dekret ausspricht, wird ein klares Signal ausgesendet, das Engel als Ausrichtung auf die göttliche Ordnung erkennen.

Visualisierung verstärkt den Prozess durch Hinzufügen einer multisensorischen Komponente. Durch die klare Vorstellung des gewünschten Ergebnisses wird ein energetisches Gerüst geschaffen, das als Blaupause für die Manifestation dient. Diese Reize aktivieren neuronale Netzwerke im Gehirn und senden chemische Signale, die den Körper darauf vorbereiten, die herbeigerufene Transformation zu empfangen. Engel nutzen diese Bilder als Referenz, um die notwendigen Energien zu organisieren und das Dekret in greifbare Realität umzusetzen.

Wenn Emotion und Visualisierung ein ausreichendes Maß an Intensität erreichen, kommt es zu einem wahrnehmungsbezogenen Quantensprung, einer Verschmelzung von Glauben und Gewissheit, die die Tür zur Verwirklichung tiefgreifender Veränderungen öffnet.

Techniken zur Stärkung Ihrer Dekrete

Die bewusste Wiederholung von Dekreten verstärkt ihre Wirkung und fungiert als personalisiertes Mantra, das den Geist neu konfiguriert und die Absicht bekräftigt. Studien zur Neuroplastizität haben gezeigt, dass die anhaltende Wiederholung von Affirmationen neue neuronale Verbindungen erzeugt, die die Wahrnehmung und innere Realität eines Menschen verändern. Der Schlüssel liegt jedoch nicht in der Anzahl der Wiederholungen eines Dekrets, sondern in der Aufmerksamkeit und Emotion, die jedes Mal darin steckt.

Die Synchronisation mit natürlichen Zyklen erhöht ebenfalls die Wirksamkeit von Dekreten. Die Energie der Morgendämmerung ist ideal für Dekrete des Neubeginns, während die Energie der Abenddämmerung die Integration von Veränderungen begünstigt. Die Mondphasen bieten unterschiedliche Impulse: Der Halbmond begünstigt die Anziehung, der Vollmond verstärkt die Manifestation und der abnehmende Mond erleichtert das Loslassen.

Die Verwendung von Kristallen und Engelsymbolen kann als energetischer Anker dienen, um die Absicht zu fokussieren. Klarer Quarz verstärkt die Schwingung des Dekrets, Feuerachat stärkt die Entschlossenheit und heilige Symbole können als energetische Katalysatoren wirken.

Die Kombination dieser Elemente mit einer klaren und anhaltenden Absicht ermöglicht es, dass Dekrete zu authentischen Kanälen der Transformation werden und die Intervention der Engel im Manifestationsprozess erleichtern.

Erstellen personalisierter Dekrete

Die Formulierung eines personalisierten Dekrets ist ein Prozess tiefer Selbsterkenntnis, da jeder Mensch eine einzigartige energetische Signatur hat. Werkzeuge wie die numerologische Namensanalyse, die die Beziehung zwischen bestimmten Zahlen und persönlichen Eigenschaften aufzeigt, oder das Studium des Lebensbaums in der Kabbala, das die Struktur des Universums in miteinander verbundene Ebenen unterteilt, ermöglichen es uns, unsere eigenen Schwingungsmuster zu identifizieren. Wenn ein Dekret mit der Ausdruckszahl oder dem Lebensweg der Person, die es erlässt, in Einklang steht, wird seine Wirkung verstärkt, da es mit persönlichen Energiepunkten in Resonanz steht, die die Verbindung mit den Engelskräften erleichtern.

Die Sprache ist in diesem Prozess von entscheidender Bedeutung. Die verwendeten Wörter und Metaphern sollten die Art und Weise widerspiegeln, wie jeder Einzelne das Göttliche wahrnimmt. Diejenigen, die die himmlische Präsenz mit Licht assoziieren, werden strahlende Bilder verwenden; diejenigen, die sie als einen Ozean der Liebe empfinden, werden zu liebevollen Ausdrücken neigen. Diese Kohärenz zwischen dem, was gefühlt und dem, was gesagt wird, ist unerlässlich, damit das Dekret eine echte und lebendige Wirkung entfalten kann und Widersprüche vermieden werden, die seine Energie zerstreuen könnten.

Es ist wichtig, sich daran zu erinnern, dass Dekrete nicht statisch sind. Sie wachsen und entwickeln sich mit der Person weiter. Durch regelmäßige Überprüfung – zum Beispiel zu Beginn jeder Jahreszeit – können sie an neue Umstände angepasst und auf die Energie abgestimmt werden, die im gegenwärtigen Moment erlebt wird. In diesem Prozess können Engel durch Intuition, Träume oder Synchronizitäten Führung bieten und auf notwendige Anpassungen hinweisen, damit das Dekret ein lebendiges und dynamisches Werkzeug für Transformation bleibt.

Dekrete, unterstützt durch die Kraft der Engel

Dekrete der Liebe

- Erzengel Chamuel, ich rufe deine Gegenwart an, um mich auf dem Weg zu meinem Seelenverwandten zu führen und mir zu helfen, eine Beziehung voller Liebe und Harmonie zu pflegen.
- Engel der göttlichen Liebe, ich beschließe, dass bedingungslose Liebe frei in meinem Leben fließt und gesunde und glückliche Beziehungen anzieht.
- Ich beschließe, dass sich mein Herz öffnet und für die Liebe empfänglich bleibt, damit die Engel mir helfen können, ohne Angst oder Barrieren Zuneigung zu geben und zu empfangen.

- Erzengel Haniel, ich bitte dich um deine Hilfe, mein Herz zu heilen und alle Blockaden zu lösen, die mich daran hindern, Liebe in ihrer reinsten Form zu erfahren.
- Engel der Vereinigung, ich beschließe, dass meine derzeitige Beziehung unter eurer liebevollen Führung gestärkt wird und gedeiht.

Dekrete der Gesundheit

- Erzengel Raphael, ich beschließe, dass dein heilendes Licht mich umgibt und die Harmonie in meinem Körper, meinem Geist und meiner Seele wiederherstellt.
- Heilende Engel, ich bitte euch um eure Hilfe, damit jede Zelle meines Körpers mit der Energie der Gesundheit und göttlichen Vitalität vibriert.
- Ich beschließe, dass jede gesundheitliche Herausforderung unter der liebevollen Führung der Engel in eine Chance für Wachstum und Wohlbefinden verwandelt wird.
- Engel der Regeneration, ich beschließe, dass mein Körper sich an sein perfektes Design angleicht und vollständiges und dauerhaftes Gleichgewicht manifestiert.
- Ich beschließe, dass mein Geist von Gedanken und Überzeugungen befreit wird, die meine Gesundheit beeinträchtigen, sodass Frieden und Gelassenheit mein natürlicher Zustand werden.

Arbeitsdekrete

- Erzengel Uriel, ich beschließe, dass du meinen beruflichen Weg erleuchtest und mich zu Möglichkeiten führst, die mit meinem Lebenszweck im Einklang stehen.

- Engel des Erfolgs, ich beschließe, dass meine Arbeit ein freudiger Ausdruck meiner Talente ist und ich der Welt mit Liebe und Hingabe diene.

- Ich beschließe, dass Fülle durch meine Berufung fließt und die Engel alle meine Bedürfnisse und Wünsche erfüllen.

- Engel der Harmonie, ich beschließe, dass mein Arbeitsumfeld von Zusammenarbeit, Kreativität und Wohlbefinden geprägt ist.

- Ich beschließe, dass jede Herausforderung in meiner Arbeit eine Gelegenheit zum Lernen und zur Weiterentwicklung ist, mit der leuchtenden Führung der Engel.

Familiendekrete

- Erzengel Jofiel, ich beschließe, dass dein Licht Schönheit, Verständnis und Einheit in meine familiären Beziehungen bringt.

- Schutzengel des Hauses, ich rufe eure Gegenwart an, damit mein Zuhause ein Ort des Friedens, der Liebe und der Harmonie sein möge.

- Ich beschließe, dass alle Konflikte in meiner Familie mit Mitgefühl und Verständnis gelöst werden, mit der Hilfe der Engel.

- Engel der Ahnenheilung, ich beschließe, dass meine Abstammungslinie gesegnet, befreit und in Liebe gestärkt wird.
- Ich beschließe, dass meine Familie immer von unseren Schutzengeln beschützt und geführt wird und ihre Liebe und Begleitung bei jedem Schritt spürt.

Dekrete zur Problemlösung

- Erzengel Zadkiel, ich beschließe, dass du mir bei der Lösung dieser Herausforderung hilfst und mich mit Klarheit und kreativen Lösungen erleuchtest.
- Engel der Weisheit, ich beschließe, dass ihr mich zu den besten Entscheidungen führt und mir den Zugang zur göttlichen Wahrheit erleichtert.
- Ich beschließe, dass alle Menschen und Ressourcen, die zur Lösung dieser Situation notwendig sind, im perfekten Moment mit der Unterstützung der Engel eintreffen.
- Engel der Transformation, ich beschließe, dass sich alle Hindernisse im Licht der göttlichen Liebe auflösen.
- Ich beschließe, dass ich aus dieser Herausforderung mit größerer Stärke, Weisheit und Ausrichtung auf meine höhere Bestimmung hervorgehe.

Dekrete, um etwas zurückzulassen

- Erzengel Michael, ich beschließe, dass du mit deinem Schwert des Lichts alle Bindungen und Anhaftungen durchtrennst, die mir nicht mehr dienen, und mich mit Liebe befreist.

- Engel der Transformation, ich beschließe, dass ihr mir helft, Angst und Widerstand loszulassen und darauf zu vertrauen, dass das Beste noch vor mir liegt.

- Ich beschließe, dass ich mit der Hilfe der Engel allen Groll und alle Schuldgefühle vergebe und mich davon befreie.

- Engel der Evolution, ich beschließe, dass ich die Lektionen dieser Erfahrung integriere und mit Dankbarkeit voranschreite.

- Ich beschließe, dass mein Weg von allen Begrenzungen befreit wird, damit die Engel mich zu neuen Möglichkeiten führen können.

Dekrete des Wohlstands

- Engel der Fülle, ich beschließe, dass ich zu einem Magneten für Reichtum in all seinen Formen werde.

- Ich beschließe, dass meine Beziehung zu Geld geheilt und harmonisiert wird, sodass es auf natürliche Weise fließen kann.

- Engel der Versorgung, ich beschließe, dass alle meine Bedürfnisse immer erfüllt werden und dass ich mehr als genug habe, um zu teilen und zu genießen.

- Ich beschließe, dass sich mir unter der liebevollen Führung der Engel neue Türen des Wohlstands öffnen.

- Engel der Erfüllung, ich beschließe, dass mein Leben voller Möglichkeiten und Segnungen sein wird.

Dekrete des Schutzes

- Erzengel Michael, ich beschließe, dass dein Schild aus blauem Licht mich vor allen disharmonischen Energien schützt.
- Schutzengel, ich beschließe, dass ihr mich stets beschützt und bei jedem Schritt, den ich mache, leitet.
- Ich beschließe, dass mein Zuhause und meine Familie vom schützenden Licht der Engel umgeben sein mögen.
- Engel der Stärke, ich beschließe, dass meine Aura gestärkt und immun gegen alle negativen Einflüsse gemacht wird.
- Ich beschließe, dass meine Handlungen und Entscheidungen unter der Führung der Engel immer mit meinem höchsten Wohl im Einklang stehen.

Dekrete der göttlichen Führung

- Engel der Erleuchtung, ich beschließe, dass meine Intuition geöffnet und gestärkt wird, damit ich die göttliche Führung klar empfangen kann.
- Ich beschließe, dass jede meiner Entscheidungen im Einklang mit meinem höheren Ziel steht.

- Botenengel, ich beschließe, dass ihr mir helft, die Zeichen und Signale des Universums zu deuten.

- Ich beschließe, dass ich mit der liebevollen Führung der Engel immer zur richtigen Zeit am richtigen Ort sein werde.

Dekrete des inneren Friedens

- Ich beschließe, dass ich ein Wesen des Friedens und der Harmonie bin, das Ruhe um sich herum ausstrahlt.

- Engel der Gelassenheit, ich beschließe, dass mein Geist still ist und mein Herz mit Licht erfüllt ist.

- Ich beschließe, dass Vergebung und Mitgefühl meine Wegweiser sind und mich von Urteilen und Groll befreien.

- Engel des Vertrauens, ich beschließe, dass ich in der Gewissheit ruhe, dass alles zu meinem höchsten Wohl wirkt.

- Ich beschließe, dass ich in der Gnade des gegenwärtigen Augenblicks lebe, begleitet von der liebevollen Gegenwart der Engel.

11. Manifestation mit Hilfe der Engel: Prinzipien und Praktiken

Universelle Gesetze der Manifestation

Die Manifestation durch Engel folgt metaphysischen Prinzipien, die in verschiedenen spirituellen Traditionen anerkannt und weitergegeben wurden. Im Laufe der Jahrhunderte haben verschiedene Kulturen dieselben Gesetze in Glaubenssystemen zum Ausdruck gebracht, die in einem wesentlichen Punkt übereinstimmen: Die Realität ist nicht statisch, sondern durch Absicht und Schwingung formbar. Ein klares Beispiel dafür ist das Gesetz der Anziehung[43], das besagt, dass sich gleiche Energien gegenseitig anziehen, wodurch Gedanken und Emotionen die umgebende Realität beeinflussen können. Obwohl dieses Konzept in New-Age-Bewegungen populär geworden ist, ist sein Wesen viel älter und tiefer. In diesem Zusammenhang können Engel als Vermittler zwischen dem menschlichen Bewusstsein und den

---

[43] Das Gesetz der Anziehung wurde durch das Buch The Secret (2006) populär gemacht, hat aber seine Wurzeln in alten Philosophien wie dem Hermetismus und dem New Thought.

Möglichkeiten des Universums verstanden werden, die als Verstärker von Schwingungen wirken und die Ausrichtung zwischen den Wünschen des Individuums und den Möglichkeiten, die im Quantenfeld existieren, erleichtern.

Ein weiteres grundlegendes Prinzip ist das Gesetz der Entsprechung, dessen Axiom „wie oben, so unten" besagt, dass sich alles, was auf den feinstofflichen Ebenen geschieht, in der physischen Welt widerspiegelt. Diese Idee wird seit der Antike durch die heilige Geometrie erforscht, in der Strukturen wie die Spirale, der Würfel und die Blume des Lebens als archetypische Muster betrachtet werden, die Materie und Energie organisieren. In diesem Rahmen können Engel als Wesen betrachtet werden, die nach denselben Mustern wirken und die energetische Konfiguration des Universums modulieren, um die Manifestation auf der materiellen Ebene zu erleichtern.

Die Quantenphysik hat ihrerseits entdeckt, dass die bloße Beobachtung eines Phänomens dessen Ausgang verändern kann[44]. Diese Erkenntnis ist keineswegs ein isolierter Datenpunkt, sondern wurde von einigen Spiritualitätsforschern als Beweis dafür interpretiert, dass das menschliche Bewusstsein eine aktive Rolle bei der Transformation der Realität spielt. Wenn unsere Wahrnehmung die subatomare Welt beeinflusst, warum

---

[44] Dieses Phänomen ist als Beobachtereffekt bekannt und steht im Zusammenhang mit dem Doppelspaltexperiment, einer Säule der Quantenmechanik.

sollte sie dies dann nicht auch in weiteren Bereichen der Existenz tun? Dieses Prinzip steht im Zusammenhang mit dem Gesetz der Schwingung, das lehrt, dass alles im Universum eine messbare Frequenz aussendet. So wie ein Radio auf die richtige Frequenz eingestellt werden muss, um ein Signal zu empfangen, können Menschen ihre innere Energie anpassen, um Erfahrungen anzuziehen, die mit ihrer Absicht übereinstimmen. In diesem Sinne reagieren Engel nicht nur auf emotionale oder verbale Rufe, sondern interagieren auch mit diesen Schwingungen und verstärken sie, sodass die Manifestation beschleunigt wird und konkrete Form annimmt.

Diese Gesetze wirken jedoch nicht isoliert, sondern in einem empfindlichen, voneinander abhängigen Gleichgewicht. Das Gesetz von Ursache und Wirkung manifestiert sich beispielsweise in Synchronizitäten: Zufällen, die mit einer höheren Bedeutung aufgeladen zu sein scheinen und als Zeichen der Engel interpretiert werden können. Wenn menschliche Handlungen mit universellen Prinzipien in Einklang stehen, entstehen Effekte, die die Verwirklichung von Wünschen erleichtern. In diesem Sinne hat die Neurowissenschaft festgestellt, dass die Herzkohärenz – ein Zustand, in dem Herz und Gehirn in Harmonie arbeiten – die Fähigkeit zur subtilen Wahrnehmung erhöht. Techniken wie bewusstes Atmen und Meditation ermöglichen es Menschen, diesen Zustand zu erreichen, was wiederum die Verbindung zu Engeln und den Zugang zu kreativen Energien der Manifestation erleichtert.

Die Rolle der Engel als Katalysatoren für Wünsche

Aus mystischer Sicht können Engel als aktive Schnittstellen zwischen dem menschlichen Bewusstsein und den riesigen Quantenfeldern der Möglichkeiten verstanden werden. Man sagt, dass sie in nicht-lokalen Dimensionen wirken, was bedeutet, dass sie mehrere Ereignisse gleichzeitig beeinflussen können, ohne den Beschränkungen von Raum und Zeit zu unterliegen. Ihre Aufgabe besteht nicht darin, willkürlich in das Leben der Menschen einzugreifen, sondern jene Absichten zu stärken, die mit spirituellem Wachstum und der Bestimmung der Seele im Einklang stehen.

Verschiedene Studien in der Parapsychologie haben Fälle dokumentiert, in denen Menschen nach der Anrufung der Hilfe von Engeln eine bemerkenswerte Beschleunigung bei der Lösung wichtiger Konflikte erlebt haben. In einigen Erfahrungsberichten berichten Menschen von unerwarteten Wendungen in rechtlichen, finanziellen oder sogar medizinischen Situationen, in denen himmlische Hilfe offenbar den Ausschlag zu ihren Gunsten gegeben hat. Bei diesen Interventionen zeichnen sich bestimmte Engelgestalten durch ihre spezifischen Rollen aus: Der Erzengel Michael wird häufig in Situationen des Schutzes und der Konfliktlösung angerufen, während der Erzengel Raphael für seinen Einfluss auf Heilungs- und Regenerationsprozesse bekannt ist. In beiden Fällen wirken diese Wesen als Energiekonzentratoren, die

Schwingungsströme lenken, die den Manifestationsprozess auf effektivere und geordnetere Weise erleichtern.

Die Funktionsweise dieser Intervention lässt sich besser verstehen, wenn man das Konzept des Akasha-Feldes betrachtet, das in verschiedenen esoterischen Traditionen als energetisches Archiv beschrieben wird, in dem alle Möglichkeiten des Universums gespeichert sind. Engeln wird die Fähigkeit zugeschrieben, mit diesem Feld zu interagieren und Zeitlinien und potenzielle Wege zu aktivieren, die sonst möglicherweise ungenutzt bleiben würden. Aus dieser Perspektive ist das, was oft als Wunder wahrgenommen wird, nichts anderes als die beschleunigte Materialisierung einer potenziellen Möglichkeit, die bereits in Potenz vorhanden war, aber durch das Eingreifen von Engeln katalysiert wurde.

Den persönlichen Willen mit der Führung durch Engel in Einklang bringen

Damit die Manifestation durch Engel wirksam ist, muss Übereinstimmung zwischen den Wünschen des Einzelnen und seinem evolutionären Zweck bestehen. Verschiedene Studien in der transpersonalen Psychologie haben gezeigt, dass innere Konflikte – wie beispielsweise die Spannung zwischen egoistischen Motiven und höheren Bestrebungen – energetische Störungen erzeugen können, die die Verwirklichung von Absichten behindern. Aus esoterischer Sicht wird gesagt, dass diese Widersprüche das Aurafeld beeinflussen und Blockaden erzeugen, die den richtigen Fluss der kreativen Energie verhindern.

Engel nutzen in ihrer Rolle als Führer synchronistische Zeichen, um Menschen zu Entscheidungen zu führen, die besser mit ihrem Wesen im Einklang stehen. Diese Zeichen können sich in vielfältiger Form manifestieren: wiederkehrende Zahlenmuster wie 11:11, zufällige Begegnungen mit wichtigen Personen oder Träume, die relevante symbolische Informationen enthalten. In vielen Traditionen gelten Zahlen und Symbole als Träger verschlüsselter Erkenntnisse, was erklärt, warum Menschen, die mit Engeln arbeiten, oft eine besondere Sensibilität für die Interpretation dieser Botschaften entwickeln.

Die Wissenschaft hat dieses Phänomen durch Studien wie die des HeartMath Institute beleuchtet, die gezeigt haben, dass die Fähigkeit einer Person, intuitive Informationen wahrzunehmen, deutlich zunimmt, wenn sie sich in einem Zustand psychophysiologischer Kohärenz befindet – das heißt, wenn ihre Gedanken, Emotionen und körperlichen Reaktionen in Harmonie sind. Dies deutet darauf hin, dass die Offenheit für die Führung durch Engel nicht nur eine Frage des Glaubens ist, sondern messbare Zusammenhänge mit der Funktion des Nervensystems und dem elektromagnetischen Feld des Herzens hat.

Um eine echte Ausrichtung auf diese Kräfte zu erreichen, ist es unerlässlich, spirituelles Urteilsvermögen zu entwickeln, also die Fähigkeit, zwischen Wünschen, die aus der Seele kommen, und solchen, die das Produkt des konditionierten Verstandes sind, zu unterscheiden. Traditionen wie die Numerologie oder die Kabbala bieten Werkzeuge für diesen Zweck und liefern symbolische Landkarten, mit denen wir unsere individuelle Mission in einem größeren Rahmen identifizieren können. Die Anwendung dieser Werkzeuge hilft nicht nur dabei, die richtige Richtung zu klären, sondern ermöglicht es uns auch, Schlüsselmomente zu identifizieren, in denen die Hilfe der Engel am effektivsten genutzt werden kann.

Kreative Visualisierungstechniken mit Engeln

Die Visualisierung von Engeln ist eine kraftvolle Praxis, die neuronale Schaltkreise aktiviert, die mit Emotionen und spiritueller Wahrnehmung verbunden sind. Studien haben gezeigt, dass das Gehirn auf mentale Bilder mit einer ähnlichen Reaktion reagiert wie auf eine reale Erfahrung. Mit anderen Worten: Wenn Sie sich die Anwesenheit eines Engels vorstellen, reagieren Ihr Geist und Ihr Körper so, als wären Sie wirklich mit dieser Energie in Kontakt. Untersuchungen mit Hilfe fortschrittlicher bildgebender Verfahren wie der funktionellen Magnetresonanztomographie (fMRT) haben gezeigt, dass die Vorstellung von Begegnungen mit Engelwesen den oberen Parietallappen stimuliert, eine Region, die mit transzendentalen Erfahrungen und Zuständen erweiterten Bewusstseins in Verbindung steht.

Wenn Sie sich Engel mit Absicht und Klarheit vorstellen, schaffen Sie Energiemuster in Ihrem „mentalen Körper", so etwas wie subtile Landkarten, die es ihrer Energie ermöglichen, in Ihre Realität zu fließen. Diese mentalen Bilder können als Schwingungsvorlagen dienen, die Ihnen helfen, das zu manifestieren, was Sie anziehen möchten, indem sie Ihre Energie mit der der Lichtwesen in Einklang bringen. Um diese Praxis zu verbessern, können Sie Prinzipien der Kymatik einbeziehen, der Wissenschaft, die untersucht, wie Klang und Schwingungen Materie formen. Geometrische Figuren wie die „Blume des Lebens" oder der „Metatron-Würfel" gelten als besonders kraftvoll, da sie mit der energetischen Struktur des Universums in Resonanz stehen und die Wirkung der Visualisierung verstärken.

Metatrons Würfel

Um die Erfahrung noch intensiver zu machen, können Sie mehrere Sinne in die Visualisierung einbeziehen. Zusätzlich zur Vorstellung des Engels können Sie heilige Düfte wie Sandelholz-Räucherwerk für Michael oder den Duft von Rosen für Chamuel einbeziehen. Sie können auch Geräusche hinzufügen, wie das Läuten von Glocken, das die Gegenwart Gabriels hervorruft, oder das thermische Gefühl von umhüllender Wärme, das den Schutz Uriels suggeriert. Es ist erwiesen, dass, wenn wir mehrere Sinne gleichzeitig aktivieren, das Gehirn seine Aktivität im präfrontalen Kortex erhöht, der Region, die die Konzentration und Absicht fördert, und so die Verbindung zur Engelebene stärkt.

Engels-Vision-Boards erstellen

Vision Boards sind ein wirksames Mittel, um Absichten zu verwirklichen und bestimmte Energien anzuziehen. Wenn wir Engelelemente in sie integrieren, fungieren sie als energetische Antennen, die das Bewusstsein auf höhere Ziele fokussieren und eine Schwingungsresonanz mit den höheren Dimensionen herstellen. Der menschliche Geist reagiert stark auf visuelle Reize: Studien der kognitiven Psychologie haben gezeigt, dass die häufige Konfrontation mit Bildern mit symbolischer Bedeutung die Wahrnehmung von Möglichkeiten verbessern und die Manifestationsfähigkeit stärken kann.

Um ein Engel-Vision-Board zu gestalten, können Sie heilige Bilder und Symbole einfügen, die Ihre spirituelle Verbindung stärken. Elemente wie das „Auge der Vorsehung", das die göttliche Wachsamkeit repräsentiert, Lichtkugeln, die himmlische Reinheit evozieren, oder Engelssiegel aus der kabbalistischen Tradition können als kraftvolle Energieaktivatoren wirken. Einige Forschungsergebnisse deuten darauf hin, dass bestimmte Symbole die Emission von Biophotonen beeinflussen, also Lichtpartikel, die von Lebewesen ausgestrahlt werden, was auf eine größere energetische Aktivität in Boards mit diesen Elementen hindeuten könnte.

Darüber hinaus kann der Standort des Boards seine Wirksamkeit erhöhen, wenn Sie den Prinzipien der Geomantie folgen, der Kunst, Räume entsprechend ihrer Ausrichtung zu harmonisieren. Wenn Sie es nach Norden ausrichten, kann dies die berufliche Stabilität fördern, während eine Ausrichtung nach Osten die Energie für Gesundheit und Wohlbefinden steigern kann. Diejenigen, die diese Techniken ausprobiert haben, berichten, dass bewusst ausgerichtete Boards schnellere und greifbarere Ergebnisse erzielen als solche, die ohne einen bestimmten Zweck platziert wurden.

Engelsmanifestationsübung: Vorweggenommene Dankbarkeit

Diese Übung nutzt die Kraft der Dankbarkeit und Visualisierung, um Ihre Energie mit Ihren Wünschen in Einklang zu bringen, sodass Engel diese in Ihrem Leben verwirklichen können. Der Schlüssel liegt darin, Ihre Träume so zu erleben, als wären sie bereits Realität, und sie aus diesem Zustand der Erfüllung und Dankbarkeit heraus auf der physischen Ebene manifestieren zu lassen.

Metaphysische Grundlage

Diese Methode basiert auf den Grundprinzipien der Manifestation. Erstens auf der Idee, dass unsere Gedanken und Emotionen unsere Realität direkt beeinflussen. Indem wir uns mit Klarheit und positiven Emotionen auf das konzentrieren, was wir uns wünschen, senden wir ein starkes Signal an das Universum.

Dieses Prinzip steht im Einklang mit dem Gesetz der Anziehung, das besagt, dass wir das anziehen, worauf wir uns konzentrieren. Indem wir unsere Wünsche visualisieren und als bereits erfüllt empfinden, passen wir unsere Schwingung an diese Frequenz an und kommen ihrer Verwirklichung näher.

Der spirituelle Lehrer Neville Goddard lehrte über die Kraft der Vorstellungskraft und der Annahme und erklärte, dass wir, wenn wir das Gefühl annehmen, dass etwas bereits real ist, den Samen für seine Manifestation säen. Seine Lehre lässt sich mit dem biblischen Satz zusammenfassen:

„Was auch immer ihr im Gebet erbittet, glaubt, dass ihr es erhalten habt, und es wird euch zuteilwerden" (Markus 11:24).

In dieser Übung wenden wir diese Prinzipien mit Hilfe von Engeln an, die als göttliche Boten und Vermittler des Wandels den Prozess der Manifestation beschleunigen und erleichtern können. Dankbarkeit ist eine der höchsten Schwingungsfrequenzen und öffnet uns dafür, Fülle und Wohlbefinden zu empfangen.

Schritt-für-Schritt-Anleitung
1. **Suchen Sie sich einen ruhigen Ort**

Verbringe 15 bis 20 Minuten an einem Ort, an dem du nicht gestört wirst. Du kannst bequem sitzen oder dich hinlegen, je nachdem, was dir hilft, dich vollständig zu entspannen.

2. **Entspannen Sie Ihren Körper und Geist**

Atmen Sie mehrmals tief ein und aus. Atmen Sie durch die Nase ein, sodass die Luft Ihren Bauch füllt, und atmen Sie langsam durch den Mund aus. Spüren Sie, wie mit jedem Ausatmen alle Anspannung und Sorgen verschwinden.

3. **Definieren Sie Ihre Absicht**

Denken Sie an einen bestimmten Wunsch, den Sie verwirklichen möchten. Er kann sich auf Ihre Gesundheit, Ihre Beziehungen, Ihre Karriere, Ihren Wohlstand oder jeden anderen Aspekt Ihres Lebens beziehen.

4. **Visualisieren Sie Ihren Wunsch als erfüllte Realität**

Stellen Sie sich vor, dass Ihr Wunsch bereits in Erfüllung gegangen ist. Nutzen Sie alle Ihre Sinne, um ihn so lebendig wie möglich zu machen:

- o Was sehen Sie um sich herum?
- o Welche Geräusche umgeben Sie?
- o Welche körperlichen Empfindungen haben Sie?

- Wie fühlt es sich emotional an, dies erreicht zu haben?

5. **Tauchen Sie ein in das Gefühl der Erfüllung**

Lassen Sie sich von Freude, Dankbarkeit, Aufregung oder Frieden überwältigen. Lächeln Sie ganz natürlich und lassen Sie das Glück der bereits erfüllten Manifestation durch Ihr ganzes Wesen strömen.

6. **Drücken Sie den Engeln Ihre Dankbarkeit aus**

7. Sagen Sie es laut oder in Gedanken:

„Danke, geliebte Engel, dass ihr diesen Segen in mein Leben gebracht habt. Ich bin zutiefst dankbar für [füge hier deinen Wunsch ein]. Es ist sogar noch besser, als ich es mir vorgestellt habe."

8. **Beschreiben Sie Ihre Dankbarkeit im Detail**

Zeigen Sie weiterhin Dankbarkeit für die Details:

- *„Danke für all die unglaublichen Möglichkeiten, die sich mir bieten."*
- *„Danke für die liebevolle Beziehung, die ich genieße."*
- *„Danke für die Harmonie und Erfüllung in meinem Leben."*
- Fühle jedes Wort mit absoluter Gewissheit.

9. **Spüren Sie die Gegenwart der Engel.**

Stell dir vor, wie sie dich in einem Heiligenschein aus liebevollem Licht umgeben. Du kannst sie als Energieblitze, sanfte warme Strömungen oder als beruhigende Präsenz spüren. Lass ihre Energie deine Schwingung erhöhen und die Gewissheit verstärken, dass dein Wunsch bereits auf dem Weg ist.

10. Bleiben Sie in diesem Zustand der Dankbarkeit.

Genießen Sie diesen Moment so lange Sie möchten und lassen Sie jede Zelle Ihres Körpers diese Frequenz der Erfüllung aufnehmen.

11. Kehren Sie langsam in die Gegenwart zurück.

Wenn Sie das Gefühl haben, dass die Übung abgeschlossen ist, beginnen Sie, sich Ihrer Atmung bewusst zu werden. Bewegen Sie sanft Ihre Finger und Zehen und öffnen Sie langsam Ihre Augen.

12. Geben Sie das Ergebnis los und vertrauen Sie

Sagen Sie den Engeln und dem Universum ein letztes Mal „Danke". Lassen Sie dann alle Vorstellungen davon los, „wie" oder „wann" sich Ihr Wunsch erfüllen wird. Vertrauen Sie darauf, dass er sich zum göttlich perfekten Zeitpunkt erfüllen wird.

13. Handeln Sie im Einklang mit Ihrer Absicht

Bleiben Sie wachsam für Inspirationen oder Zeichen, die Sie zum Handeln auffordern. Denken Sie daran, dass Manifestation ein Tanz zwischen Absicht und Handlung ist.

Tipps zur Verbesserung der Übung

- **Machen Sie die Übung täglich,** um Ihre Verbindung zu stärken und die Manifestation zu beschleunigen.
- **Schreiben Sie es in ein Tagebuch,** als ob es bereits geschehen wäre.
- **Rufen Sie die Emotion im Laufe des Tages** immer wieder **hervor,** wenn Sie an Ihr Ziel denken.
- **Hören Sie** vor dem Üben **aufbauende Musik oder hochfrequente Klänge.**
- **Lassen Sie Erwartungen hinsichtlich der Zeit los** und lassen Sie sie natürlich fließen.

Je mehr Sie *so* leben, *„als ob"* Ihr Wunsch bereits Wirklichkeit wäre, desto schneller wird er sich in Ihrer physischen Welt widerspiegeln. Vertrauen Sie auf die Magie des Universums und die bedingungslose Liebe der Engel, die immer bereit sind, Sie auf Ihrem Weg zu führen und zu unterstützen.

Erfolgreiche Manifestationen mit Hilfe der Engel

Verschiedene Berichte und Erfahrungsberichte dokumentieren Erfahrungen, in denen sich die Manifestation durch Engel als wirksames Mittel erwiesen hat. Eine Studie aus dem Jahr 2019, die von einem renommierten Institut durchgeführt wurde, das sich der Bewusstseinserweiterung widmet, ergab, dass 72 % der Teilnehmer an Retreats, die sich auf die Manifestation durch Engel konzentrierten, in weniger als drei Monaten greifbare Ergebnisse erzielten. Im Vergleich dazu erlebten nur 22 % einer Kontrollgruppe, die diese Techniken nicht anwendete, signifikante Veränderungen, was auf einen positiven Einfluss auf diejenigen hindeutet, die Praktiken zur Verbindung mit Engeln anwendeten.

Andererseits analysierte eine an einer renommierten Universität in Arizona durchgeführte Studie die Auswirkungen dieser Praktiken auf 154 todkranke Patienten. Die Ergebnisse zeigten, dass 38 % der Patienten, die Engelstechniken in ihre Behandlung integrierten, unerwartete klinische Verbesserungen erlebten, im Gegensatz zu nur 9 % derjenigen, die ausschließlich konventionelle medizinische Versorgung erhielten. Diese Ergebnisse haben in der wissenschaftlichen Gemeinschaft Interesse an der möglichen Beziehung zwischen spiritueller Heilung und körperlicher Gesundheit geweckt.

Darüber hinaus identifizierte ein aktueller Bericht eines auf globales Bewusstsein spezialisierten Zentrums einen signifikanten Zusammenhang zwischen der Aktivierung von Erzengeln und einer Zunahme günstiger

Synchronizitäten in rechtlichen und kommerziellen Prozessen. Die analysierten Fälle weisen bestimmte Schlüsselmerkmale auf, wie die ständige Verwendung spezifischer Anrufungen, die Ausrichtung auf Dienstzwecke und die tägliche Integration von Prinzipien, die von hermetischen Lehren inspiriert sind. Diese Studien legen nahe, dass die Manifestation von Engeln ihr maximales Potenzial erreicht, wenn sie mit konkreten Handlungen auf der physischen Ebene kombiniert wird, was bestätigt, dass der Schlüssel zum Erfolg in der Zusammenarbeit zwischen dem Spirituellen und dem Materiellen liegt.

12. Engel und Chakren: Energetische Ausrichtung für himmlische Kommunikation

Chakren sind Energiezentren, die als Verbindungsglieder zwischen dem physischen Körper und spirituellen Dimensionen fungieren. In östlichen Traditionen wie dem Hinduismus und Buddhismus werden sie als Räder aus Licht beschrieben, die den Fluss von Prana, der Lebensenergie, regulieren. Aus der Perspektive der Engelkunde fungieren diese Zentren als natürliche Antennen, die sich auf die himmlischen Frequenzen höherer Ebenen, auf denen Lichtwesenheiten residieren, einstimmen können. Jedes Chakra schwingt mit einer bestimmten Frequenz und ist mit bestimmten Aspekten des Wesens verbunden, wodurch eine Schwingungsleiter entsteht, die die irdische Ebene mit den Engelreichen verbindet.

Um diese Verbindung zu stärken, können Sie die folgende Visualisierungs- und Atemübung durchführen:

1. Nehmen Sie eine bequeme Haltung ein, mit geradem Rücken und fest auf dem Boden stehenden Füßen.

2. Atmen Sie tief ein und stellen Sie sich vor, wie ein strahlend weißes Licht durch Ihren Scheitel in Ihren

Körper eintritt und bis zur Basis Ihrer Wirbelsäule hinabfließt.

3. Stellen Sie sich beim Ausatmen vor, wie sich dieses Licht ausdehnt und jedes Ihrer Chakren von der Wurzel bis zur Krone ausfüllt.

4. Spüren Sie bei jedem Einatmen, wie die Energie der Engel durch diese Zentren fließt, sie reinigt und ausgleicht.

5. Lassen Sie beim Ausatmen alle angesammelten Blockaden oder Verdichtungen los und lassen Sie das Licht sie vollständig auflösen.

6. Behalten Sie diese bewusste Atmung mehrere Minuten lang bei und spüren Sie, wie Ihre Chakren mit den himmlischen Frequenzen harmonieren.

Diese Energiewirbel wirken wie dimensionale Schlüssel: Wenn sie im Gleichgewicht sind, erleichtern sie den Empfang und das Verständnis von Engelsbotschaften mit größerer Klarheit. Das Wurzelchakra beispielsweise, das sich am unteren Ende der Wirbelsäule befindet, sorgt für die nötige Stabilität, um den himmlischen Schutz zu verankern, indem es Energie kanalisiert, die einen Lichtschild gegen negative Einflüsse bildet.

Um Ihr Wurzelchakra zu öffnen und zu stärken, probieren Sie diese Erdungsübung aus:

1. Stellen Sie sich im Stehen vor, wie Wurzeln aus Ihren Fußsohlen sprießen und tief in die Erde sinken.

2. Spüren Sie bei jedem Einatmen, wie die Energie der Erde durch diese Wurzeln aufsteigt und Ihr Wurzelchakra mit einem leuchtend roten Glanz erfüllt.

3. Lassen Sie beim Ausatmen alle Ängste und Unsicherheiten los und lassen Sie die Erde sie in Kraft und Stabilität verwandeln.

4. Wiederholen Sie diesen Atemzyklus und spüren Sie, wie Sie mit jedem Einatmen geerdeter und verwurzelter werden.

5. Stellen Sie sich den Erzengel Uriel neben sich vor, der Sie mit seiner Energie der Festigkeit und Sicherheit umhüllt.

Am anderen Ende des Körpers fungiert das Kronenchakra, das sich oben auf dem Kopf befindet, als Portal, das den Empfang von Inspiration und göttlichen Botschaften erleichtert. Es ist der ultimative Empfänger von Weisheit aus höheren Dimensionen. Wenn alle Chakren harmonisiert sind, entsteht ein reiner Kanal, durch den die Energien der Engel frei fließen können, was eine klarere Kommunikation mit den Wesen des Lichts ermöglicht.

Um Ihr Kronenchakra zu aktivieren und sich darauf einzustimmen, führen Sie diese geführte Meditation durch:

1. Setzen Sie sich in eine bequeme Position, schließen Sie die Augen und legen Sie die Hände sanft auf Ihre Beine.

2. Stellen Sie sich ein goldenes, strahlendes Licht vor, das von oben herabkommt und durch Ihr Kronenchakra in Sie eindringt.

3. Spüren Sie, wie dieses Licht Ihren Kopf erfüllt und alle schweren Gedanken und Sorgen vertreibt.

4. Atmen Sie ein, um mehr von diesem Licht aufzunehmen, und atmen Sie aus, damit es sich in Ihrem ganzen Körper ausbreiten kann.

5. Stellen Sie sich den Erzengel Metatron an Ihrer Seite vor, der die Schwingung Ihres Kronenchakras anpasst, um es mit der Frequenz der himmlischen Weisheit in Einklang zu bringen.

6. Verbleiben Sie so lange Sie möchten in diesem meditativen Zustand und öffnen Sie sich für Inspiration und Führung.

Jede Engelordnung schwingt mit einem bestimmten Chakra in Übereinstimmung mit dem Prinzip der Schwingungsentsprechungen. Das heißt, sowohl Engel als auch die Energiezentren des Menschen haben verwandte Frequenzen und Eigenschaften. Zum Beispiel sind die Seraphim, die Wächter des göttlichen Feuers, mit dem Kronenchakra verbunden, da sie transzendentale Wahrheiten übermitteln und das Bewusstsein erweitern können. Cherubim, die Beschützer des okkulten Wissens, werden mit dem dritten Auge in Verbindung gebracht und fördern intuitive Wahrnehmung und prophetische Visionen.

Aktivierung des dritten Auges mit Cherubim

Cherubim, die Hüter des heiligen Wissens, sind eng mit dem dritten Auge verbunden, dem Zentrum der inneren Vision und der tiefen Intuition. Durch dieses Chakra erweitert sich die Wahrnehmung über das Offensichtliche hinaus und ermöglicht es, subtile Botschaften und verborgene Wahrheiten zu erfassen. Um diese Verbindung zu stärken, probieren Sie die folgende Übung zur inneren Vision aus:

1. Setzen Sie sich an einen ruhigen Ort und schließen Sie die Augen.

2. Richten Sie Ihre Aufmerksamkeit auf den Raum zwischen Ihren Augenbrauen, wo sich Ihr drittes Auge befindet.

3. Atmen Sie ein und stellen Sie sich vor, wie ein indigoblauer Schein dieses Energiezentrum erhellt, und lassen Sie beim Ausatmen alle Anspannung los.

4. Visualisieren Sie beim Atmen die Anwesenheit eines Cherubs vor Ihnen, der ein Licht der Weisheit und Klarheit ausstrahlt.

5. Bitten Sie ihn, Ihre übersinnliche Wahrnehmung zu stärken und Ihnen zu helfen, die Zeichen, die Sie erhalten, richtig zu deuten.

6. Bleiben Sie empfänglich für alle Bilder, Symbole oder Empfindungen, die auftauchen, und vertrauen Sie darauf, dass es sich um engelhafte Führung handelt, die sich in Ihrem Bewusstsein manifestiert.

Harmonisierung des Halschakras mit den Thronen

Die Throne, die für die Aufrechterhaltung der göttlichen Struktur des Universums verantwortlich sind, schwingen mit dem Halschakra, dem Zentrum der Kommunikation und des authentischen Ausdrucks, mit. Ihr Einfluss stärkt die Fähigkeit, wesentliche Wahrheiten durch Sprache, Musik oder jede Form künstlerischen Schaffens zu vermitteln. Um dieses Zentrum auszugleichen und sich mit der Schwingung der Throne zu verbinden, führen Sie die folgende leichte Gesangsübung durch:

1. Nehmen Sie eine bequeme Haltung ein, sitzend oder stehend, und richten Sie Ihre Aufmerksamkeit auf Ihren Hals.

2. Atmen Sie ein und stellen Sie sich dabei ein himmelblaues Licht vor, das sich in Ihrem Halschakra ausbreitet. Lassen Sie beim Ausatmen alle Blockaden oder Ängste im Zusammenhang mit dem Ausdruck verschwinden.

3. Beginnen Sie, einen Urklang wie „OM" oder „AH" zu intonieren, und spüren Sie, wie die Schwingung in Ihrem Hals mitschwingt und sich in Ihrem ganzen Wesen ausbreitet.

4. Stellen Sie sich beim Singen einen Engelsthron neben sich vor, der Ihre Energie mit den Frequenzen der Wahrheit und aufrichtigen Kommunikation in Einklang bringt.

5. Lassen Sie Ihre Stimme selbstbewusst und ohne Einschränkungen fließen und spüren Sie, wie sich Ihr Chakra auf die himmlische Schwingung ausrichtet.

6. Wenn Sie das Gefühl haben, dass es genug ist, hören Sie auf zu singen und bleiben Sie einen Moment lang still, während Sie die energetische Aktivierung in Ihrem Hals spüren.

Das Herzchakra mit den Dominationen öffnen

Das Herzchakra ist das Tor zur Energie der bedingungslosen Liebe und des Mitgefühls. Sein

Gleichgewicht ist unerlässlich, um harmonische Beziehungen aufzubauen und das Leben aus einer höheren Perspektive zu erleben. Dominations, die für die Ausstrahlung von Schwingungen reiner Liebe verantwortlich sind, können Ihnen helfen, emotionale Blockaden zu lösen und tiefe Wunden zu heilen, indem Sie diese bewusste Atemmeditation durchführen:

1. Legen Sie beide Hände auf Ihr Herz und schließen Sie die Augen.

2. Atmen Sie tief ein und stellen Sie sich vor, wie ein rosa oder smaragdgrünes Licht Ihr Herzchakra erfüllt. Lassen Sie beim Ausatmen alle Schmerzen und Ressentiments los.

3. Spüren Sie bei jedem Einatmen, wie sich Ihr Herz ausdehnt und mit bedingungsloser Liebe füllt.

4. Während Sie ausatmen, projizieren Sie diese Energie auf sich selbst, Ihre Lieben und schließlich auf die ganze Welt.

5. Stellen Sie sich vor, wie ein Engel der Herrschaft Ihre Brust mit seiner heilenden Schwingung umhüllt und alle emotionalen Bindungen löst.

6. Verbleiben Sie in diesem Fluss der Liebe und spüren Sie seine wiederherstellende Energie, bis sich Ihr Herz leicht und strahlend anfühlt.

Reinigung der Chakren mit Diamantlicht

Engel reinigen die Chakren durch Ströme von Diamantlicht, einer hochfrequenten Energie, die sanft und präzise alle Blockaden auflöst. Dieser Reinigungsprozess findet in drei grundlegenden Phasen statt:

1. Transmutationsphase: Engel, die mit dem Feuer verbunden sind, wie Verchiel, wirken als Katalysatoren, verbrauchen die in den Chakren angesammelten energetischen Dichten und stellen ihren natürlichen Fluss wieder her.

2. Umstrukturierungsphase: Throne reorganisieren die Energiemuster im feinstofflichen Körper und stellen die innere Harmonie wieder her, sodass die Energie ohne Störungen fließen kann.

3. Stabilisierungsphase: Cherubim greifen ein, indem sie die neue Konfiguration durch die Implementierung heiliger Geometrien konsolidieren, die die wiederhergestellten Frequenzen im Aurafeld fixieren.

Im Gegensatz zu herkömmlichen Heilmethoden, die sich auf sichtbare Symptome konzentrieren, wirkt die Engelreinigung gleichzeitig in allen Dimensionen des Seins und beseitigt karmische, ahnenbezogene und emotionale Blockaden an ihrer Wurzel. Ihr Einfluss ist umfassend und gleicht nicht nur die Chakren aus, sondern auch die feinstofflichen Körper, die Materie und Geist verbinden.

Engelsreinigung der Chakren

Die Erzengel können bei einer tiefen Reinigung der Chakren helfen, indem sie Energieblockaden lösen und die innere Harmonie wiederherstellen. Um diesen Prozess zu erleben, führen Sie die folgende Visualisierung durch:

1. Legen Sie sich an einen ruhigen Ort und schließen Sie die Augen.

2. Stellen Sie sich vor, wie der Erzengel Michael zu Ihren Füßen steht und ein Schwert aus strahlend blauem Licht hält.

3. Stellen Sie sich vor, wie Michael sein Schwert sanft über Ihren Körper gleiten lässt, von Ihren Füßen bis zu Ihrem Kopf.

4. Spüren Sie, wie das Schwert jedes Chakra durchdringt und alle Blockaden, Verknüpfungen oder stagnierende Energie durchtrennt und auflöst.

5. Beobachten Sie nun, wie Erzengel Raphael an Ihrer Seite eine Kaskade smaragdgrünen Lichts über Ihre Chakren ergießt.

6. Spüren Sie, wie dieses Licht jedes Energiezentrum füllt und ausgleicht und Ihnen Frische und Vitalität schenkt.

7. Schließlich erscheint der Erzengel Uriel vor dir und projiziert heilige Geometrien aus goldenem Licht auf deine Chakren.

8. Lassen Sie diese Formen die neue Energie verankern und stabilisieren, sodass ein harmonischer Fluss in Ihrem Wesen entsteht.

9. Wenn Sie spüren, dass der Prozess abgeschlossen ist, danken Sie den Erzengeln und kehren Sie langsam in Ihren normalen Bewusstseinszustand zurück.

Aktivierung des Kronenchakras mit dem Lotus des Lichts

Das Kronenchakra ist das Tor zur himmlischen Führung. Wenn es aktiviert ist, wirkt es wie ein Wirbel, der Botschaften in Form von Bildern, Intuitionen oder tiefen Gewissheiten empfängt. Um es zu öffnen, ist jedoch Stabilität in den unteren Chakren erforderlich, damit die himmlische Energie das Nervensystem nicht überfordert. Um dieses Zentrum zu erwecken und dich mit den Engeln zu verbinden, übe die folgende Meditation:

1. Setzen Sie sich in eine meditative Haltung und schließen Sie die Augen.

2. Stellen Sie sich einen tausendblättrigen weißen und goldenen Lotus vor, der über Ihrem Kopf schwebt.

3. Stellen Sie sich bei jedem Einatmen vor, wie sich der Lotus langsam öffnet und reines Licht aus seinem Zentrum ausstrahlt.

4. Spüren Sie beim Ausatmen, wie dieses Licht durch Ihr Kronenchakra herabsteigt und Sie mit Klarheit und Frieden erfüllt.

5. Spüren Sie die Gegenwart des Erzengels Metatron an Ihrer Seite, der Ihnen hilft, Ihr Bewusstsein für die Engelreiche zu öffnen.

6. Bleiben Sie empfänglich für alle Botschaften, Visionen oder Empfindungen, die auftauchen, in dem Wissen, dass sie von der himmlischen Führung kommen.

7. Wenn Sie das Gefühl haben, dass es Zeit ist, zu beenden, stellen Sie sich vor, wie sich die Lotusblume sanft schließt, während Sie Ihre spirituelle Verbindung aufrechterhalten.

Das Herzchakra mit Dankbarkeit öffnen

Das Herzchakra ist die Brücke zwischen dem menschlichen Bewusstsein und den Frequenzen der Engel. Wenn es sich ausdehnt, erzeugt es ein Schwingungsfeld, das Schutzengel anzieht, die in der vierten Dimension wirken, wo die Ursprache die Liebe ist. Um diese Verbindung zu stärken, probieren Sie diese Dankbarkeitsübung aus:

1. Legen Sie eine Hand auf Ihr Herz und schließen Sie die Augen.

2. Denken Sie an eine Person, eine Situation oder eine Erinnerung, für die Sie tiefe Dankbarkeit empfinden.

3. Atmen Sie ein und lassen Sie dieses Gefühl der Wertschätzung Ihr Herzchakra erweitern, und atmen Sie aus und senden Sie diese Energie ins Universum.

4. Atmen Sie einige Minuten lang weiter Dankbarkeit ein und spüren Sie, wie Ihre Schwingung steigt.

5. Laden Sie Ihren Schutzengel mental ein, sich Ihnen in diesem Zustand der Liebe und Harmonie anzuschließen.

6. Achten Sie auf subtile Anzeichen seiner Anwesenheit: eine plötzliche Emotion, ein Gefühl der Wärme oder eine intuitive Botschaft.

7. Wenn Sie das Gefühl haben, dass es Zeit ist, aufzuhören, öffnen Sie Ihre Augen und tragen Sie diese liebevolle Verbindung den ganzen Tag über mit sich.

Solarplexus-Balance für die Manifestation engelhafter Führung

Der Solarplexus ist das Zentrum des Willens und der Manifestation. Hier nehmen himmlische Inspirationen Gestalt an und werden in konkrete Handlungen umgesetzt. Wenn dieses Chakra ausgeglichen ist, können Sie engelhafte Visionen empfangen, ohne dass diese zu Illusionen werden, die von der Realität losgelöst sind. Um seine Energie zu stärken, führen Sie diese persönliche Kraftübung durch:

1. Stellen Sie sich hin und legen Sie beide Hände auf Ihren Solarplexus, direkt über Ihrem Bauchnabel.

2. Atmen Sie ein und visualisieren Sie ein goldenes Licht, das dieses Zentrum entzündet, und atmen Sie aus, um alle Zweifel und Gefühle der Hilflosigkeit aufzulösen.

3. Spüren Sie mit jedem Atemzug, wie Ihr Selbstvertrauen und Ihre innere Klarheit stärker werden.

4. Denken Sie an ein Projekt oder einen Wunsch, den Sie gerne verwirklichen möchten, und visualisieren Sie ihn detailliert.

5. Wiederholen Sie mental oder laut: „Ich bin ein Mitschöpfer mit dem Göttlichen. Alles, was ich mir vorstelle, manifestiert sich in perfekter Harmonie."

6. Stellen Sie sich den Erzengel Jofiel an Ihrer Seite vor, der Ihren Solarplexus mit seiner goldenen Energie der Kreativität und Expansion erleuchtet.

7. Spüren Sie, wie diese strahlende Kraft in Ihrem Wesen Wurzeln schlägt und Ihre Verbindung zu Ihrer höheren Bestimmung stärkt.

Chakra-Harmonisierungsmeditation mit engelhafter Schwingung

Wenn die Chakren ausgerichtet sind, stimmt sich der Energiekörper auf kosmische Rhythmen ein, die über die menschliche Logik hinausgehen. Engel verwenden Klangfrequenzen und heilige Geometrien, um diese Zentren neu auszurichten und sie in ihren natürlichen Zustand des Gleichgewichts zurückzuführen. Während dieser Meditation senden Wesenheiten wie Hathor harmonische Töne aus, die mit den Energiemustern des feinstofflichen Körpers in Resonanz stehen. Um diese Schwingungsausrichtung zu erleben:

1. Setzen oder legen Sie sich an einen ruhigen Ort.

2. Atmen Sie tief ein und lassen Sie Ihren Körper vollständig entspannen.

3. Stellen Sie sich eine Kugel aus goldenem Licht vor, die Ihr gesamtes Wesen umhüllt und Ihr Energiefeld stabilisiert.

4. Spüren Sie, wie jedes Chakra in seinem einzigartigen Ton zu schwingen beginnt, wie eine Note in einer himmlischen Symphonie.

5. Spüren Sie die Anwesenheit von Engeln, die heilende Frequenzen aussenden und jedes Zentrum mit ihrem Schwingungsklang einstimmen.

6. Lassen Sie diese Schwingungen durch Ihr Wesen fließen, um Ihre Energie anzupassen und zu erhöhen.

7. Wenn Sie spüren, dass die Harmonisierung abgeschlossen ist, atmen Sie tief ein und spüren Sie die Fülle Ihres Körpers und Geistes im Gleichgewicht.

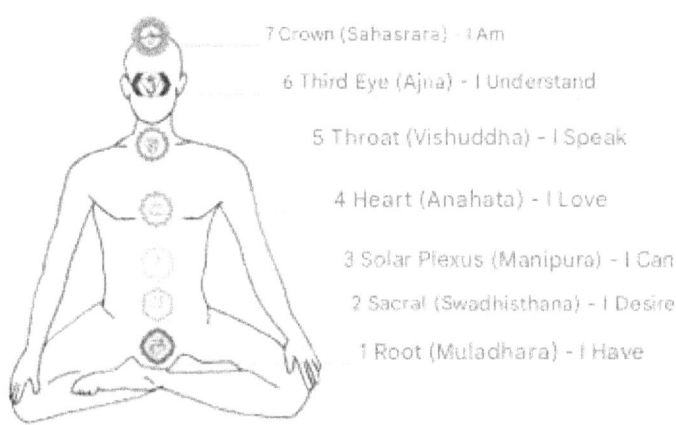

Chakren

13. Engelkunde und Astrologie: Kosmische Verbindungen und planetarische Einflüsse

Herrschende Engel der Tierkreiszeichen

Jedes Sternzeichen steht in Resonanz mit Engelwesen, die seine wesentlichen Eigenschaften modulieren, seine Tugenden verstärken und seine Herausforderungen ausgleichen. Nachfolgend finden Sie die Verbindungen zwischen jedem Zeichen und seinem herrschenden Engel sowie eine kurze Beschreibung ihres Einflusses.

Widder – Erzengel Samael

Stärke und Transformation

Samael, dessen Name übersetzt „Strenge Gottes" bedeutet, verkörpert Tatendrang, Mut und reine Energie des Handelns. Sein Einfluss auf den Widder stärkt Entschlossenheit und Führungsqualitäten, lehrt aber auch Selbstbeherrschung und den bewussten Einsatz persönlicher Kraft, um übermäßige Impulsivität zu vermeiden.

Stier – Engel Anael

Harmonie und irdische Liebe

Anael, Engel der Liebe und Schönheit, hilft Stieren dabei, ihre Verbindung zu den Freuden des materiellen Lebens ins Gleichgewicht zu bringen, indem er sie zu Dankbarkeit und bewusstem Genuss ermutigt. Seine Führung mildert Starrheit und stärkt die emotionale Stabilität, indem er uns daran erinnert, dass Sicherheit auch in spirituellem Vertrauen liegt.

Zwillinge – Erzengel Raphael

Kommunikation und geistige Klarheit

Raphael, dessen Name „Gott heilt" bedeutet, erleichtert den fließenden Ausdruck von Gedanken und Emotionen. Für Zwillinge stimuliert seine Anwesenheit Neugier, Intelligenz und die Verbindung mit der inneren Wahrheit und hilft ihnen, Ablenkung und übermäßige Oberflächlichkeit in ihren Interaktionen zu vermeiden.

Krebs – Erzengel Gabriel

Schutz und intuitive Sensibilität

Gabriel, göttlicher Bote und Hüter der Emotionen, begleitet Krebse auf ihrer Reise zum Verständnis ihrer eigenen Gefühle und der Gefühle ihrer Mitmenschen. Sein Einfluss stärkt die Intuition und die Verbindung zur Familie und gibt Sicherheit in Zeiten des Wandels.

Löwe – Erzengel Michael

Führungsstärke und Zielstrebigkeit

Michael, der große himmlische Beschützer, stärkt den Mut und die Authentizität des Löwen und hilft ihm, sein Licht mit Integrität zu manifestieren. Seine Energie fördert die Erweiterung der Führungsqualitäten mit Edelmut und Zielstrebigkeit, ohne Stolz oder das Bedürfnis nach äußerer Bestätigung.

Jungfrau – Engel Metatron

Ordnung und spirituelle Vollkommenheit

Metatron, bekannt als der himmlische Schreiber, kanalisiert seine Energie in Strukturierung und Analyse. Für die Jungfrau inspiriert seine Präsenz zu Organisation und Präzision und hilft dabei, Akribie in sinnvollen Dienst umzuwandeln, ohne in übermäßige Selbstkritik zu verfallen.

Waage – Engel Jofiel

Schönheit und göttliche Weisheit

Jofiel, der Erleuchter der Harmonie, treibt die Waage dazu an, in ihren Beziehungen nach Ausgewogenheit und Gerechtigkeit zu streben. Seine Energie inspiriert die Wertschätzung für Schönheit in all ihren Formen und fördert Kunst, Diplomatie und bewusste Liebe, die auf Respekt und Verständnis basiert.

Skorpion – Engel Azrael

Verwandlung und Wiedergeburt

Azrael, der Hüter der Zyklen von Leben und Tod, begleitet den Skorpion in seinen Prozessen der inneren Transformation. Seine Energie hilft dem Skorpion, loszulassen, was ihm nicht mehr dient, sich der Erneuerung zu öffnen und zu verstehen, dass jedes Ende der Beginn eines neuen Anfangs ist.

Schütze – Engel Zadkiel

Erweiterung und spirituelle Freiheit

Zadkiel, Engel der Barmherzigkeit und des Wissens, leitet den Schützen auf seiner Suche nach der Wahrheit. Seine

Energie fördert Weisheit, Lernen und Offenheit für neue Perspektiven und hilft dabei, Spiritualität in den Alltag zu integrieren.

Steinbock – Engel Cassiel

Disziplin und karmische Entwicklung

Cassiel, Engel der Geduld und Struktur, hilft dem Steinbock, den Weg der Reife und Verantwortung zu beschreiten. Sein Einfluss stärkt die Ausdauer und lehrt, dass wahrer Erfolg aus Beständigkeit und innerem Wachstum entsteht.

Wassermann – Engel Uriel

Innovation und transzendentale Vision

Uriel, Träger des göttlichen Feuers des Wissens, inspiriert den Wassermann, etablierte Paradigmen in Frage zu stellen und sich für das Gemeinwohl einzusetzen. Seine Energie fördert Kreativität, soziales Bewusstsein und die Suche nach Ideen, die die Menschheit verändern.

Fische – Engel Sandalphon

Intuition und spirituelle Verbindung

Sandalphon, Engel der Musik und des Gebets, leitet Fische in ihrer mystischen Sensibilität und Verbindung zum Universum. Seine Energie stärkt die subtile Wahrnehmung und fördert künstlerische Inspiration, emotionale Heilung und universelles Mitgefühl.

Planetarische Einflüsse und die ihnen zugeordneten Engel

In der klassischen Astrologie spiegelt jeder Planet einen Aspekt der Psyche und der Realität wider. Erzengel überwachen diese Einflüsse und helfen dabei, ihre Energien in Einklang zu bringen.

Sonne – Erzengel Michael

Stärkt Führungsqualitäten, Selbstvertrauen und Lebenssinn.

Mond – Erzengel Gabriel

Moduliert Emotionen und Intuition und erleichtert die Verbindung mit inneren Zyklen.

Merkur – Erzengel Raphael

Regt Intelligenz, Kommunikation und geistige Klarheit an.

Venus – Engel Anael

Harmonisiert Liebe, Schönheit und künstlerische Sensibilität.

Mars – Erzengel Samael

Kanalisiert Tatkraft und Mut in eine positive Richtung.

Jupiter – Engel Sachiel

Erweitert Fülle, Weisheit und Optimismus.

Saturn – Engel Cassiel

Fördert Disziplin, karmisches Lernen und Reife.

Für transpersonale Planeten:

Uranus – Engel Uriel

Fördert Evolution, Innovation und den Abbau veralteter Strukturen.

Neptun – Engel Asariel

Fördert die Verbindung mit dem Göttlichen, Intuition und visionäre Kunst.

Pluto – Engel Azrael

Erleichtert tiefgreifende Transformation und spirituelle Wiedergeburt.

Engelsarbeit während planetarischer Rückläufigkeiten

Rückläufige Perioden sind Momente der Rückschau und energetischen Neuausrichtung. Engelhafte Interventionen helfen dabei, diese Phasen mit größerem Bewusstsein zu durchlaufen:

- Merkur-Rückläufigkeit: Raphael hilft dabei, die Kommunikation zu klären und Missverständnisse zu vermeiden.
- Venus-Rückläufigkeit: Anael leitet die Überprüfung von Beziehungen und emotionalen Werten.
- Mars-Rückläufigkeit: Samael lehrt, wie man Energie konstruktiv umlenkt.
- Jupiter-Rückläufigkeit: Sachiel fördert Selbstreflexion und inneres Wachstum.
- Saturn-Rückläufigkeit: Cassiel hilft bei der Integration karmischer Lektionen.

Engel der astrologischen Häuser

Die astrologischen Häuser repräsentieren bestimmte Lebensbereiche, die jeweils von einem Schutzengel begleitet werden, der ihre Entwicklung fördert:

- 1. Haus (Identität): Metatron – Hilft dabei, Ihre authentische Essenz zu manifestieren.
- 2. Haus (Ressourcen): Mammon – Lehrt den ethischen Umgang mit Reichtum.

- 3. Haus (Kommunikation): Raphael – Fördert Ausdruck und Lernen.
- 4. Haus (Wurzeln): Gabriel – Verbindet Sie mit dem Gedächtnis Ihrer Vorfahren und Ihrem Zuhause.
- 5. Haus (Kreativität): Jophiel – Inspiriert zu künstlerischem Ausdruck und Freude.
- 6. Haus (Gesundheit und Dienst): Michael – Organisiert und stärkt die persönliche Disziplin.
- 7. Haus (Beziehungen): Chamuel – Harmonisiert emotionale Bindungen und Vereinbarungen.
- 8. Haus (Transformation): Azrael – Leitet Prozesse tiefgreifender Veränderungen.
- 9. Haus (Philosophie und Expansion): Zadkiel – Fördert Erforschung und Wissen.
- 10. Haus (Berufung): Cassiel – Verleiht der Karriere Struktur und Sinn.
- 11. Haus (Gemeinschaft): Uriel – Regt soziale Visionen und Innovation an.
- 12. Haus (Unbewusstes): Sandalphon – Erleichtert die Verbindung mit dem Göttlichen und die Selbstbeobachtung.

Engelsrituale zur Verstärkung günstiger astrologischer Transite

Die Energie der Engel kann verstärkt werden, wenn sie mit astrologischen Zyklen synchronisiert wird, da diese wichtige Momente für die Arbeit an verschiedenen Aspekten des Lebens eröffnen. Wenn beispielsweise Jupiter harmonische Winkel zur Geburtssonne bildet, entstehen ideale Gelegenheiten, sich mit Sachiel zu verbinden und die Energie auf Expansion, die Verwirklichung von Projekten und die Eröffnung neuer Wege zu konzentrieren. In ähnlicher Weise aktivieren die Mondphasen – insbesondere Neumond und Vollmond – Energieportale, in denen Gabriel zu Beginn eines Zyklus die Aussaat von Absichten leitet und die Verwirklichung von Errungenschaften erleichtert, wenn der Mond seine Fülle erreicht.

Sonnenfinsternisse, die in vielen Traditionen als Momente tiefgreifender Transformation angesehen werden, können mit Hilfe von Metatron für die innere Erneuerung genutzt werden, der dabei hilft, innere Strukturen neu zu ordnen und den Lebensweg neu auszurichten. Bei den intensivsten Mondphasen fungiert Sandalphon als Kanal für emotionale Heilung und erleichtert die Reinigung stagnierender Erinnerungen oder Emotionen. Darüber hinaus markiert der Eintritt der Sonne in jedes Sternzeichen einen neuen Energiezyklus, der vom herrschenden Engel des jeweiligen Zeichens begleitet werden kann, sodass Sie die Phase mit Klarheit und Zielstrebigkeit beginnen können.

Wenn herausfordernde Aspekte am Himmel erscheinen, wie beispielsweise das Quadrat zwischen Saturn und Uranus – das den Konflikt zwischen dem Etablierten und dem Innovativen symbolisiert –, wird die Intervention von Cassiel und Uriel empfohlen, um das Gleichgewicht zwischen Verantwortung und notwendigen Veränderungen zu finden. Andererseits können Planetenkonjunktionen durch die Vereinigung der Energien von zwei oder mehr Himmelskörpern die kombinierte Wirkung verwandter

Engel verstärken. Ein Beispiel dafür ist die Konjunktion von Venus und Neptun, deren Verschmelzung mit der Energie von Anael und Asariel künstlerische Inspiration, spirituelle Sensibilität und die Verwirklichung visionärer Projekte begünstigt.

Karmische Heilung mit Engeln gemäß dem Geburtshoroskop

Das Geburtshoroskop ist ein Werkzeug, das es uns ermöglicht, vererbte karmische Muster zu verstehen und wie sie unser gegenwärtiges Leben beeinflussen. Durch die Führung der Engel ist es möglich, Blockaden oder anstehende Lektionen zu transformieren. Einer der wichtigsten Punkte in dieser Analyse sind die Mondknoten: Der Südknoten steht für frühere Lektionen, die die Gegenwart einschränken können, und ihre Auflösung kann durch das Eingreifen von Zadkiel erleichtert werden, der dabei hilft, sich wiederholende emotionale Bindungen aufzulösen. Im Gegensatz dazu weist der Nordknoten auf den Lebenszweck und die zu verfolgende Richtung hin, einen Weg, auf dem Metatron als Führer fungiert, um den persönlichen Willen mit der spirituellen Entwicklung in Einklang zu bringen.

Wenn Saturn im zwölften Haus steht oder im Horoskop angespannte Aspekte bildet, kann dies auf unbewusste karmische Schulden hinweisen, die gelöst werden müssen. In diesen Fällen ist Cassiel der richtige Verbündete, um diese Lektionen reif anzunehmen und die Last in Weisheit zu verwandeln. Wenn Pluto Spannungen mit dem Mond erzeugt, kann Azraels Energie die Befreiung tief verwurzelter Emotionen erleichtern und die Transformation durch tiefe Heilung fördern. Wenn hingegen mehrere Planeten im selben Sektor des Horoskops gruppiert sind und ein Stellium bilden, entsteht eine energetische Betonung, die möglicherweise die Unterstützung verschiedener Engel erfordert, um ihre Auswirkungen auszugleichen.

Ein besonderer Fall ist das Quadrat von Chiron zur Sonne, das Wunden in der Identität und der Selbstwahrnehmung einer Person repräsentiert. In diesem Zusammenhang kann Raphael helfen, Schmerz in Lernen umzuwandeln, das Selbstkonzept zu stärken und zur inneren Heilung zu führen. Ebenso deuten Großkreuzkonfigurationen, die Spannungen in vier Richtungen des Horoskops beinhalten, auf karmische Herausforderungen hin, die die Zusammenarbeit mehrerer Engel erfordern, um das Gleichgewicht wiederherzustellen und persönliches Wachstum zu ermöglichen.

Engel und Mondknoten: Lebenszweck und karmische Lektionen

Die Mondknotenachse, bestehend aus dem Südknoten und dem Nordknoten, ist eine Karte der spirituellen Entwicklung jedes Menschen. Ihre Position im Geburtshoroskop zeigt die in früheren Leben gesammelten

Lektionen und die Bereiche, in denen Fortschritte notwendig sind, um mehr Harmonie zu erreichen. Befindet sich beispielsweise der Südknoten im Widder, besteht möglicherweise eine Tendenz zu extremer Unabhängigkeit oder Impulsivität – Aspekte, an denen unter der Anleitung von Samael gearbeitet werden kann, um diese Impulse auszugleichen. In diesem Fall lädt der Nordknoten in der Waage dazu ein, harmonische Beziehungen aufzubauen und die Zusammenarbeit zu fördern, wobei Jofiel dabei hilft, Ausgeglichenheit und Empathie zu entwickeln.

Wenn sich der Südknoten im Steinbock befindet, spiegelt dies oft eine übermäßige Bindung an Struktur, Kontrolle oder Materialismus wider. Cassiel hilft dabei, diese Einschränkungen zu lösen, während der Nordknoten im Krebs unter der Führung von Gabriel emotionale Verbindungen und die Entwicklung von Sensibilität fördert. Bei Knoten, die sich auf der Achse des dritten und neunten Hauses befinden, konzentriert sich die Lehre auf die Integration von rationalem Wissen und Intuition, ein Prozess, bei dem Raphael und Zadkiel dabei helfen können, ein ausgewogenes Lernen zu erreichen, das Logik und spirituelle Weisheit verbindet.

Die Positionen der Knoten in Winkelhäusern – die mit Identität, Beziehungen und Dienstleistung zusammenhängen – deuten oft auf Missionen mit öffentlicher Wirkung hin, bei denen die Anwesenheit von Michael und Chamuel entscheidend ist, um persönliche Ziele mit kollektiver Verantwortung in Einklang zu bringen. Befinden sich die Knoten hingegen in fixen

Zeichen, kann es zu Schwierigkeiten bei der Akzeptanz von Veränderungen kommen, sodass Azraels Eingreifen unerlässlich ist, um starre Strukturen aufzubrechen und die Entwicklung zu fördern.

Jede dieser Wechselwirkungen zwischen Engelkunde und Astrologie zeigt, wie himmlische Bewegungen und engelhafte Energien zusammenwirken können, um Führung, Heilung und Möglichkeiten zur Transformation zu bieten. Die bewusste Integration dieses Wissens ermöglicht es uns nicht nur, astrologische Transite zu interpretieren, sondern auch eine Verbindung zu den subtilen Schwingungen der Engel herzustellen und so eine Brücke zwischen dem Himmel und dem Alltag zu schlagen. Auf diese Weise kann jede Erfahrung zu einem Weg des spirituellen Wachstums und der persönlichen Erfüllung werden.

14. Engel in Träumen: Interpretation und engelhafte Traumarbeit

Arten von Engels-Träumen: Botschaften, Besuche, Lehren

Traumbegegnungen mit Engeln können nach ihrem Zweck und ihrer symbolischen Tiefe klassifiziert werden. Botschaftsträume fungieren als Warnungen oder präzise Wegweiser und drücken sich durch wiederkehrende Symbole wie weiße Federn, Lichtkugeln oder Zahlenfolgen aus. Diese Elemente sind nicht einfach zufällige Bilder, sondern Träger einer bestimmten Schwingung, die von verschiedenen mystischen Traditionen als Zeichen spiritueller Kommunikation interpretiert wurde. Traumbesuche hingegen beinhalten eine direkte Interaktion mit dem Engel, der sich mit erkennbaren Attributen manifestiert. Es ist üblich, dass sie mit charakteristischen Zeichen erscheinen, wie Michaels flammendem Schwert, einem Symbol für Schutz und spirituelle Stärke; Gabriels Trompete, die mit Ankündigungen und transzendentalen Offenbarungen in Verbindung gebracht wird; oder Raphaels Heilungsstab, einem Symbol für sowohl körperliche als auch emotionale

Heilung in verschiedenen esoterischen Strömungen und heiligen Texten.

Lehrträume hingegen entfalten komplexe, symbolträchtige Szenarien, wie Reisen durch himmlische Labyrinthe oder Lektionen über heilige Geometrie. Letzteres Konzept steht in Verbindung mit universellen Mustern, die in der Natur und in mystischen Strukturen vorhanden sind und als Spiegelbilder der göttlichen Ordnung gelten. Diejenigen, die diese Art von Träumen erleben, wachen oft mit einem Gefühl der geistigen Erweiterung auf, als hätten sie Fragmente von Wissen erhalten, die im Laufe der Zeit integriert werden müssen. Die Intensität des Lichts, die Schärfe der Details und die sensorische Klarheit sind Aspekte, die sie von gewöhnlichen Träumen unterscheiden und den Zugang zu höheren Bewusstseinsebenen offenbaren.

Techniken zur Herbeiführung von Engels-Träumen

Die Vorbereitung auf das Empfangen von Engels-Träumen basiert darauf, Körper und Geist auf eine geeignete Schwingungsfrequenz einzustimmen, insbesondere während der REM-Phase des Schlafes, in der die Gehirnaktivität zunimmt und der Zugang zu subtilen Wahrnehmungsebenen leichter wird. Parapsychologische Forschungen haben gezeigt, dass der hypnagogische

Zustand[45] – der Übergang zwischen Wachsein und Tiefschlaf – als natürliches Tor zu spirituellen Erfahrungen fungiert, da in diesem Moment die Barriere zwischen Bewusstsein und Unterbewusstsein schwächer wird und ungewöhnliche Bilder, Geräusche und Empfindungen auftreten können.

Eines der wirksamsten Mittel, um solche Begegnungen herbeizuführen, ist die Schlafprogrammierung durch Affirmationen vor dem Schlafengehen. Das Wiederholen einer bestimmten Absicht vor dem Schlafengehen erleichtert die Öffnung des Geistes für diese Botschaften. Die Wirksamkeit dieser Praxis hängt jedoch eng mit der Aktivierung der Zirbeldrüse zusammen, die in vielen esoterischen Traditionen als „drittes Auge" angesehen wird und in der Lage ist, subtile Energiefrequenzen zu erfassen. Auch die Ernährung spielt eine grundlegende Rolle für die Qualität der Träume. So kann beispielsweise ein Überschuss an Tyramin – das in Lebensmitteln wie gereiftem Käse und gepökeltem Fleisch enthalten ist – das Traumgedächtnis beeinträchtigen, während Magnesium die neuronale Aktivität und damit die Traumbeibehaltung fördert. Sogar die Schlafhaltung beeinflusst die Empfänglichkeit: Einige Sufi-Traditionen gehen davon aus, dass das Liegen auf der rechten Seite die Verbindung

---

[45] Der hypnagogische Zustand wird in den Neurowissenschaften aufgrund seiner Fähigkeit, durch die Aktivität des Parietallappens lebhafte Bilder zu erzeugen, untersucht.

zu den Engelboten erleichtert, da diese Seite des Körpers mit aktiver und kommunikativer Energie in Verbindung steht.

Deutung von Engelsymbolen in Träumen

Um die Botschaften von Engels-Träumen zu entschlüsseln, muss zwischen universellen Symbolen und persönlichen Bedeutungen unterschieden werden. Archetypen, wie sie von Carl Jung definiert wurden, sind Bilder, die im kollektiven Unbewussten der Menschheit vorhanden sind und in verschiedenen Kulturen tendenziell dieselbe Bedeutung haben. Beispielsweise kann eine Sanduhr in einem Traum die Anwesenheit des Engels der Zeit symbolisieren, der in einigen Traditionen als Cassiel identifiziert wird und Prozesse spiritueller Dringlichkeit leitet. Für jemanden, der sich mit der Vergänglichkeit des Lebens beschäftigt, kann dasselbe Symbol jedoch eher eine persönliche Sorge als eine himmlische Botschaft widerspiegeln. Ein weiteres Beispiel ist das Bild einer Treppe, die nach oben führt. Es steht in der Regel für einen Prozess des spirituellen Wachstums und der Erhebung und wird in der Mystik mit der Figur des Metatron in Verbindung gebracht, dem göttlichen Schreiber und Vermittler zwischen den Welten. Die Präsenz eines tiefen Brunnens kann hingegen auf Prozesse der karmischen Heilung hindeuten, in denen der Engel Azrael, der mit energetischen Übergängen und der

Befreiung von emotionalen Belastungen in Verbindung gebracht wird, vermittelt.

Auch Farben sind ein wichtiges Element bei der Deutung von Engelträumen. Goldtöne stehen oft in Verbindung mit der schützenden Energie Michaels; Saphirblau weist auf Gabriels Einfluss und seine Rolle als Führer in Kommunikation und Offenbarung hin; während tiefes Violett mit Zadkiel und seiner Rolle bei der energetischen Umwandlung und Vergebung assoziiert wird. Auch Geräusche, die in Träumen wahrgenommen werden, können Hinweise auf die Anwesenheit von Engeln sein. Das Läuten von Glocken, harmonische Chöre oder hochschwingende Musiknoten entsprechen oft erhöhten spirituellen Frequenzen und können als Zeichen des Kontakts mit dem Göttlichen interpretiert werden. In luziden Traumzuständen konnten einige Praktizierende die spezifische Schwingung dieser Klänge identifizieren, wodurch sie ihre Wahrnehmung der in der Erfahrung anwesenden Engelwesen feinabstimmen konnten.

Astralreisen und Begegnungen mit Engeln während des Schlafs

Die Astralebene ist ein Bereich, in dem sich das Bewusstsein über physische Grenzen hinaus ausdehnt und den Kontakt zu höheren Dimensionen ermöglicht. In dieser feinstofflichen Sphäre erscheinen Engel als leuchtende Führer, die den Reisenden bei seiner Erkundung höherer Realitäten orientieren. Aus esoterischer Sicht ist diese Ebene kein physischer Raum, sondern eine energetische Frequenz, in der Gedanken und Emotionen eine wahrnehmbare Form annehmen. Begegnungen mit Engeln auf dieser Ebene finden in der Regel während der vierten Phase des REM-Schlafs statt, wenn sich der Ätherkörper – das Energiefeld, das mit dem physischen Körper koexistiert – teilweise löst und das Bewusstsein sich freier bewegen kann. Berichte mittelalterlicher Mystiker erwähnen die Existenz von Akasha-Bibliotheken, Aufbewahrungsorten universellen Wissens, auf die laut verschiedenen Traditionen durch Astralreisen unter der Führung von Engeln wie Uriel, dem Hüter der Weisheit und Erleuchtung, zugegriffen werden kann.

Während dieser Erfahrungen ist das Gefühl des Schwebens oder Fliegens mit Kontrolle, zusammen mit der Wahrnehmung von energiegeladenen Körpern in leuchtenden Farben, ein häufiges Anzeichen dafür, dass das Bewusstsein die physischen Grenzen überschritten hat. Für diejenigen, die diese Art von Erfahrung erforschen, wird empfohlen, den Erzengel Michael als Beschützer anzurufen, eine Praxis, die in theosophischen Texten aus dem 19. Jahrhundert beschrieben wird und die Bedeutung einer leuchtenden Kraft für den Schutz der Integrität des Reisenden in der Astralebene betont. Seine Anwesenheit vertreibt disharmonische Energien und sorgt während der Reise für Ausgeglichenheit, wodurch Orientierungslosigkeit oder Begegnungen mit Wesenheiten niedriger Schwingung verhindert werden.

Engelstraumtagebuch: Methoden der Aufzeichnung und Analyse

Das Festhalten von Traumbildern nach dem Erwachen ist unerlässlich, um die Tiefe von Engelsträumen zu verstehen. Dabei geht es nicht nur darum, Bilder oder Symbole zu notieren, sondern auch Geräusche, taktile Empfindungen und Emotionen aufzuzeichnen, die während der Erfahrung aufgetreten sein könnten. Dieser Prozess erleichtert eine genauere Interpretation und ermöglicht es, im Laufe der Zeit Muster zu erkennen. Einige spirituelle Traditionen empfehlen, diese Träume mit den Mondphasen und Planetenbewegungen in Verbindung zu bringen, da bestimmte Konstellationen die Verbindung zum Göttlichen verstärken können. Während der Rückläufigkeit des Merkurs beispielsweise nehmen Träume zu, in denen Engel durch komplexe Symbole kommunizieren, während während der Vollmondphasen die Botschaften tendenziell klarer und kraftvoller werden.

Der Vergleich dieser Aufzeichnungen mit dem persönlichen Horoskop kann bedeutende Zusammenhänge zwischen Planetentransiten und Begegnungen mit Engeln aufzeigen. Die Anwesenheit von Neptun in Kontakt mit dem Mond kann beispielsweise mystische Träume verstärken, in denen Sandalphon, der Engel der Musik und der himmlischen Harmonie, vorkommt. Andererseits kann ein starker Einfluss von Pluto das Erscheinen von Azrael begünstigen, dem Engel, der bei Prozessen tiefgreifender Transformation und karmischer Befreiung hilft. Darüber hinaus erleichtert die Verwendung von Farbcodierungen die Identifizierung der Anwesenheit bestimmter Erzengel: Goldtöne deuten in der Regel auf die Führung Michaels hin, tiefes Blau signalisiert das Eingreifen Gabriels, und intensives Violett wird mit Zadkiel und seiner Energie der Verwandlung und Vergebung in Verbindung gebracht. Durch die Beobachtung dieser Wiederholungen kann der Träumende Muster erkennen, die ihm helfen, die empfangenen Botschaften klarer zu interpretieren.

Engelsgeführte Traumheilung

Während des Schlafs beschränken sich die Prozesse der Wiederherstellung nicht nur auf die körperliche Erholung, sondern umfassen verschiedene Ebenen des Seins. In der esoterischen Tradition werden vier Hauptkörper anerkannt, in denen Heilung gleichzeitig stattfindet: der physische Körper, der von Raphael regiert wird; der emotionale Körper, der von Gabriel geführt wird; der mentale Körper, der mit Uriel in Einklang steht; und der spirituelle Körper, der unter der Obhut von Metatron steht. Auf jeder dieser Ebenen können Engel eingreifen, um das Gleichgewicht wiederherzustellen, indem sie symbolische Erzählungen in Träumen verwenden. Beispielsweise kann die Heilung karmischer Erinnerungen durch wiederkehrende Träume manifest werden, in denen ähnliche Herausforderungen auftreten, sich aber nach und nach weiterentwickeln und so den Prozess der Befreiung und energetischen Umstrukturierung widerspiegeln.

In einigen dokumentierten Fällen wurde die Erfahrung von „Energieoperationen" beschrieben, die in Träumen durchgeführt wurden, wobei der Träumende die Anwesenheit von Engeln – insbesondere Raphael – wahrnahm, die an seinem Energiefeld arbeiteten und emotionale oder physische Blockaden deaktivierten, die sein Wohlbefinden beeinträchtigten. Diese Eingriffe gehen oft mit Wärmegefühlen, Lichtblitzen oder Vibrationen in verschiedenen Körperteilen einher. Die psychosomatische Medizin hat Zusammenhänge zwischen tiefen Traumzuständen und einer erhöhten Produktion von Melatonin und DMT festgestellt, Substanzen, die nicht nur den Schlaf regulieren, sondern auch mit mystischen Erfahrungen und einer beschleunigten Zellregeneration in Verbindung gebracht werden. Dies deutet darauf hin, dass Traumheilung nicht nur ein symbolisches Phänomen ist, sondern messbare Auswirkungen auf das Wohlbefinden eines Menschen haben kann.

Problemlösung durch Engelberatung im Traum

Übung: Eine Frage vor dem Schlafengehen formulieren

Diese Übung hilft Ihnen, sich durch Ihre Träume mit der Führung durch Engel zu verbinden, um Rat zu einem Problem oder Dilemma in Ihrem Leben zu erhalten.

Anleitung:
1. **Vorüberlegungen:** Nehmen Sie sich vor dem Schlafengehen ein paar Minuten Zeit, um über eine

Situation zu meditieren, in der Sie Klarheit brauchen. Das kann mit Ihrer Arbeit, Ihren Beziehungen, Ihrer Gesundheit oder jedem anderen Bereich zu tun haben, in dem Sie Unsicherheit oder Blockaden empfinden.

2. **Formulieren der Frage:** Definieren Sie genau, was Sie wissen möchten. Achten Sie darauf, dass Ihre Frage offen ist und Antworten zulässt. Anstatt zu fragen: *„Soll ich diesen neuen Job annehmen?"*, fragen Sie: *„Was muss ich verstehen, um die beste Entscheidung über dieses Jobangebot zu treffen?"*

3. **Tagebuch schreiben:** Schreiben Sie die Frage in ein Notizbuch, das Sie neben Ihrem Bett aufbewahren. Diese Handlung verwirklicht Ihre Absicht und erleichtert die Kommunikation mit der Engelwelt.

4. **Anrufung vor dem Schlafengehen:** Setzen Sie sich auf Ihr Bett, atmen Sie tief ein und sprechen Sie Ihre Frage laut aus, indem Sie sie an die Engel richten. Sie können sagen: *„Geliebte Engel, heute Nacht bitte ich euch um Klarheit. Lasst mich die Führung, die ich brauche, durch meine Träume empfangen. Helft mir, mich an die Botschaft zu erinnern, wenn ich aufwache. Ich danke euch."*

5. **Schützende Visualisierung:** Wenn Sie sich hinlegen, stellen Sie sich ein weißes oder goldenes Licht vor, das Sie umgibt und Sie in die liebevolle Gegenwart der Engel hüllt. Während Sie sich entspannen, wiederholen Sie Ihre Frage im Geiste, bis Sie einschlafen.

6. **Tagebuch am Morgen:** Nehmen Sie nach dem Aufwachen, bevor Sie sich bewegen oder sich von

Ihrer täglichen Routine ablenken lassen, Ihr Tagebuch zur Hand und schreiben Sie alle Fragmente von Träumen, Gefühlen oder Bildern auf, an die Sie sich erinnern. Es spielt keine Rolle, wenn die Botschaft zunächst nicht klar erscheint; Engelsymbole manifestieren sich oft metaphorisch.

7. **Achten Sie auf Zeichen** während des Tages: Achten Sie tagsüber auf Synchronizitäten, plötzliche Eingebungen oder symbolische Botschaften in Ihrer Umgebung. Engel können den ganzen Tag über auf subtile Weise auf Sie reagieren.

8. **Dankbarkeit ausdrücken:** Nehmen Sie sich vor dem Schlafengehen einen Moment Zeit, um für die erhaltene Führung zu danken, auch wenn die Botschaft noch nicht vollständig verständlich ist. Dankbarkeit stärkt Ihre Verbindung zur Engelwelt und öffnet die Tür zu neuen Offenbarungen.

Der Einfluss von Mondzyklen und Engelsymbolen auf die Problemlösung

Die Praxis, vor dem Schlafengehen Fragen zu stellen, wird verstärkt, wenn sie synchron mit der zunehmenden Mondphase erfolgt, einer Phase, die in der esoterischen Symbolik mit Expansion, Offenheit und der Manifestation von Antworten assoziiert wird. Während dieser Phase intensiviert sich die Verbindung zu den Engeln, was klarere und aufschlussreichere Träume begünstigt.

Engelsbotschaften in Träumen werden oft durch personalisierte Symbole ausgedrückt. Ein Konflikt am Arbeitsplatz kann beispielsweise durch energetische Knoten dargestellt werden; wenn diese im Traum gelöst werden, deutet dies auf das Eingreifen von Jofiel hin, dem Engel, der mit geistiger Klarheit und transformativer Schönheit in Verbindung gebracht wird. In ähnlicher Weise können kreative Blockaden durch die Vision von sich plötzlich öffnenden Türen dargestellt werden, was auf die Anwesenheit von Uriel hinweist, der zur Erleuchtung und zum Zugang zu neuem Wissen führt.

Die Wirksamkeit dieser Praxis erhöht sich, wenn sie in Übereinstimmung mit dem herrschenden Engel des Tages durchgeführt wird, einer Lehre aus der kabbalistischen Tradition, die bestimmten Tagen der Woche den Einfluss bestimmter Erzengel zuordnet. So herrscht beispielsweise Raphael über den Mittwoch und fördert Heilung und Ausgeglichenheit, während der Sonntag unter der Obhut von Michael steht, der Schutz und Entschlossenheit bei Entscheidungen begünstigt.

Träume, die Lösungen enthalten, sind oft mit bestimmten Symbolen durchdrungen, wie fließendem Wasser, das emotionale Reinigung symbolisiert, oder goldenen Werkzeugen, die darauf hindeuten, dass Maßnahmen ergriffen werden müssen, um die erhaltenen Antworten zu verwirklichen. Wenn wir diese Zeichen erkennen und im Wachzustand darüber nachdenken, können wir die himmlische Führung in unserem täglichen Leben anwenden und Herausforderungen in Chancen für spirituelles und persönliches Wachstum verwandeln.

Klare Traumtechniken für bewusste Interaktionen mit Engeln

Die Entwicklung des luziden Träumens – die Fähigkeit, zu erkennen, dass man träumt, und bewusst die Kontrolle über den Traum zu übernehmen – eröffnet einen direkten Kanal für die Interaktion mit Engeln. In diesen Zuständen ist es möglich, einen bewussten Dialog mit himmlischen Wesenheiten aufzubauen und ihre Identität durch Schwingungstests zu überprüfen. Einer der effektivsten Tests besteht darin, sie zu bitten, ihr heiliges Siegel zu zeigen. Dieses Siegel, das in verschiedenen Traditionen als komplexes geometrisches Muster beschrieben wird, dessen Präzision für den träumenden Geist unerreichbar ist, präsentiert sich als energetische Signatur, die die Anwesenheit einer höheren Intelligenz bestätigt.

Engelsbegegnungen in luziden Träumen finden oft in Umgebungen statt, in denen die Gesetze der Physik und der gewöhnlichen Logik aufgehoben sind. Es kommt häufig vor, dass unmögliche Strukturen erscheinen, wie zum Beispiel himmlische Treppen, ähnlich denen von Penrose, einem mathematischen Konzept, das ein visuelles Paradoxon des kontinuierlichen Aufstiegs darstellt. Diese Traumstrukturen fungieren als Klassenzimmer, in denen der Träumende spirituelle Lehren in einer Umgebung erhalten kann, in der Zeit und Raum auf nicht-lineare Weise wahrgenommen werden. Die Fähigkeit, sich an diese Lektionen zu erinnern und sie im Wachleben anzuwenden, hängt mit der Entwicklung des Kausalkörpers zusammen, einer Dimension des Bewusstseins, die laut esoterischer Lehre über die physische Existenz hinausgeht und das durch mehrere Inkarnationen erworbene Wissen speichert.

So wird jede Erfahrung des luziden Träumens mit Engelspräsenz zu einem Prozess der Selbsterkenntnis und Heilung. Die Symbole des Traums sind keine einfachen Manifestationen des Unterbewusstseins, sondern bilden eine Brücke zwischen dem Irdischen und dem Göttlichen und ermöglichen dem Träumenden den Zugang zu einer Wahrnehmungsebene, auf der Körper, Geist und Seele auf derselben Frequenz der bewussten Evolution schwingen.

Übung: Klare Träume für Begegnungen mit Engeln herbeiführen

Diese Übung dient dazu, die Fähigkeit zu entwickeln, luzide Träume zu erleben, mit der Absicht, bewusst mit Engeln zu interagieren.

Anleitung:
1. **Führen Sie ein Traumtagebuch.** Schreiben Sic nach dem Aufwachen sofort alle Träume auf, an

die Sie sich erinnern, einschließlich Bildern, Symbolen, Emotionen und Dialogfragmenten. Diese Praxis stärkt das Traumgedächtnis und erleichtert das Erkennen wiederkehrender Muster, die Indikatoren für die Anwesenheit von Engeln sein können.

2. **Führen Sie tagsüber Realitätschecks durch.** Diese Tests helfen dabei, den Geist zu trainieren, seinen Wachzustand zu hinterfragen und zu erkennen, wann er sich in einem Traum befindet. Einige wirksame Methoden sind:

   o Versuchen Sie, mit einem Finger durch die Handfläche Ihrer anderen Hand zu fahren.

   o Drücken Sie Ihre Nase zu und versuchen Sie zu atmen.

   o Lesen Sie einen Text, schauen Sie weg und lesen Sie ihn erneut, um zu sehen, ob er sich verändert hat.

   o Schauen Sie in einen Spiegel und prüfen Sie, ob das Bild ungewöhnliche Veränderungen zeigt.

   o Wiederholen Sie diese Tests mehrmals am Tag und fragen Sie sich dabei: *„Träume ich gerade?"*

3. **Bevor Sie schlafen gehen, setzen Sie sich ein Ziel.** Setzen Sie sich auf Ihr Bett, atmen Sie tief ein und konzentrieren Sie sich auf das Ziel, einen luziden Traum mit Engeln zu haben. Sie können laut oder innerlich bekräftigen: *„Heute Nacht*

werde ich mir bewusst sein, dass ich träume, und ich werde meine Engelbegleiter treffen."

4. **Stellen Sie sich die Erfahrung detailliert vor.** Stellen Sie sich vor, Sie befinden sich bereits im Traum und erkennen, dass Sie träumen. Stellen Sie sich den Moment vor, in dem Sie Ihre Engel rufen und wie sie vor Ihnen erscheinen, Licht ausstrahlen und Ihnen ihre Führung übermitteln. Diese Technik verstärkt die unbewusste Verbindung mit der Absicht des Kontakts.

5. **Wiederhole deine Absicht, während du einschläfst.** Während du einschläfst, wiederhole weiterhin mental Affirmationen wie: *„Wenn ich träume, werde ich erkennen, dass es ein Traum ist, und meine Engel rufen."* Kombiniere diese Übung mit einer Realitätsprüfung, um die mentale Verbindung zwischen beiden zu stärken.

6. **Notieren Sie Ihre nächtlichen Erwachungen.** Wenn Sie mitten in der Nacht aufwachen, nehmen Sie sich einen Moment Zeit, um alle Traumfragmente aufzuschreiben, an die Sie sich erinnern. Bekräftigen Sie dann Ihre Absicht und schlafen Sie wieder ein, wobei Sie sich weiterhin auf das Ziel der Begegnung mit den Engeln konzentrieren.

7. **Sobald Sie klar denken können, überprüfen Sie Ihre Umgebung.** Wenn Sie im Traum Klarheit erlangen, führen Sie einen Realitätscheck durch, um zu bestätigen, dass Sie träumen. Rufen Sie dann die Engel, indem Sie laut oder mental sagen: *„Engelsführer, zeigt euch jetzt."* Behalten Sie eine aufnahmefähige und geduldige Haltung bei.

8. **Interagieren** Sie **bewusst mit den Engeln.** Sie können ihnen Fragen stellen, um Rat in einer bestimmten Situation bitten oder einfach nur ihre Anwesenheit spüren. Denken Sie daran, dass Sie im Traumzustand die Kontrolle haben. Wenn sich etwas nicht harmonisch anfühlt, können Sie die Umgebung verändern oder sich entscheiden, aufzuwachen.

9. **Notieren Sie Ihre Erfahrungen nach dem Aufwachen.** Schreiben Sie unmittelbar nach dem Öffnen Ihrer Augen alle Details Ihrer Begegnung auf, auch wenn sie fragmentarisch oder symbolisch erscheinen. Denken Sie über die Botschaften nach, die Sie erhalten haben, und überlegen Sie, wie Sie sie in Ihrem täglichen Leben anwenden können.

15. Engelheilung: Techniken und Protokolle für verschiedene Beschwerden

Grundlagen der Engel-Energieheilung

Die Engel-Energieheilung basiert auf der Vorstellung, dass Engel als Kanäle für göttliche Energie fungieren und das Gleichgewicht und die Harmonisierung des menschlichen Bioenergiefeldes fördern. Seit der Antike vertreten verschiedene esoterische Traditionen die Auffassung, dass himmlisches Licht durch diese Wesen geleitet werden kann, um das körperliche, emotionale und spirituelle Wohlbefinden wiederherzustellen.

Hermetische Texte – die mit den Lehren von Hermes Trismegistos in Verbindung stehen, einem Symbol der Weisheit, das das Göttliche und das Menschliche vereint – und kabbalistische Schriften – die die Geheimnisse des Universums durch die esoterische Interpretation der Thora erforschen – stimmen darin überein, dass Engel Schwingungsfrequenzen modulieren und disharmonische Energiemuster anpassen können, um die Harmonie des Wesens wiederherzustellen.

Es wird angenommen, dass viele Beschwerden aufgrund von Blockaden im Fluss der Lebenskraft entstehen, die in verschiedenen Traditionen als Prana (im Hinduismus) oder Chi (in der traditionellen chinesischen Medizin) bekannt ist. Diese subtile Energie, die durch den Körper zirkuliert ( ), ist für Gesundheit und Wohlbefinden unerlässlich. Wenn ihr Fluss unterbrochen wird, manifestieren sich Beschwerden, die von Erschöpfung bis zu körperlichen Erkrankungen reichen. Die Engelheilung zielt darauf ab, diese Blockaden aufzulösen und den freien Energiefluss wiederherzustellen.

Studien auf dem Gebiet der Psychosomatik, die sich mit dem Zusammenhang zwischen Körper und Geist befasst, haben Zusammenhänge zwischen Engelheilung und Herzkohärenz festgestellt, einem Zustand, in dem sich der Herzrhythmus harmonisch synchronisiert und das Gleichgewicht im autonomen Nervensystem fördert, das für lebenswichtige Funktionen wie Atmung und Verdauung zuständig ist. Dies deutet darauf hin, dass diese Praktiken nicht nur auf energetischer Ebene wirken, sondern auch messbare physiologische Prozesse beeinflussen können.

Aus spiritueller Sicht ist jede Krankheit mit einem energetisch-archetypischen Muster verbunden, d. h. mit einer symbolischen und emotionalen Ladung, die sich im Körper widerspiegelt. In diesem Zusammenhang wirken Engel nicht nur auf das physische Symptom, sondern auch auf die metaphysische Ursache des Ungleichgewichts. Beispielsweise sollen anhaltende Migräneanfälle mit

Blockaden im dritten Auge-Chakra zusammenhängen, dem Energiezentrum, das mit Intuition und spiritueller Wahrnehmung verbunden ist. In diesem Fall ist der Erzengel Gabriel – bekannt als der große göttliche Bote – dafür verantwortlich, diese Energie zu klären und zu harmonisieren und dem Geist Klarheit und Verständnis zu bringen.

Durch die Praxis der Engelheilung erfährt der Einzelne nicht nur Linderung, sondern entwickelt auch eine stärkere Verbindung zu seinem eigenen Wesen, wodurch Licht und Harmonie frei in sein Leben fließen können.

Übung: Harmonisierung der Chakren mit den sieben Erzengeln

Diese Übung führt Sie durch einen Prozess der energetischen Ausrichtung, bei dem jedes Ihrer sieben Hauptchakren durch die Präsenz und Schwingung eines bestimmten Erzengels ins Gleichgewicht gebracht wird. Auf diese Weise ermöglichen Sie einen freieren Energiefluss und fördern einen Zustand der Heilung und des tiefen Wohlbefindens.

Anleitung:
1. **Suchen Sie sich einen ruhigen Ort**, an dem Sie sich hinlegen oder bequem hinsetzen können, und stellen Sie sicher, dass Sie nicht gestört werden.

2. **Schließen Sie die Augen und atmen Sie tief ein und aus**, wobei Sie mit jedem Ausatmen Ihren Körper entspannen und Ihren Geist klären.

3. **Stellen Sie sich** in jedem Ihrer Chakren **eine Lichtkugel vor** und arbeiten Sie mit der Energie, die jedem Erzengel entspricht, indem Sie die folgenden Schritte befolgen:

- **Erstes Chakra – Wurzel (Muladhara)**

    Dieses Chakra befindet sich am unteren Ende der Wirbelsäule und steht für Stabilität und Sicherheit.

    Stellen Sie sich ein helles rotes Licht vor, das sanft rotiert.

    Rufen Sie **den Erzengel Uriel** an und bitten Sie ihn, Ihre Verbindung zur Erde und Ihr Vertrauen in das Leben zu stärken.

    Atmen Sie tief in dieses rote Licht hinein und spüren Sie, wie Sie fest verwurzelt und ausgeglichen werden.

- **Zweites Chakra – Sakralchakra (Swadhisthana)**

    Dieses Chakra befindet sich unterhalb des Bauchnabels und steht in Verbindung mit Kreativität und Emotionen.

    Stellen Sie sich ein leuchtend orangefarbenes Licht vor, das sich harmonisch dreht.

- Rufe **den Erzengel Gabriel** an und lass seine Energie fließen, um emotionale Blockaden zu lösen.

Atmen Sie dieses orangefarbene Licht ein und spüren Sie, wie sich Ihr kreativer und emotionaler Ausdruck öffnet.

- **Drittes Chakra – Solarplexus (Manipura)**

Dieses Chakra befindet sich im Bauchraum und steht für persönliche Kraft und Selbstvertrauen.

Stellen Sie sich ein strahlendes gelbes Licht vor, das sich in Ihrem Solarplexus ausbreitet.

- Rufe **den Erzengel Raphael** an, der deinem Willen Ausgeglichenheit und Stärke verleiht.

Atmen Sie dieses gelbe Licht ein und lassen Sie Ihr Selbstwertgefühl und Ihre Entschlossenheit gestärkt werden.

- **Viertes Chakra – Herz (Anahata)**

Dieses Chakra befindet sich in der Mitte der Brust und ist das Tor zu Liebe und Mitgefühl.

- **Stellen Sie sich ein sanftes, heilendes grünes Licht vor, das sich an dieser Stelle dreht.**

- Rufe **den Erzengel Chamuel** an und spüre, wie seine Energie dein Herz mit bedingungsloser Liebe erfüllt.

- Atmen Sie dieses grüne Licht ein und lassen Sie Harmonie in Ihre Beziehungen und Emotionen fließen.

- **Fünftes Chakra – Kehle (Vishuddha)**

Dieses Chakra befindet sich im Hals und steht in Verbindung mit Kommunikation und Wahrheit.

- **Stellen Sie sich ein himmelblaues Licht vor, das sich sanft dreht.**

- Rufe **den Erzengel Michael** an und bitte ihn um Klarheit und Mut, dich authentisch auszudrücken.

- Atmen Sie dieses blaue Licht ein und spüren Sie, wie Ihre innere und äußere Stimme frei wird.

- **Sechstes Chakra – Stirn (Ajna)**

Dieses Chakra befindet sich in der Mitte der Stirn und ist das Zentrum der Intuition und Wahrnehmung.

- **Stellen Sie sich ein tiefes indigoblaues Licht vor, das an Ihrer Stirn pulsiert.**

- Rufe **den Erzengel Raziel** an und erlaube ihm, deine innere Vision und dein spirituelles Verständnis zu erweitern.

- Atmen Sie dieses indigoblaue Licht ein und öffnen Sie sich für Weisheit und Intuition.

- **Siebtes Chakra – Kronenchakra (Sahasrara)**

Dieses Chakra befindet sich auf dem Scheitelpunkt des Kopfes und verbindet Sie mit der Göttlichkeit und dem höheren Bewusstsein.

- **Stellen Sie sich ein helles violettes oder weißes Licht vor, das diesen Punkt erhellt.**

- Rufe **den Erzengel Metatron** an und bitte ihn, deine Verbindung zum Universum und zur göttlichen Quelle zu stärken.

Atmen Sie dieses Licht ein und lassen Sie die Energie fließen und sich ausdehnen.

4. **Energie integrieren:**

Stellen Sie sich vor, wie alle Ihre Chakren in perfekter Harmonie leuchten und reines, ausgeglichenes Licht ausstrahlen. Spüren Sie, wie die Energie frei fließt und jeden Aspekt Ihres Wesens heilt.

5. **Kehren Sie zum physischen Körper zurück:**

- Beginnen Sie, Ihre Hände und Füße langsam zu bewegen, und bringen Sie Ihr Bewusstsein zurück in die Gegenwart.

- Atmen Sie tief ein und öffnen Sie langsam Ihre Augen, wenn Sie bereit sind.

Heilung mit Erzengel Raphael

Erzengel Raphael, dessen Name auf Hebräisch *„Medizin Gottes"* bedeutet, wird in verschiedenen spirituellen Traditionen als der große himmlische Heiler anerkannt. Er wird mit der Schwingung des smaragdgrünen Strahls in Verbindung gebracht, einer regenerativen Energie, die laut esoterischer Tradition heilende Eigenschaften für Körper, Geist und Seele hat. Sein Einfluss erstreckt sich auf die Zellreparatur, die Geweberegeneration und die Stärkung lebenswichtiger Organe wie Leber, Nieren und Kreislaufsystem.

Zu den mit Raphael verbundenen therapeutischen Praktiken gehören Techniken, die sich auf den Ätherkörper konzentrieren, eine feinstoffliche Energieschicht, die den physischen Körper umgibt und erhält. Eine der am häufigsten angewandten Techniken ist die Visualisierung eines smaragdgrünen Lichts, das auf den betroffenen Bereich herabsteigt und ihn mit seiner heilenden Schwingung umhüllt. Diese Praxis ist besonders nützlich bei der Genesung von chronischen Krankheiten oder nach Operationen, da sie den Regenerationsprozess beschleunigen soll.

Interessanterweise erwähnen koptische Heilungsaufzeichnungen aus dem dritten Jahrhundert das Erscheinen von Lichtwesen in den Träumen der Kranken, die sie zur Heilung führen. Dieser Präzedenzfall steht im Zusammenhang mit dem, was heute als Traumheilung bekannt ist, einer Methode, die den Traumzustand nutzt, um Zugang zu tiefen Bewusstseinsebenen zu erhalten und eine Intervention durch Engel zu ermöglichen.

Raphaels Wirken beschränkt sich jedoch nicht auf die physische Ebene. Auf emotionaler Ebene wirkt seine Energie auf das Herzchakra und hilft dabei, Ressentiments und festsitzende Emotionen loszulassen. Forschungen im Bereich der Energie-Therapie haben gezeigt, dass die Visualisierung von Raphaels grünem Licht den Spiegel des Stresshormons Cortisol deutlich senken und ein Gefühl der Ruhe und des Wohlbefindens fördern kann.

Übung: Smaragdgrünes Lichtbad mit Raphael

Diese Übung hilft Ihnen, die heilende Energie des Erzengels Raphael anzurufen, um Ihr Energiefeld zu reinigen, auszugleichen und zu revitalisieren.

Anleitung:

1. **Suchen Sie sich einen ruhigen Ort,** an dem Sie mindestens 15 bis 20 Minuten lang nicht gestört werden. Wenn Sie möchten, zünden Sie eine grüne Kerze an und spielen Sie leise Musik, um eine harmonische Atmosphäre zu schaffen.

2. **Setzen oder legen Sie sich bequem hin** und schließen Sie die Augen. Beginnen Sie, langsam und tief zu atmen, und lassen Sie mit jedem Ausatmen Spannungen und Sorgen los. Spüren Sie, wie sich Ihr Körper mit jedem Atemzug entspannt.

3. **Stellen Sie sich den Erzengel Raphael** vor sich vor, umhüllt von einem hellen smaragdgrünen Licht. Spüren Sie seine liebevolle, heilende Präsenz und bitten Sie ihn mental, Sie bei diesem Heilungsprozess zu unterstützen.

4. **Stellen Sie sich vor, dass eine smaragdgrüne Flüssigkeit aus seinen Händen fließt** und auf Ihren Körper herabströmt. Dieser Nektar aus Licht umspült Ihren Kopf, Ihren Nacken, Ihre Schultern ... und fließt weiter herab, bis er Sie vollständig in seine heilende Schwingung hüllt.

5. **Richten Sie dieses Licht besonders auf die Bereiche, in denen Sie Unbehagen verspüren.** Wenn Sie Schmerzen, Unbehagen oder Verspannungen in irgendeinem Teil Ihres Körpers haben, stellen Sie sich vor, wie sich das grüne Licht auf diesen Bereich konzentriert, Blockaden auflöst und die Harmonie wiederherstellt.

6. **Spüren Sie, wie Ihr ganzes Wesen in einem Zustand tiefer Heilung vibriert.** Stellen Sie sich vor, **wie** jede dichte Energie von diesem

smaragdgrünen Fluss weggetragen wird und sich in der Erde auflöst.

7. **Danken Sie Erzengel Raphael für seine Hilfe** und bekräftigen Sie mental: *„Ich bin ausgeglichen, gesund und in Harmonie. Raphaels Licht umgibt mich und stellt mich wieder her."*

8. **Kehren Sie langsam zu Ihrem normalen Bewusstsein zurück.** Bewegen Sie sanft Ihre Hände und Füße, atmen Sie tief ein und öffnen Sie die Augen, wenn Sie sich bereit fühlen.

Diese Übung ist ideal für Momente der Energieerschöpfung, emotionalen Belastung oder körperlichen Erholung. Sie kann so oft wie nötig wiederholt werden, im Vertrauen auf Raphaels ständige Präsenz im Heilungsprozess.

Techniken des Handauflegens mit Hilfe von Engeln

Das Handauflegen in der Engelheilung unterscheidet sich von anderen Energiepraktiken wie Reiki dadurch, dass es nicht nur Lebensenergie kanalisiert, sondern auch direkt die Hilfe von Engelwesen anruft. Es wird angenommen, dass jeder Erzengel eine einzigartige Schwingungssignatur aussendet, die mit den feinstofflichen Feldern des Körpers interagieren und die Neuordnung seines inneren Gleichgewichts fördern kann.

Einer der faszinierendsten Aspekte dieses Prozesses ist die Fähigkeit der Engel-Energie, die Molekülstruktur des im Körper vorhandenen Wassers zu verändern. Magnetresonanzforschung hat gezeigt, dass Energiemuster die molekulare Kohärenz beeinflussen können, was erklären würde, wie sich die Intervention von Engeln auf die Heilung auf zellulärer Ebene auswirkt.

In der Praxis fungiert der Therapeut als Kanal, durch den die Energie über seine Hände zu den Bereichen des Körpers fließt, die Heilung benötigen. In mittelalterlichen Manuskripten wurde diese Technik als *„Transfer von Lumen Gratiae"* (Licht der Gnade) beschrieben, was sich auf die Vorstellung bezieht, dass ein himmlisches Licht veränderte Energiestrukturen neu ordnet.

Bei neuropathischen Schmerzen – einer Art chronischer Schmerzen, die durch Verletzungen des Nervensystems verursacht werden – wurde beobachtet, dass das Auflegen der Hände in Kombination mit der Anrufung des Erzengels Michael deutlich verstärkt wird. Seine schützende Energie bildet einen Schutzschild, der äußere Einflüsse abschirmt, sodass die Heilung durch Raphael wirksamer wirken kann.

Heilung der sieben Chakren mit dem Handauflegen der Engel „ "

Diese Übung kombiniert die Technik des Handauflegens mit der Unterstützung der Erzengel, um den Energiefluss in jedem der sieben Hauptchakren zu harmonisieren und wiederherzustellen. Durch die Integration der Energie der Engel mit der Schwingungsheilung entsteht ein Feld tiefer Ausgeglichenheit, das Körper, Geist und Seele revitalisiert.

Anleitung:

1. Bereiten Sie Ihren heiligen Raum vor: Suchen Sie sich einen ruhigen Ort, an dem Sie mindestens 15-20 Minuten lang ungestört sind. Sie können eine weiße Kerze anzünden oder Räucherstäbchen verwenden, um die Schwingung der Umgebung zu erhöhen. Wenn Sie möchten, spielen Sie entspannende, hochfrequente Musik.

2. Richten Sie Ihre Atmung aus: Schließen Sie die Augen und beginnen Sie, tief und bewusst zu atmen. Spüren Sie mit jedem Ausatmen, wie Sie alle in Ihrem Körper angesammelten Spannungen loslassen. Lassen Sie Ihren Geist zur Ruhe kommen und Ihre Energie sich zu einem Zustand der Empfänglichkeit ausdehnen.

3. Aktivierung des Wurzelchakras: Legen Sie Ihre Hände auf den unteren Rücken, wo sich das erste Chakra befindet. Rufen Sie den Erzengel Uriel an und bitten Sie ihn, diesem Zentrum Stabilität, Kraft und Erdung zu verleihen. Stellen Sie sich ein intensives rotes Licht vor, das von Ihren Händen ausgeht und diesen Energiepunkt ausgleicht.

4. Heilung des Sakralchakras: Bewegen Sie Ihre Hände zu Ihrem Unterbauch, direkt unterhalb Ihres Bauchnabels. Rufen Sie den Erzengel Gabriel an und lassen Sie ihn dieses Zentrum mit Energie der Kreativität und emotionaler Fluidität erfüllen. Stellen Sie sich ein warmes orangefarbenes Leuchten vor, das sich von Ihren Händen ausbreitet.

5. Ausgleichen des Solarplexus: Legen Sie Ihre Hände auf Ihren Bauchbereich. Rufen Sie den Erzengel Raphael an, um Ihr Selbstvertrauen und Ihre persönliche Kraft zu stärken. Spüren Sie ein helles goldenes Licht, das aus Ihren Händen strahlt, dieses Chakra reinigt und Energieblockaden auflöst.

6. Öffnen des Herzchakras: Legen Sie Ihre Hände auf die Mitte Ihrer Brust. Rufen Sie den Erzengel Chamuel an und lassen Sie ein wunderschönes grünes Licht der bedingungslosen Liebe in Ihr Wesen fließen. Spüren Sie, wie sich dieses Energiezentrum ausdehnt und Ihnen ermöglicht, Liebe ohne Einschränkungen zu empfangen und zu geben.

7. Klarheit im Halschakra: Bewegen Sie Ihre Hände zu Ihrem Halsbereich. Rufen Sie den Erzengel Michael an, um Ihre Kommunikation und innere Wahrheit zu stärken. Stellen Sie sich ein reines blaues Leuchten vor, das alle Blockaden in diesem Chakra beseitigt.

8. Erweiterung des dritten Auges: Legen Sie Ihre Hände auf die Mitte Ihrer Stirn. Rufen Sie den Erzengel Raziel

an, um Ihre Intuition und spirituelle Wahrnehmung zu wecken. Stellen Sie sich ein intensives indigoblaues Licht vor, das dieses Zentrum aktiviert und Sie in einen Zustand tieferen Verständnisses versetzt.

9. Verbindung mit dem Göttlichen im Kronenchakra: Legen Sie zum Schluss Ihre Hände auf Ihren Scheitel. Rufen Sie den Erzengel Metatron an, um Ihre Verbindung mit dem höheren Bewusstsein zu erleuchten. Nehmen Sie ein violettes oder weißes Licht wahr, das von oben herabkommt und Ihr gesamtes Wesen in eine heilige Schwingung hüllt.

10. Integration und Abschluss: Verbleiben Sie noch einige Momente und spüren Sie, wie die Energie in jedem Chakra zirkuliert. Danken Sie den Erzengeln für ihre Hilfe. Bewegen Sie dann langsam Ihre Finger und Zehen, um zu Ihrem physischen Bewusstsein zurückzukehren. Wenn Sie sich bereit fühlen, öffnen Sie Ihre Augen mit der Gewissheit, sich in einem Zustand des Gleichgewichts und der Harmonie zu befinden.

Diese Übung kann immer dann durchgeführt werden, wenn Sie das Bedürfnis verspüren, Ihre Energie wiederherzustellen oder Ihre spirituelle Ausrichtung zu stärken. Mit etwas Übung werden Sie eine größere emotionale Stabilität, geistige Klarheit und eine Erweiterung Ihres Energiefeldes feststellen.

Fernheilung durch Anrufung von Engeln

Die Fähigkeit, aus der Ferne zu heilen, wurde sowohl in spirituellen Traditionen als auch in einigen Postulaten der modernen Quantenphysik erforscht. Ein Schlüsselphänomen in diesem Bereich ist die Quantenverschränkung, die besagt, dass zwei Teilchen unabhängig von der Entfernung miteinander verbunden bleiben können. Dieses Prinzip wird verwendet, um zu erklären, wie Engel-Energie über den physischen Raum hinaus übertragen werden kann und beim Empfänger spürbare Auswirkungen erzeugt.

Aus esoterischer Sicht wird angenommen, dass subtile Energiefelder durch fokussierte Absicht und die Unterstützung von Lichtwesen gelenkt werden können. Innerhalb dieses Prozesses wird der Erzengel Sandalphon als Brücke zwischen dem Irdischen und dem Göttlichen anerkannt, der die Kanalisierung von Heilungsenergien über Dimensionsebenen hinweg erleichtert.

In verschiedenen mystischen Traditionen wird von der Existenz ätherischer Schnüre gesprochen, Lichtfäden, die Wesen jenseits der physischen Wahrnehmung verbinden. Es wurde beobachtet, dass, wenn mehrere Heiler ihre Energie auf denselben Empfänger konzentrieren, die Wirkung verstärkt werden kann, was spontane Heilungen und sogar tiefgreifende Transformationen auf zellulärer und emotionaler Ebene auslösen kann.

Übung: Engelhafte Heilenergie aus der Ferne senden

1. Schaffen Sie einen Raum mit hoher Schwingung: Suchen Sie sich einen ruhigen Ort, an dem Sie ungestört sitzen können. Wenn Sie möchten, zünden Sie eine weiße Kerze an oder legen Sie Kristalle wie klaren Quarz oder Amethyst bereit, um die Verbindung zu verstärken.

2. Beruhigen Sie Ihre Energie: Schließen Sie die Augen und atmen Sie tief ein und aus. Spüren Sie, wie Sie mit jedem Ausatmen alle Ablenkungen und Spannungen loslassen. Begeben Sie sich in einen Zustand völliger Gelassenheit.

3. Konzentrieren Sie Ihre Absicht: Denken Sie an die Person, Situation oder den Ort, an den Sie Heilung senden möchten. Visualisieren Sie dieses Bild klar in Ihrem Geist. Wenn es sich um eine Person handelt, stellen Sie sich vor, wie sie vor Ihnen steht; wenn es sich um eine Situation handelt, stellen Sie sich eine symbolische Darstellung davon vor.

4. Rufen Sie die Hilfe der Engel an: Rufen Sie in Gedanken die Erzengel Raphael und Uriel an. Stellen Sie sich vor, wie sie neben Ihnen stehen und heilende und schützende Energie ausstrahlen. Bitten Sie sie, ihr Licht durch Sie zu leiten und es auf das gewünschte Ziel zu richten.

5. Aktivieren Sie die Heilungsenergie: Stellen Sie sich ein intensives weißes Licht vor, das aus Ihrem Herzen strahlt, sich ausdehnt und Ihr Wesen umhüllt. Mit jedem Einatmen wird dieses Licht heller. Mit jedem Ausatmen senden Sie diese Energie direkt an die ausgewählte Person oder Situation.

6. Verstärke den Energiefluss: Stelle dir vor, wie dieses weiße Licht durch deine Arme und Hände fließt und sich in einem Strahl heilender Energie projiziert. Spüre, wie es die Person oder Umgebung vollständig umhüllt und ihr gesamtes Energiefeld reinigt und harmonisiert.

7. Verstärken Sie Ihre Absicht: Wiederholen Sie mental eine Affirmation, zum Beispiel:

„Durch mich fließt die göttliche Energie der Heilung. Möge dieses Licht (Name der Person oder Situation) umhüllen und ihr Gleichgewicht und Wohlbefinden in perfekter Harmonie mit der universellen Liebe wiederherstellen."

8. Beenden Sie mit Dankbarkeit: Wenn Sie spüren, dass die Heilung erfolgt ist, visualisieren Sie, wie das Licht sanft in Ihr Herz zurückkehrt. Stellen Sie sich vor, wie die Person oder Situation Frieden und Wohlbefinden ausstrahlt. Danken Sie den Erzengeln für ihre Hilfe und vertrauen Sie darauf, dass die Heilung zum perfekten Zeitpunkt weiterwirken wird.

9. Kehren Sie in Ihren physischen Zustand zurück: Bewegen Sie langsam Ihre Hände und Füße, atmen Sie ein paar Mal tief durch, und wenn Sie bereit sind, öffnen Sie Ihre Augen mit Dankbarkeit und der Gewissheit, dass die Energie erfolgreich gesendet wurde.

Diese Übung ist ein wirkungsvolles Mittel, um Heilung über physische Grenzen hinaus zu erweitern. Sie kann sowohl auf persönliche Situationen als auch auf kollektive Ereignisse angewendet werden und trägt zur Harmonisierung von geliebten Menschen, Orten oder sogar dem gesamten Planeten bei.

Übung: Aktivierung der Engel-Meistersymbole

Diese Übung hilft Ihnen, mit zwei Engelsmeistersymbolen zu arbeiten: **Metatrons kosmischem Siegel und Michaels Dreifachkreuz**. Ihr Zweck ist es, die persönliche Heilung zu erleichtern und das Bewusstsein zu erhöhen.

Sie benötigen:
- Bilder der drei Symbole (siehe unten).
- Einen ruhigen Ort zum Meditieren.

Anleitung:
1. **Erste Beobachtung:**

Setzen Sie sich bequem hin und legen Sie die Bilder der Symbole vor sich hin. Verbringen Sie einige Minuten damit, sie zu betrachten, und lassen Sie alle Gefühle, Gedanken oder Emotionen spontan aufkommen.

2. **Atmung und Entspannung:**

Schließen Sie die Augen und beginnen Sie, langsam und tief zu atmen. Lassen Sie mit jedem Ausatmen alle im Körper angesammelten Spannungen los. Behalten Sie diesen Atemrhythmus einige Minuten lang bei, bis Sie sich vollkommen entspannt fühlen.

3. **Aktivierung des kosmischen Siegels von Metatron:**

Stellen Sie sich vor, wie das Symbol von Metatron vor Ihnen erscheint und ein strahlendes goldenes Licht ausstrahlt. Stellen Sie sich bei jedem Einatmen vor, wie dieses Licht in Ihren Körper fließt und jede Zelle mit Energie der Erleuchtung und Transformation erfüllt. Lassen Sie bei jedem Ausatmen alle Blockaden und Verdichtungen los, die Ihnen nicht mehr dienlich sind.

4. **Aktivierung von Michaels Dreifachkreuz:**

Lassen Sie das Bild von Metatron verschwinden und konzentrieren Sie Ihre Aufmerksamkeit auf Michaels Dreifachkreuz. Stellen Sie sich vor, wie sein blaues Leuchten Sie umhüllt und einen

Schutzschild um Sie herum bildet. Spüren Sie, wie seine Energie Ihre Sicherheit stärkt und Ihr Recht auf Frieden und göttlichen Schutz bekräftigt.

5. **Abschließende Integration:**

Stellen Sie sich vor, wie sich die beiden Symbole gleichzeitig um Sie herum manifestieren und ein Feld der Heilung und Bewusstseinserweiterung bilden. Bleiben Sie so lange in diesem heiligen Raum, wie Sie es für notwendig halten, und lassen Sie die Energien in Ihnen wirken.

6. **Abschluss und Dankbarkeit:**

Wenn Sie das Gefühl haben, dass die Übung abgeschlossen ist, danken Sie den Erzengeln Metatron und Michael für ihre Anwesenheit und Unterstützung. Bekräftigen Sie mental, dass Sie ihre Eigenschaften der Erleuchtung, des Schutzes und der Transformation weiterhin in Ihrem täglichen Leben verkörpern werden. Lenken Sie Ihre Aufmerksamkeit sanft zurück auf Ihren physischen Körper und den Raum um Sie herum. Öffnen Sie Ihre Augen, wenn Sie bereit sind.

Metatrons kosmisches Siegel

Das Dreifachkreuz des Heiligen Michael

Diese Übung kann jederzeit durchgeführt werden, wenn Sie eine tiefe energetische Reinigung, spirituellen Schutz oder Unterstützung in einem Transformationsprozess benötigen. Sie können sich auf jeweils ein Symbol konzentrieren oder mit allen drei gleichzeitig arbeiten, je nachdem, was Sie gerade brauchen.

Befreiung von emotionalen Traumata mit Hilfe der Engel

Im menschlichen Gehirn sind Strukturen wie der Hippocampus und die Amygdala eng mit dem emotionalen Gedächtnis und der Stressreaktion verbunden. Es wird angenommen, dass Engel in diese neuronalen Zentren eingreifen können, um die Befreiung von emotionalen Traumata zu erleichtern. Ein wichtiger Mechanismus in diesem Prozess ist die Induktion von Theta-Frequenzen, die zwischen 4 und 8 Hz liegen und mit Zuständen tiefer Meditation und unterbewusster Regeneration in Verbindung gebracht werden. Diese Frequenzen fördern die Rekonsolidierung traumatischer Erinnerungen, ohne die ursprüngliche emotionale Ladung zu reaktivieren, sodass das Trauma harmonisch verarbeitet werden kann. Forschungen von Institutionen wie Harvard haben untersucht, wie diese Frequenzen die neuronale Plastizität und emotionale Heilung beeinflussen.

Innerhalb der Engelprotokolle konzentrieren sich die Praktiken im Zusammenhang mit dem Erzengel Zadkiel auf die Aktivierung und Reinigung der Zirbeldrüse, die in vielen Traditionen als Verbindung zur Intuition und zur spirituellen Verbindung angesehen wird. Diese

Aktivierung hilft, vergangene Ereignisse von ihrer traumatischen Ladung zu trennen und fördert eine ausgewogenere Sicht auf die Vergangenheit. Studien mit funktioneller Magnetresonanztomographie (fMRT) haben gezeigt, dass während dieser Prozesse die Aktivität im anterioren cingulären Kortex, einer Schlüsselregion des Gehirns für die Regulierung emotionaler Schmerzen, abnimmt.

Bei tiefen Traumata, wie sie beispielsweise durch Kindesmissbrauch entstehen, wird die Energie des Erzengels Cassiel genutzt, um die ätherische Zeitlinie des Individuums wiederherzustellen und energetische Prägungen zu entfernen, die das Gefühl der Opferrolle aufrechterhalten. Klinische Berichte haben eine signifikante Verringerung der Intensität und Häufigkeit traumatischer Wiedererlebnisse festgestellt – in einigen Fällen um bis zu 78 % –, wenn diese Methoden in Kombination mit Energieheilpraktiken angewendet werden.

Übung: Emotionale Traumata mit Hilfe von Engeln loslassen

Diese Übung hilft Ihnen, emotionale Belastungen loszulassen, die Sie noch immer schwer belasten, und ermöglicht Ihnen, mit der liebevollen Unterstützung der Engel zu heilen.

Benötigte Materialien:

- Einen ruhigen Ort, an dem Sie nicht gestört werden (mindestens 30 Minuten).
- Ein Notizbuch und einen Stift.
- Eine Kerze (optional, aber nützlich, um eine heilige Atmosphäre zu schaffen).

Anleitung

1. **Finden Sie Ihren heiligen Ort:**

Setzen Sie sich an einen bequemen Ort, schließen Sie die Augen und atmen Sie mehrmals tief ein und aus. Spüren Sie, wie sich Ihr Körper und Ihr Geist mit jedem Ausatmen entspannen.

2. **Rufen Sie die Anwesenheit der Engel herbei:**

Verbinden Sie sich mit den Wesen des Lichts, indem Sie laut oder in Gedanken sagen:

„Geliebte Engel und Geistführer, ich lade euch ein, in diesem Moment bei mir zu sein. Begleitet mich in diesem Prozess der Befreiung und Heilung und umhüllt mich mit Liebe und Geborgenheit."

3. **Machen Sie sich die emotionale Wunde bewusst:**

Identifizieren Sie ein emotionales Trauma, das Sie bereit sind loszulassen. Es kann sich um eine schmerzhafte Erfahrung aus der Vergangenheit handeln, die Sie immer noch beeinflusst: eine Kindheitserinnerung, eine schwierige Beziehung, ein Verlust oder ein anderes Ereignis, das Spuren in Ihrem Herzen hinterlassen hat.

4. **Lassen Sie die Emotionen zu:**

   Ohne dich selbst zu beurteilen oder zu versuchen, deine Gefühle zu unterdrücken, lass die Emotionen zu. Wenn Tränen, Wut oder Traurigkeit aufkommen, lass sie natürlich fließen. Du befindest dich an einem sicheren Ort.

5. **Stellen Sie sich vor, wie Engel Sie umgeben:**

   Stellen Sie sich Wesen aus Licht vor, die sich Ihnen nähern. Sie können sie als strahlende Gestalten oder als die liebevolle Energie eines bestimmten Erzengels wie Michael, Raphael oder Chamuel wahrnehmen.

6. **Übergeben Sie das Trauma den Engeln:**

   Stellen Sie sich vor, wie sich der Schmerz, den Sie mit sich herumtragen, in eine Kugel aus dunkler Energie in Ihren Händen verwandelt. Stellen Sie sich dann vor, wie Sie diese Kugel den Engeln entgegenstrecken. Sagen Sie ihnen mit Überzeugung:

   „Geliebte Engel, ich übergebe euch dieses Trauma. Ich bitte euch, es in Licht und Liebe umzuwandeln. Möge eure Heilung die Leere füllen, die es in meinem Herzen hinterlässt."

7. **Spüren Sie die Verwandlung:**

   Beobachten Sie in Ihrem Geist, wie die Engel diese Energie empfangen und sie in ein helles Licht auflösen. Spüren Sie eine tiefe Erleichterung, als wäre eine schwere Last von Ihnen genommen worden.

8. **Reflektieren und schreiben Sie:**

   Wenn Sie bereit sind, öffnen Sie Ihre Augen und nehmen Sie Ihr Notizbuch zur Hand. Schreiben Sie auf, was Sie erlebt haben: Welche Emotionen sind in Ihnen hochgekommen? Wie fühlen Sie sich jetzt? Welche Erkenntnisse haben Sie aus dieser Befreiung gewonnen?

9. **Beende die Übung mit Dankbarkeit:**

   Beenden Sie diese Übung, indem Sie den Engeln für ihre Hilfe danken:

   „Danke, geliebte Engel, dass ihr mich in diesem Prozess unterstützt und mir geholfen habt, zu heilen. Ich weiß, dass eure Liebe immer bei mir ist."

Sie können diese Übung so oft wiederholen, wie nötig, bis Sie sich leichter und friedlicher fühlen.

Heilung von Beziehungen mit Hilfe der Engel

Liebe und Harmonie in unseren Beziehungen können durch das Eingreifen von Engeln gestärkt werden. Es wird gesagt, dass Engel auf die Energiefelder einwirken, die Menschen verbinden, und so die Heilung beschädigter Bindungen erleichtern. In diesem Prozess kann uns der Erzengel Chamuel, dessen rosa Energie für bedingungslose Liebe steht, helfen, Ressentiments loszulassen und den Frieden in unseren Beziehungen wiederherzustellen.

Übung: Geführte Vergebungsmeditation mit Engeln

Diese Meditation hilft Ihnen, emotionale Belastungen loszulassen und schwierige Beziehungen mit der Unterstützung von Erzengel Chamuel zu heilen.

Anleitung:
1. **Bereiten Sie Ihren Raum vor:**

    Suchen Sie sich einen ruhigen Ort, an dem Sie mindestens 20 Minuten lang ungestört sind. Setzen oder legen Sie sich in eine bequeme Position.

2. **Atmen Sie tief ein:**

    Schließen Sie die Augen und konzentrieren Sie sich auf Ihre Atmung. Atmen Sie langsam und tief ein und lassen Sie Frieden und Ruhe Ihr Wesen erfüllen. Atmen Sie alle Anspannungen und Sorgen aus.

3. **Rufen Sie den Erzengel Chamuel an:**

Sagen Sie laut oder in Gedanken:

„Erzengel Chamuel, ich lade dich in diesem Moment in meinen Raum ein. Umhülle mich mit deiner bedingungslosen Liebe und hilf mir, diese Beziehung mit Mitgefühl und Vergebung zu heilen."

4. **Denken Sie an die Beziehung, die Sie heilen möchten:**

Stellen Sie sich die Person vor, mit der Sie Konflikte oder emotionale Verletzungen hatten. Das kann ein Familienmitglied, ein Partner, ein Freund oder sogar Sie selbst sein.

5. **Erkenne deine Emotionen an und lass sie zu:**

Denken Sie über den Schmerz oder die Disharmonie nach, die diese Beziehung geprägt haben. Achten Sie darauf, welche Emotionen dabei aufkommen: Wut, Traurigkeit, Schuldgefühle oder Groll. Wehren Sie sich nicht dagegen, sondern beobachten Sie sie einfach.

6. **Stellen Sie sich die Anwesenheit des Erzengels Chamuel vor:**

Stellen Sie sich ein rosa Licht vor, das auf Sie und die andere Person herabfällt und den Raum zwischen Ihnen mit Liebe und Verständnis erfüllt.

7. **Drücken Sie Ihre Gefühle aus:**

Sprechen Sie die andere Person in Gedanken oder laut an. Teilen Sie aus Ihrem Herzen heraus mit, was Sie empfunden haben, ohne zu urteilen oder Vorwürfe zu machen. Drücken Sie aus, was Sie sagen müssen, um die emotionale Last loszulassen.

8. **Betrachten Sie die Situation aus der Perspektive des anderen:**

Versuchen Sie zu verstehen, was die andere Person möglicherweise gefühlt oder erlebt hat. Vielleicht waren ihre Handlungen von Angst, Verletztheit oder Unsicherheit getrieben. Entwickeln Sie Mitgefühl für ihre Erfahrungen.

9. **Bieten Sie Vergebung an:**

Wenn Sie sich bereit fühlen, sagen Sie laut oder in Gedanken:

„(Name), ich vergebe dir. Ich lasse alle Ressentiments los, die ich in meinem Herzen gehegt habe. Möge das Licht der Liebe diese Beziehung in Harmonie und Frieden verwandeln."

10. **Verzeihen Sie sich selbst:**

Erkennen Sie an, dass Sie mit dem Wissen und den Mitteln, die Ihnen damals zur Verfügung standen, Ihr Bestes gegeben haben. Sagen Sie:

„Ich vergebe mir alle Handlungen, Gedanken oder Gefühle, die zu dieser Disharmonie beigetragen haben. Ich befreie mich von Schuldgefühlen und umarme mich selbst mit Mitgefühl."

11. **Besiegle die Heilung mit Liebe:**

Stell dir vor, wie das rosa Licht des Erzengels Chamuel immer intensiver wird, bis es euch beide vollständig umhüllt. Spüre, wie der Groll sich auflöst und der Raum sich mit neuer Energie füllt.

12. **Schließen Sie mit Dankbarkeit:**

„Danke, Erzengel Chamuel, für deine Liebe und Führung. Ich vertraue darauf, dass diese Beziehung auf tiefster Ebene geheilt wurde."

13. **Kehren Sie langsam in den Wachzustand zurück:**

Atmen Sie ein paar Mal tief durch. Spüren Sie die Leichtigkeit in Ihrem Wesen, und wenn Sie sich bereit fühlen, öffnen Sie Ihre Augen.

Für diese Übung muss die andere Person nicht physisch anwesend sein, da die Heilung auf energetischer Ebene stattfindet. Üben Sie so oft, wie Sie es für nötig halten, bis

Sie das Gefühl haben, dass die Beziehung ein größeres Gleichgewicht und mehr Frieden erreicht hat.

Integration der Engelheilung mit anderen therapeutischen Methoden

Engelsheilung wirkt nicht isoliert, sondern kann mit verschiedenen therapeutischen Praktiken kombiniert werden, um ihre Wirkung zu verstärken. Diese Integration verbessert sowohl das körperliche Wohlbefinden als auch das emotionale und spirituelle Gleichgewicht und harmonisiert traditionelle Ansätze mit der subtilen Energie der Engel.

Eines der bemerkenswertesten Beispiele ist die Verbindung mit der Akupunktur, einer alten Disziplin der chinesischen Medizin, die darauf abzielt, den Chi-Fluss durch das Einstechen von Nadeln in wichtige Punkte des Körpers auszugleichen. Durch die Kombination dieser Technik mit der Engelheilung fließt die himmlische Energie entlang der Meridiane – denselben Energiekanälen, die auch in der Akupunktur identifiziert werden – und intensiviert so den Heilungsprozess. Untersuchungen der Universität Peking haben gezeigt, dass die Stimulation des VC17-Punktes – der sich in der Mitte der Brust befindet und mit dem Herz-Kreislauf- und Emotionssystem in Verbindung steht – in Verbindung mit der symbolischen Präsenz des Erzengels Gabriel positive Auswirkungen auf die Behandlung von postpartaler

Depression hat, was auf eine Synergie zwischen der Energie der Engel und der Wiederherstellung des emotionalen Gleichgewichts hindeutet.

Im Bereich der transpersonalen Psychotherapie, die sich mit den spirituellen Dimensionen des Menschen befasst, erleichtert das Eingreifen von Engeln den Zugang zu den tiefen Ebenen des kollektiven Unbewussten. Durch Techniken wie die aktive Imagination, die im Jungschen Ansatz verwendet wird, ist es möglich, sich mit archetypischen Mustern und symbolischen Figuren zu verbinden, die Heilung und Transformation repräsentieren. Carl Jung erwähnte in seinen persönlichen Schriften Begegnungen mit „leuchtenden Wesenheiten" während seiner introspektiven Prozesse und deutete an, dass diese Energien als Wegweiser bei der Integration verdrängter Aspekte der Seele fungieren können. In diesem Zusammenhang wird die Anwesenheit von Engeln zu einer Brücke, die die Versöhnung mit vergangenen Erfahrungen ermöglicht und die psychologische und spirituelle Heilung erleichtert.

Selbst in konventionellen medizinischen Behandlungen hat die Engelheilung ihren Platz gefunden. Im Bereich der integrativen Onkologie haben einige Protokolle die Energie der Engel als Ergänzung zur Strahlentherapie aufgenommen. In diesen Fällen wird während der Sitzungen der Erzengel Raphael angerufen, um die Nebenwirkungen der Bestrahlung zu minimieren und den Prozess der Zellregeneration zu beschleunigen. Vorläufige Studien, die an Einrichtungen wie dem Memorial Sloan

Kettering Cancer Center durchgeführt wurden, haben gezeigt, dass Patienten durch die Einbeziehung von Engelsvisualisierungen während der Behandlung weniger Stress und eine verbesserte Immunantwort erfahren. Darüber hinaus haben einige Forscher die Möglichkeit untersucht, die Emission von radiologischen Partikeln mit Heilungsabsicht zu programmieren und Energieveränderungen mit Technologien wie der Kirlian-Kamera aufzuzeichnen, die die Visualisierung bioenergetischer Ausstrahlungen und h s von lebenden Organismen ermöglicht. Erste Ergebnisse deuten darauf hin, dass diese Kombination die Toxizität der Behandlung reduzieren und die Genesung im Vergleich zu herkömmlichen Ansätzen um bis zu 40 % verbessern könnte.

Jede dieser Methoden basiert auf der Prämisse, dass Energie, wenn sie bewusst und harmonisch gelenkt wird, die Kraft hat, Materie zu beeinflussen und tiefgreifende Heilungsprozesse auszulösen. Engelheilung ist keineswegs ein isoliertes System, sondern eine integrative Disziplin, die überliefertes Wissen, mystische Intuitionen und moderne wissenschaftliche Erkenntnisse vereint. Ihre Anwendung in verschiedenen therapeutischen Bereichen bietet eine ganzheitliche Alternative für diejenigen, die ihr Wohlbefinden aus einer Perspektive wiederherstellen möchten, die Körper, Geist und Seele umfasst.

16. Engel und Fülle: Manifestation von Wohlstand und Fülle

Fülle aus der Perspektive der Engel

Aus der Perspektive der Engel ist Fülle viel mehr als eine einfache Anhäufung materieller Güter. Es ist ein Zustand integraler Erfüllung, der das Spirituelle, Emotionale und Physische umfasst. Engel lehren, dass Wohlstand nicht allein im Besitz von Reichtum liegt, sondern in der Ausrichtung auf den unerschöpflichen Fluss kreativer Energie, der vom Universum ausgeht. Dieser Strom, der zu jeder Zeit vorhanden ist, erleichtert die natürliche Manifestation von Chancen, Gesundheit, Harmonie in Beziehungen und wirtschaftlicher Stabilität. In diesem Zusammenhang ist Knappheit nichts weiter als eine Illusion, eine Barriere, die durch Ängste und einschränkende Überzeugungen geschaffen wird und uns daran hindert, die Ressourcen wahrzunehmen, die bereits auf der materiellen und spirituellen Ebene vorhanden sind.

Ein Schlüsselkonzept innerhalb dieser Vision ist das der Akasha-Chronik, einer Art energetischer Bibliothek, in der die Erfahrungen und Lektionen jeder Seele während ihres gesamten Lebens gespeichert sind. Gemäß den Lehren der Engel haben alle Wesen ein göttliches Recht auf Fülle, was den natürlichen Zugang zu Wohlstand in all seinen Formen impliziert. Wenn dieser Fluss jedoch durch karmische Muster blockiert wird – emotionale und energetische Prägungen, die durch vergangene Erfahrungen angesammelt wurden –, können Engel als Vermittler eingreifen und dabei helfen, das Gleichgewicht wiederherzustellen und jene Belastungen zu lösen, die den Empfang von Segnungen behindern.

Dieser Ansatz basiert auf universellen Prinzipien wie dem Gesetz der Entsprechung („wie oben, so unten") und dem Gesetz der Schwingung, das besagt, dass alles im Universum mit einer bestimmten Frequenz schwingt. Engel wirken, indem sie die Schwingung des Einzelnen erhöhen, um ihn auf die Frequenz des Überflusses einzustimmen, was Synchronizitäten und günstige Ereignisse hervorruft. Es ist wichtig zu beachten, dass der Überfluss der Engel nicht zu übermäßigem Konsum oder sinnloser Anhäufung führt, sondern zu einer bewussten und harmonischen Beziehung zu Ressourcen, in der sich das persönliche Wohlbefinden auf natürliche Weise auf die Umwelt ausweitet.

Engel, die mit Wohlstand und Fülle in Verbindung stehen

Innerhalb der Engelhierarchie gibt es Wesen, deren Energie die Manifestation von Fülle sowohl auf der materiellen als auch auf der spirituellen Ebene begünstigt. Zu ihnen gehören:

- **Erzengel Uriel („Feuer Gottes")**

    Uriel gilt als Hüter des irdischen Überflusses und der Erleuchtung. In der Engelkunde und der Kabbala wird er mit der Sephira Hod in Verbindung gebracht, die mit der Manifestation von Ideen und dem weisen Umgang mit Ressourcen verbunden ist. Seine Energie, die durch goldene Farbtöne und das Element Erde repräsentiert wird, bringt Stabilität, Klarheit und Struktur, um Wohlstand im Alltag zu verankern.

- **Erzengel Chamuel („Derjenige, der Gott sieht")**

    Als Spezialist für die Heilung innerer Konflikte löst Chamuel emotionale Blockaden auf, die den freien Fluss der Geldenergie verhindern. Er hilft dabei, verborgene Möglichkeiten aufzudecken, stärkt die Ausdauer angesichts finanzieller Herausforderungen und fördert eine positive und ausgeglichene Sichtweise auf Wohlstand.

- **Erzengel Ariel („Löwe Gottes")**

    Ariel ist der Engel der natürlichen Fülle und der Verbindung zu den Ressourcen der Erde. Seine Energie ist ideal für diejenigen, die in Bereichen wie Ökologie, Landwirtschaft, Bergbau und allen anderen Tätigkeiten arbeiten, bei denen ein verantwortungsvoller Umgang mit natürlichen

Ressourcen von entscheidender Bedeutung ist. Er inspiriert zu einer ethischen und bewussten Beziehung zu dem Reichtum, den uns die Umwelt schenkt.

In einigen esoterischen Traditionen werden auch Energien wie die folgenden angerufen:

- **Mammon**, der zwar in bestimmten Kontexten mit Gier in Verbindung gebracht wird, in der praktischen Engelkunde jedoch als Vermittler des finanziellen Gleichgewichts und der richtigen Verwaltung von Reichtum interpretiert wird.

- **Anael**, der mit dem Einfluss der Venus in Verbindung steht, fördert den harmonischen Fluss kommerzieller Beziehungen und die Anziehung wirtschaftlicher Möglichkeiten, die mit ethischen und spirituellen Werten im Einklang stehen.

Es sollte betont werden, dass diese Wesen nicht in Situationen eingreifen, die gegen die Grundsätze der Gerechtigkeit verstoßen oder unehrliche Praktiken begünstigen, da ihr Ziel darin besteht, eine bewusste und gehobene Nutzung von Ressourcen zu fördern.

Mit Hilfe der Engel von einschränkenden Überzeugungen über Geld befreien

Eines der größten Hindernisse für die Manifestation von Fülle sind unbewusste Überzeugungen, die unsere Beziehung zu Geld verzerren. Aussagen wie *„Geld ist die Wurzel allen Übels"* oder *„reich zu sein ist gleichbedeutend mit Gier"* sind Programmierungen, die möglicherweise von Generation zu Generation weitergegeben wurden und ihren Ursprung in Erfahrungen von Entbehrung, Machtmissbrauch oder sozialer Konditionierung haben.

Die Hilfe der Engel in diesem Prozess findet auf drei Ebenen statt:

1. **Befreiung des Zellgedächtnisses**

    Es wird angenommen, dass der Körper nicht nur Erinnerungen aus diesem Leben speichert, sondern auch energetische Prägungen aus anderen Erfahrungen, die als Akasha-Chronik bekannt sind. Engel arbeiten daran, diese Aufzeichnungen zu löschen, um vererbte Muster der Armut aufzulösen und uns zu ermöglichen, uns für neue Erfahrungen des Wohlstands zu öffnen.

2. **Mentale Neuprogrammierung**

    Auf dieser Ebene wirkt die Intervention der Engel, indem sie die neuronalen Verbindungen schwächt, die mit der Wahrnehmung von Mangel verbunden sind, und neue Denkstrukturen aufbaut, die auf Vertrauen und Empfangen basieren. Dieser Prozess kann mit dem Umschreiben einer internen Software verglichen werden, um Überzeugungen anzunehmen, die Wachstum und Expansion fördern.

3. **Das innere Kind heilen**

Viele der einschränkenden Überzeugungen in Bezug auf Geld haben ihren Ursprung in frühen Erfahrungen, in denen Botschaften, die den eigenen Wert und die Fähigkeit, Wohlstand zu schaffen, einschränken, verinnerlicht wurden. Die Heilung des inneren Kindes ermöglicht es uns, diese Blockaden zu erkennen und zu transformieren und öffnet die Tür zu einer freieren und empfänglicheren Sichtweise auf Wohlstand.

Um diesen Prozess zu verstärken, verwenden Engel energetische Symbole in Meditationen und spirituellen Übungen, wie z. B. die Visualisierung von fließenden Flüssen, goldenem Regen oder mit Licht überfließenden Truhen – Bilder, die das Unterbewusstsein aktivieren und die Umprogrammierung hin zu Überfluss erleichtern. Diese Symbole dienen als Erinnerung an den unerschöpflichen Reichtum des Universums und helfen, den Willen des Einzelnen mit der Absicht in Einklang zu bringen, ohne Angst oder Widerstand zu empfangen.

Engelsrituale, um finanzielle Möglichkeiten anzuziehen

Rituale, die darauf abzielen, mit Hilfe von Engeln Fülle herbeizurufen, basieren auf den Prinzipien der Entsprechung und des spirituellen Magnetismus. In diesem Zusammenhang wirken bestimmte natürliche Elemente als energetische Anker, um den Wohlstand zu fördern. Beispielsweise wird Zimt, der mit der Energie des Erzengels Uriel in Verbindung gebracht wird, seit der Antike nicht nur wegen seines Aromas und seiner medizinischen Eigenschaften verwendet, sondern auch als Symbol für Reichtum und Glück in verschiedenen Kulturen. Ebenso ist Citrinquarz mit seiner charakteristischen goldenen Färbung für seine Fähigkeit bekannt, wohlhabende Energien zu kanalisieren, geistige Klarheit zu fördern und finanzielles Wachstum zu begünstigen.

Auf praktischer Ebene können verschiedene Rituale durchgeführt werden, um die Energie des Überflusses zu aktivieren. Eines davon ist die Visualisierung von Energieportalen im Haus oder am Arbeitsplatz unter Verwendung heiliger geometrischer Muster wie Kreise oder Spiralen. Diese Figuren, die seit der Antike verwendet werden, um die universelle Harmonie darzustellen, erleichtern die Öffnung von Wegen auf der energetischen Ebene. Ein weiteres nützliches Ritual ist die Weihe von Arbeitsgeräten: Elektronische Geräte, Terminkalender oder andere Gegenstände, die mit Produktivität in Verbindung stehen, können gesegnet und mit bestimmten Absichten erfüllt werden, um Erfolg und Chancen anzuziehen.

Darüber hinaus ermöglicht die Anrufung der Devas – Energien der Natur, die in verschiedenen spirituellen Traditionen anerkannt sind – das Gleichgewicht der Umgebung und zieht Kunden oder Mitarbeiter an, die dieselbe Schwingung teilen. Diese Rituale sind keineswegs kompliziert oder unzugänglich, sondern konzentrieren sich auf Klarheit des Zwecks und gemeinsame Schöpfung: Engel bieten subtile Führung und Unterstützung, aber es ist das konkrete Handeln des Einzelnen, das Veränderungen in der alltäglichen Realität bewirkt.

Verwendung von Affirmationen und Dekreten für Fülle

Engelsaffirmationen fungieren als Schwingungswerkzeuge, die die persönliche Energie und ihre Interaktion mit dem Universum neu konfigurieren. Im Gegensatz zu herkömmlichen Motivationssätzen enthalten diese Affirmationen heilige Zahlencodes – wie 888, das Symbol für unendlichen Wohlstand – und Engelsnamen, die ihre Wirkung verstärken.

Ein Beispiel für eine kraftvolle Affirmation ist:

„Ich bin ein Kanal für Uriels Wohlstand. Ich nehme achtmal acht Segnungen in allen meinen Finanzen an. So sei es, getan."

Hier verstärkt die Wiederholung der Zahl 8 die Idee der Kontinuität und Regeneration, wesentliche Prinzipien für die Manifestation von Fülle.

Diese Affirmationen wirken im Einklang mit dem Gesetz des Mentalismus, das besagt, dass die Realität ihren Ursprung im Denken hat. Aus diesem Grund ist es wichtig, sie mit voller Überzeugung auszusprechen, da dies neue finanzielle Realitäten in das Unterbewusstsein einprägt. Es wird auch empfohlen, negative Ausdrücke zu vermeiden, da durch die Aussage „Ich will keine Schulden" das Bild der Schulden statt des Überflusses im Geist verankert wird. Stattdessen schaffen Sätze wie „Meine Liquidität steigt jeden Tag" eine positive Resonanz, die energetische Veränderungen erleichtert.

Wenn Engel diese Affirmationen empfangen, besiegeln sie die Absicht mit dem sogenannten „Diamantlicht", einer reinen Schwingung, die innere Blockaden auflöst und die neue mentale Programmierung verstärkt, sodass die Energie der Fülle leichter fließen kann.

Dankbarkeit und Großzügigkeit als Schlüssel zum Überfluss der Engel

Dankbarkeit ist der Schlüssel, der die Türen zum Überfluss öffnet. Aus der Perspektive der Engel sendet Dankbarkeit für das, was man erhalten hat, noch bevor es vollständig materialisiert ist, eine Botschaft des Vertrauens an das Universum und aktiviert die Kreisläufe der Gegenseitigkeit. Jeder Akt der Dankbarkeit, egal wie klein er auch erscheinen mag, wird zu einem Kanal, durch den neue Möglichkeiten und Segnungen fließen.

Ergänzend dazu sollte Großzügigkeit nicht als Opfer verstanden werden, sondern vielmehr als Ausdruck des Vertrauens in die unendliche Fähigkeit des Universums, für uns zu sorgen. Handlungen wie das Teilen von Ressourcen, Spenden oder das Helfen anderer erzeugen eine energetische Bewegung, die finanzielle Stagnation verhindert. Historisch gesehen haben mystische Orden wie die Franziskaner selbstloses Geben praktiziert, um Wunder und unerwartete Segnungen anzuziehen.

Dieses Prinzip basiert auf dem Gesetz der Zirkulation: Was mit Liebe und Losgelöstheit gegeben wird, kehrt vervielfacht zurück. Durch die Integration von Dankbarkeit und Großzügigkeit in das tägliche Leben wird ein ununterbrochener Fluss des Wohlstands aktiviert, der die persönlichen Ressourcen nicht verringert, sondern erweitert und stärkt.

Heilung Ihrer Beziehung zu Geld durch die Intervention von Engeln

Aus spiritueller Sicht ist Geld nicht nur ein Tauschmittel, sondern eine energetische Einheit, die auf die Emotionen und Überzeugungen jedes Menschen reagiert. Wenn Sie in der Vergangenheit negative Erfahrungen mit Geld gemacht haben – wie Schulden, finanzielle Verluste oder Erbschaftsstreitigkeiten –, können diese energetische Spuren hinterlassen, die den freien Fluss des Wohlstands blockieren.

Um Ihre Beziehung zu Geld zu heilen, arbeiten die Engel in drei Phasen:

1. **Erkennen:** Identifizieren Sie ehrlich vergangene Erfahrungen, die Angst oder Ablehnung gegenüber Geld hervorgerufen haben. So können Sie verstehen, wie diese Erinnerungen Ihre aktuelle Wahrnehmung von Fülle beeinflussen.

2. **Umwandlung:** Verwenden Sie energetische Hilfsmittel wie die violette Flamme des Erzengels Zadkiel, um negative Emotionen im Zusammenhang mit Geld loszulassen und umzuwandeln. Die Visualisierung dieser reinigenden Energie hilft dabei, Muster der Knappheit und des Widerstands aufzulösen.

3. **Versöhnung:** Führen Sie symbolische Handlungen durch, wie z. B. einen Brief an das Geld zu schreiben, in dem Sie Ihre Dankbarkeit und Ihre Verpflichtung zu einer neuen Beziehung auf der Grundlage von Ausgewogenheit und Vertrauen zum Ausdruck bringen. Geführte Meditationen können ebenfalls durchgeführt werden, um diese Transformation auf der unterbewussten Ebene zu verankern.

Durch die Heilung dieser Beziehung wird Geld nicht mehr als Hindernis oder Quelle von Konflikten wahrgenommen, sondern wird zu einem Verbündeten. Diese innere Transformation ermöglicht es, dass Fülle auf natürliche Weise und ohne emotionale Störungen fließen kann, sodass sich die Person in Harmonie mit Wohlstand fühlt und offen dafür ist, alle seine Manifestationen zu empfangen.

Erstellen eines von Engeln geleiteten Plans für Fülle

Ein von Engeln geleiteter Plan für Wohlstand basiert auf vier grundlegenden Säulen, die auf organische und evolutionäre Weise zusammenwirken:

- **Klare Vision:** Engel helfen dabei, Ziele zu definieren, die realistisch, aber auch weitreichend sind. Dabei geht es darum, sowohl Selbstbeschränkungen als auch realitätsferne Fantasien zu vermeiden und ein Gleichgewicht zu finden, das das wahre Potenzial des Einzelnen widerspiegelt.

- **Praktischer Weg:** Dazu gehört es, die zu entwickelnden Fähigkeiten zu erkennen, strategische Kontakte zu identifizieren und die richtigen Werkzeuge einzusetzen, um Wohlstand zu erreichen. Dieser Prozess wird oft durch Offenbarungen bereichert, die sich durch Träume, Intuition oder Meditation manifestieren können und so das Spirituelle mit dem Praktischen verbinden.

- **Energieschutz:** Das Errichten von Lichtschilden oder Energiebarrieren hilft, Blockaden und Sabotage sowohl von innen als auch von außen zu vermeiden. Diese Schilde können als leuchtende Rüstung visualisiert werden, die die persönliche Energie schützt und den Fokus in die richtige Richtung lenkt.

- **Kontinuierliche Bewertung:** Die Aufrechterhaltung einer aktiven Verbindung zu Engeln erleichtert strategische Anpassungen, wenn sich die Umstände ändern. Diese Bewertung erfolgt intuitiv und im Einklang mit dem natürlichen Rhythmus des Lebens, wodurch sichergestellt wird, dass jeder Schritt mit dem höheren Ziel des Einzelnen in Einklang steht.

Im Gegensatz zu den starren Modellen des traditionellen Finanzcoachings passt sich dieser Plan an die persönliche und spirituelle Entwicklung jedes Einzelnen an und stellt sicher, dass der erzielte Wohlstand zum ganzheitlichen Wachstum und zur Erfüllung des Lebenszwecks beiträgt.

Kerzenritual, um finanzielle Möglichkeiten anzuziehen

Dieses Ritual ruft die Energie des Erzengels Raphael und des Wohlstands herbei und nutzt Feuer als Kanal, um die Absicht des Überflusses zu verstärken.

Sie benötigen:

- Eine grüne Kerze (oder eine herkömmliche Kerze, auf die Sie mit einem spitzen Gegenstand oder einem Marker das Geldsymbol $ zeichnen).
- Einen Kerzenhalter.
- Den Geldschein mit dem höchsten Nennwert, den Sie zur Hand haben.
- Ätherisches Pfefferminz- oder Zimtöl (optional).

Anleitung:
1. **Reinigen Sie den Raum.** Bevor Sie beginnen, reinigen Sie Ihre Umgebung energetisch. Sie können sich ein weißes Licht vorstellen, das den Raum umhüllt, oder ein Bündel Salbei oder Palo Santo verwenden, um die Energie zu harmonisieren.
2. **Bereiten Sie die Kerze vor.** Wenn Sie ätherisches Öl verwenden, geben Sie ein paar Tropfen auf die Kerze, von der Basis bis zur Spitze, und konzentrieren Sie sich dabei darauf, Wohlstand anzuziehen. Wenn Sie keine grüne Kerze haben, verwenden Sie eine herkömmliche Kerze und zeichnen Sie das $-Zeichen darauf, als symbolischen Anker für Wohlstand.
3. **Legen Sie den Geldschein unter den Kerzenhalter.** Dieser wirkt wie ein energetischer Magnet für Wohlstand.
4. **Zünden Sie die Kerze an und sprechen Sie die Anrufung:**

„Erzengel Raphael, ich rufe dich jetzt an. Bitte bringe mir Chancen für Wohlstand und finanzielles Wachstum in mein Leben. Leite meine Handlungen,

damit ich Fülle auf eine Weise manifestieren kann, die meinem höchsten Wohl und dem höchsten Wohl aller Beteiligten dient. Danke."

5. **Visualisieren Sie Ihr Leben in Fülle.** Während die Kerze brennt, schließen Sie die Augen und konzentrieren Sie sich darauf, wie sich Wohlstand anfühlt. Welche Veränderungen bringt er in Ihr Leben? Wie fließt Geld mit Leichtigkeit und Zielstrebigkeit? Lassen Sie dieses Bild Ihre Energie durchdringen.

6. **Bleibe empfänglich für Botschaften der Engel.** Während du die Kerze beobachtest, achte auf alle Intuitionen, Gedanken oder Ideen, die auftauchen. Wenn du ein Tagebuch führst, schreibe alle Gefühle oder Botschaften auf, die du empfängst.

7. **Lassen Sie die Kerze vollständig abbrennen.** Wenn die Kerze erloschen ist, bewahren Sie den Geldschein in Ihrer Brieftasche auf, um sich ständig an Ihre Absicht zu erinnern, Fülle anzuziehen.

Wiederholen Sie dieses Ritual, wenn Sie das Gefühl haben, finanzielle Unterstützung zu benötigen, ein neues Projekt beginnen oder Ihre Verbindung zur Energie des Wohlstands stärken möchten.

Ritual zur Heilung der Beziehung zum Geld

Dieses Ritual führt Sie durch einen Prozess, in dem Sie Ihre Beziehung zum Geld heilen, einschränkende

Überzeugungen loslassen und mit Hilfe des Erzengels Uriel eine Mentalität der Fülle entwickeln können.

Sie benötigen:
- Einen ruhigen Ort, an dem Sie bequem sitzen können.
- Ein Tagebuch und einen Stift.
- Einen Citrinstein, einen weißen Kristall oder eine Münze, auf die Sie Ihre Absicht konzentrieren können (optional).

Anleitung
1. **Suchen Sie sich einen bequemen Platz zum Sitzen und Entspannen.** Schließen Sie die Augen und atmen Sie tief ein und aus, wobei Sie mit jedem Ausatmen alle Anspannungen in Ihrem Körper loslassen.

2. **Rufen Sie die Anwesenheit des Erzengels Uriel an:**

   „Erzengel Uriel, ich bitte dich, mich bei diesem Prozess der Heilung meiner Beziehung zu Geld zu unterstützen. Hilf mir, alle Überzeugungen und Muster zu erkennen und loszulassen, die mich daran hindern, in Fülle zu leben. Erfülle mich mit deinem Licht der Weisheit und führe mich zu einer neuen Perspektive."

3. **Denken Sie über Ihre derzeitige Beziehung zu Geld nach.** Wie fühlen Sie sich, wenn Sie an Ihre Finanzen denken? Verspüren Sie Angst, Unruhe,

Schuldgefühle oder Groll? Erlauben Sie sich, diese Emotionen anzuerkennen, ohne sie zu bewerten.

4. **Bitte Uriel um Klarheit.** Bitte ihn, dir die Quelle dieser Emotionen zu zeigen. Frage dich selbst:

    o Gibt es eine Erfahrung aus der Vergangenheit, die meine Beziehung zu Geld geprägt hat?

    o Habe ich einschränkende Überzeugungen von meiner Familie oder der Gesellschaft übernommen?

    o Welche wiederkehrenden Gedanken habe ich zum Thema Wohlstand?

    o Bleiben Sie aufmerksam für alle Bilder, Erinnerungen oder Gefühle, die auftauchen.

5. **Stellen Sie sich diese Überzeugungen als Fesseln vor, die Sie binden.** Stellen Sie sich nun vor, wie der Erzengel Uriel sie mit einem Schwert aus goldenem Licht durchtrennt und Sie von diesen energetischen Bindungen befreit, die Sie daran hindern, im Fluss der Fülle zu sein.

6. **Spüren Sie die Verwandlung.** Während sich diese Fesseln auflösen, bemerken Sie, wie eine neue Energie des Vertrauens, der Leichtigkeit und des Wohlstands Ihr ganzes Wesen erfüllt. Stellen Sie sich vor, wie dieses goldene Licht Ihr Herz umhüllt und sich auf alle Bereiche Ihres Lebens ausdehnt.

7. **Erstellen Sie eine neue Affirmation, die Ihre erneuerte Beziehung zu Geld widerspiegelt.** Das könnte zum Beispiel so etwas sein wie:

- *„Ich bin ein Magnet für Fülle."*
- *„Geld fließt mit Leichtigkeit und Anmut zu mir."*
- *„Meine Finanzen wachsen stetig und harmonisch."*
- Wiederholen Sie diese Affirmation mehrmals und spüren Sie jedes Wort mit Überzeugung.

8. **Öffnen Sie langsam Ihre Augen.** Nehmen Sie Ihr Tagebuch zur Hand und schreiben Sie über Ihre Erfahrungen. Was haben Sie entdeckt? Wie fühlen Sie sich jetzt im Vergleich zu dem Zeitpunkt, als Sie mit dem Ritual begonnen haben? Schreiben Sie alle Botschaften oder Gefühle auf, die Sie empfangen haben.

9. **Besiegeln Sie Ihre Absicht mit einem greifbaren Gegenstand.**

Wenn Sie einen Citrin-Stein haben, halten Sie ihn in der Hand, während Sie Ihre Affirmation wiederholen, da dieser Stein für seine Verbindung zum Überfluss bekannt ist.

Wenn Sie keinen Citrin haben, können Sie einen weißen Kristall – ein Symbol für Klarheit und Erneuerung – oder sogar eine Münze verwenden. Laden Sie diesen Gegenstand mit Ihrer neuen Absicht auf und bewahren Sie ihn in Ihrer Brieftasche oder an einem besonderen Ort auf, um Sie an Ihre finanzielle Transformation zu erinnern.

Diese Anpassung bewahrt die Essenz des Rituals und bietet denjenigen, die keinen Citrin haben, leichter zugängliche Optionen, ohne die Kraft des Heilungsprozesses unter der Führung von Erzengel Uriel zu verlieren.

20 Affirmationen und Dekrete für den Reichtums

1. Mit jedem Atemzug atme ich Wohlstand ein; mit jedem Ausatmen lasse ich Mangel und Angst los.

2. Ich bin ein Magnet für Reichtum und Fülle und ziehe in jeder Situation Chancen an.

3. Geld fließt in Wellen des Überflusses zu mir; ich habe immer mehr als genug in jeder Situation.

4. Meine Beziehung zu Geld ist gesund und erfolgreich; meine Einstellung zum Überfluss wird niemals aufgeschoben werden.

5. Jeden Tag, in jeder Hinsicht, wächst mein Wohlstand mehr und mehr.

6. Mein Bankkonto wächst und wächst, mein finanzieller Überfluss geht niemals zu Ende.

7. Ich lasse alle Blockaden und Begrenzungen los und begrüße den Überfluss in all seinen Erscheinungsformen.

8. Ich bin Reichtum und Wohlstand wert; mein Wert ist nicht an meine Zahlungsfähigkeit oder meinen Besitz gebunden.

9. Mein Einkommen steigt auf unerwartete Weise, mein Verdienstpotenzial wird niemals unterschätzt.

10. Mein Leben ist voller finanzieller Möglichkeiten, meine Erfolgschancen sind unendlich und real.

11. Jede Investition, die ich tätige, ist klug und erfolgreich; meine finanzielle Intuition wird niemals aufgeschoben.

12. Ich bin offen dafür, Fülle in all ihren Formen zu empfangen; meine Finanzen wachsen wie Wellen in Stürmen.

13. Das Universum versorgt mich mit allem, was ich brauche, mein Glaube an den Überfluss ist niemals fehl am Platz.

14. Meine Arbeit wird geschätzt und gut bezahlt; meine Bemühungen werden immer gewürdigt und gut belohnt.

15. Ich bin ein weiser und verantwortungsbewusster Verwalter meines Vermögens; meine finanziellen Entscheidungen sind rechtlich einwandfrei.

16. Ich nutze meinen Wohlstand zum Wohle anderer und teile meinen Reichtum mit meinen Brüdern und Schwestern.

17. Jede finanzielle Herausforderung ist eine Chance zu wachsen; meine wirtschaftliche Widerstandsfähigkeit hört nie auf zu gedeihen.

18. Meine Beziehung zu Geld ist ausgeglichen und gesund; mein Seelenfrieden wird nicht durch Geld gestört.

19. Ich freue mich über den Reichtum anderer, da ich weiß, dass es mehr als genug für alle gibt.

20. Ich lebe in einem Universum des Überflusses und des Wohlstands, in dem alle meine Bedürfnisse stets mit Sorgfalt erfüllt werden.

17. Engelsschutz

Das energetische Universum steht in ständiger Wechselwirkung mit unserem Aurafeld, der feinstofflichen Hülle, die den physischen Körper umgibt und uns mit verschiedenen Schwingungen verbindet. Dieses Gleichgewicht kann jedoch durch verschiedene Einflüsse gestört werden, die unsere innere Harmonie beeinträchtigen. Diese Bedrohungen lassen sich in drei Hauptkategorien einteilen: Restenergien, bewusste Wesenheiten und psychospirituelle Angriffe.

Restenergien sind Ansammlungen dichter Emotionen, die nach intensiven oder traumatischen Ereignissen in physischen Räumen zurückbleiben. Sie manifestieren sich in „kalten Stellen" innerhalb bestimmter Umgebungen und erzeugen ein Gefühl des Unbehagens oder Verfalls. Bewusste Wesenheiten hingegen umfassen autonome Gedankenformen und körperlose Wesen, die gemäß esoterischer Tradition auf der energetischen Ebene verbleiben und sich an das Aurafeld anheften können, wodurch sie die Vitalität der Menschen beeinträchtigen. Schließlich entsprechen psychospirituelle Angriffe energetischen Aggressionen, die absichtlich von anderen Menschen aus Neid oder unbewussten emotionalen Konflikten heraus ausgeübt werden.

Die Erkennung dieser Einflüsse basiert auf bestimmten wiederkehrenden Mustern: anhaltende Müdigkeit ohne erkennbare medizinische Ursache, plötzliche Stimmungsschwankungen in Verbindung mit bestimmten Orten oder beunruhigende Träume mit verstörenden Präsenzen. Die Quantenphysik hat durch die Untersuchung morphogenetischer Felder – organisatorischer Energiemuster, die Materie und Bewusstsein beeinflussen – begonnen, diese Art von Wechselwirkungen aus wissenschaftlicher Perspektive zu erforschen.

Der Schutz des Erzengels Michael und seine Schwingungskraft

Im Laufe der Geschichte war die Anrufung des Erzengels Michael eine wesentliche Praxis für den energetischen Schutz. Michael, dessen Name „Wer ist wie Gott?" bedeutet, wird in verschiedenen spirituellen Traditionen als Beschützer gegen dunkle Mächte und disharmonische Energien anerkannt. Sein ikonisches Bild mit einem flammenden Schwert symbolisiert die Fähigkeit, energetische Bindungen zu durchtrennen und negative Muster aufzulösen, die die spirituelle Entwicklung einschränken.

In der mystischen Theologie wird Michaels Präsenz mit der Aktivierung des Diamantkörpers in Verbindung gebracht, einer oberen Schicht des Aurafeldes, die energetische Grenzen verstärkt und vor unerwünschten Einflüssen schützt. Vergleichende Religionsstudien haben Parallelen zwischen Michael und anderen Schutzfiguren festgestellt, wie beispielsweise Indra in der vedischen

Tradition, der für seine Beherrschung der Kräfte des Chaos bekannt ist, und Horus in der ägyptischen Mythologie, dessen Auge Wachsamkeit und göttlichen Schutz symbolisiert.

Aus metaphysischer Sicht wird Michaels Energie mit dem Solarplexus-Chakra in Verbindung gebracht, dem Zentrum des Willens und des persönlichen H . In apokryphen Texten wie dem Buch Henoch wird seine Rolle im Kampf gegen die gefallenen Engel detailliert beschrieben, während die Kabbala ihn mit der Sefira Hod in Verbindung bringt, die für Organisation und Pracht steht. Sein Einfluss bietet daher nicht nur Schutz, sondern hilft auch, die persönliche Energie zu strukturieren, um die innere Sicherheit zu stärken.

Erzeugung und Aufrechterhaltung von Engel-Energieschilden

Engelsenergieschilde fungieren als Schutzfilter, die den Energiefluss in unserer Umgebung regulieren. Die Wirksamkeit dieser Schilde hängt von drei grundlegenden Faktoren ab:

1. Klarheit der Absicht: Diese basiert auf der Beobachtertheorie in der Quantenphysik, die darauf hinweist, wie das Bewusstsein energetische Ergebnisse beeinflusst.

2. Schwingungsausrichtung: Dabei geht es darum, sich auf höhere Frequenzen einzustimmen, die Stabilität und Schutz fördern.

3. Konsistenz in der Praxis: Dies hängt mit der Neuroplastizität zusammen, der Fähigkeit des Gehirns, sich durch Wiederholung anzupassen und Energiemuster aufrechtzuerhalten.

Die heilige Geometrie wurde verwendet, um strukturelle Grundlagen in diesen Schutzfeldern zu schaffen. Formen wie das Tetraeder und das Dodekaeder werden verwendet, um Lichtmatrizen zu konstruieren, die die umgebenden Schwingungen filtern und neu organisieren. Forschungen in der Quantenbiologie legen nahe, dass diese Schutzschilde mit dem menschlichen elektromagnetischen Feld interagieren, das mit Geräten wie GDV (Gas Discharge Visualization) aufgezeichnet wurde, die in der Lage sind, das Ausmaß und Verhalten der Aura zu erfassen.

Energieschilde können entsprechend ihrer Funktion in verschiedene Kategorien eingeteilt werden:

- Reflektierende Schutzschilde: Sie reflektieren disharmonische Energien und verhindern deren Einfluss.

- Absorbierende Schilde: Sie fangen negative Schwingungen ein und lösen sie auf.

- Umwandelnde Schutzschilde: Sie wandeln dichte Frequenzen in harmonische Energie um.

Reinigung und Weihe von Räumen mit der Anwesenheit von Engeln

Auch die physische Umgebung speichert Energie, weshalb es notwendig ist, sie regelmäßig zu reinigen, um die Ansammlung dichter Schwingungen zu verhindern. Die Umweltphysik hat dieses Phänomen anhand des Hutchison-Effekts untersucht, der darauf hindeutet, dass elektromagnetische Felder die materiellen Eigenschaften eines Raumes verändern können. Die Reinigung durch Engel zielt darauf ab, die Schwingungsreinheit der Umgebung wiederherzustellen und energetische Rückstände zu entfernen.

Eine der wirksamsten Methoden ist die Verwendung von Klangfrequenzen wie 528 Hz, die aufgrund ihrer Auswirkungen auf die DNA-Struktur und die Zellregeneration umfassend untersucht wurden. Diese Frequenz, kombiniert mit Engelsbeschwörungen, verstärkt die Reinigung und Harmonisierung von Räumen.

Die Weihe eines Ortes beinhaltet die Etablierung einer einzigartigen Schwingungssignatur, die auf höhere Energien abgestimmt ist. Diese Praxis wurde in verschiedenen Kulturen angewendet, von den keltischen Druiden, die natürliche Elemente in ihren Ritualen verwendeten, bis hin zu gotischen Architekten, die Tempel auf der Grundlage astronomischer Ausrichtungen entwarfen, um höhere Energien zu kanalisieren.

In der zeitgenössischen Engelkunde wird das Konzept der dimensionalen Verankerung verwendet, bei dem die vier Hauptarchengel – Michael, Gabriel, Raphael und Uriel – als Säulen der energetischen Stabilität in einem Raum fungieren und dessen Schutz und Harmonie festigen.

Engelsymbole und Siegel als Schutzmethoden

Die esoterische Semiologie hat die Kraft von Engelsiegeln erforscht, Symbolen, die als Schwingungsantennen fungieren, um schützende Energien zu kanalisieren. Es gibt zwei Haupttypen:

- Passive Symbole: Diese fungieren als Empfänger von Schutz, wie beispielsweise das Auge des Horus, das mit Wahrnehmung und spiritueller Sicherheit in Verbindung gebracht wird.

- Aktive Symbole: Diese sind dazu bestimmt, Energie auszustrahlen, wie beispielsweise Engelsiegel, die durch Meditation oder heilige Gesänge aktiviert werden können.

Eines der am häufigsten verwendeten Siegel ist das Siegel des Michael, dargestellt durch ein umschriebenes Hexagramm – zwei ineinander verschlungene Dreiecke, die die Vereinigung von Gegensätzen symbolisieren. Es wird angenommen, dass dieses Siegel ein Torsionsfeld erzeugt, eine energetische Struktur, die die Schwingung des Raumes organisiert.

Energieschutz auf Reisen und in gefährlichen Situationen

Physische Verlagerungen können zu Instabilität im Aurafeld führen, was zur Entwicklung spezifischer Schutzrituale für Reisende geführt hat. Von römischen Amuletten bis hin zu schamanischen Stäben haben verschiedene Traditionen geweihte Gegenstände verwendet, um diejenigen zu schützen, die sich außerhalb ihrer gewohnten Umgebung bewegen.

Die moderne Engelkunde führt das Konzept der dynamischen silbernen Schnur ein, einer flexiblen energetischen Verbindung, die den Reisenden mit seinem Schwingungsursprung verbindet und dabei die Toroidform nutzt – eine geometrische Struktur, die den kontinuierlichen Energiefluss darstellt.

In Situationen extremer Gefahr löst das limbische System des Gehirns intensive Reaktionen aus, die das Energiefeld schwächen können. In solchen Momenten berichten viele Menschen von der Anwesenheit von Engelwesen, die ihnen in Nahtoderfahrungen beistehen. Dieses Phänomen wurde vom Monroe Institute analysiert, wo gemeinsame

Muster in den Aussagen über spirituellen Schutz in kritischen Momenten identifiziert wurden.

Schutzübung mit heiligen Symbolen

Diese Übung wird Sie dabei anleiten, heilige Symbole zu verwenden, um einen Energieschild zu erschaffen, der Sie vor negativen Einflüssen schützt. Symbole haben eine tiefe archetypische Kraft und können mächtige Werkzeuge in Ihrer spirituellen Schutzpraxis sein.

Schutzsymbole:

Das Pentagramm: Ein von einem Kreis umgebenes Pentagramm, das Harmonie und die Beherrschung der Elemente symbolisiert. Es ist ein weithin anerkanntes Symbol für spirituellen Schutz.

Pentagramm

Das Auge des Horus: Dieses Symbol stammt aus Ägypten und steht für Wahrnehmung, Schutz und Gesundheit. Es schützt wirksam vor negativen Energien.

Auge des Horus

Der Davidstern: Dieses Hexagramm, das aus zwei sich überlappenden gleichseitigen Dreiecken besteht, symbolisiert die Vereinigung von Himmel und Erde und ist ein mächtiges Symbol des Schutzes.

Davidstern

Der Baum des Lebens: Ein Symbol für Verbindung, Stärke und spirituelles Wachstum. Es ist allgemein als Schutzsymbol anerkannt.

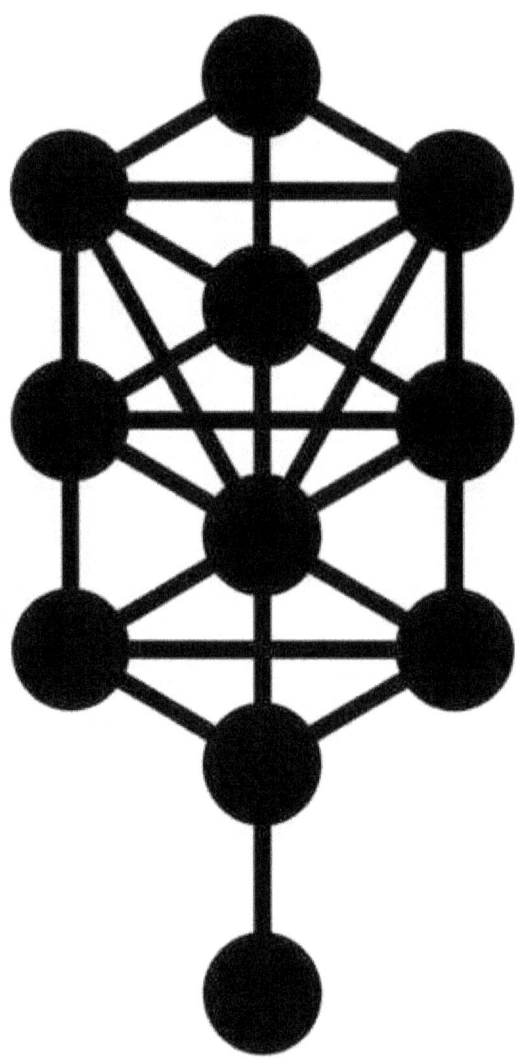

Vereinfachtes Diagramm des Baumes des Lebens

Der keltische Knoten: Auch als Hexenknoten bekannt, symbolisiert dieses ineinander verschlungene keltische Design Schutz vor bösen und negativen Energien.

Keltischer Knoten

Anleitung:

Sie benötigen:

Papier und Bleistift oder Kugelschreiber

Einen ruhigen Ort, an dem Sie sich ohne Unterbrechungen konzentrieren können

Suchen Sie sich einen ruhigen Ort, an dem Sie allein und frei von Ablenkungen sind.

Setzen Sie sich bequem hin und schließen Sie die Augen. Atmen Sie dreimal tief ein und aus und konzentrieren Sie sich darauf, mit jedem Ausatmen alle Anspannung loszulassen.

Auswahl und Zeichnen des Symbols:

Wählen Sie eines der oben genannten Schutzsymbole aus, das Ihnen am meisten zusagt oder Sie in diesem Moment am meisten anspricht.

Zeichnen Sie das ausgewählte Symbol auf ein Blatt Papier. Machen Sie sich keine Gedanken über Perfektion, wichtig ist die Absicht, mit der Sie den Vorgang ausführen.

Stellen Sie sich beim Zeichnen vor, wie das Symbol ein helles, schützendes Licht ausstrahlt.

Aktivieren des Energieschildes:

Wenn Sie mit dem Zeichnen des Symbols fertig sind, legen Sie Ihre Hände darauf.

Schließen Sie die Augen und stellen Sie sich vor, wie das Symbol eine Lichtkugel ausstrahlt, die Sie vollständig umgibt und Sie in ein schützendes Energiefeld hüllt.

Wiederholen Sie die folgende Affirmation mental oder laut (oder erstellen Sie Ihre eigene): *„Durch dieses heilige Symbol aktiviere ich meinen Schutzschild gegen alle negativen Energien oder disharmonischen Einflüsse."*

Das Schild stärken:

Visualisieren Sie mit geschlossenen Augen, wie die Lichtkugel mit jedem Atemzug stärker und heller wird.

Stellen Sie sich vor, dass jede negative Energie, die mit diesem Schutzschild in Kontakt kommt, sofort umgewandelt oder in Licht aufgelöst wird.

Behalten Sie diese Visualisierung mindestens fünf Minuten lang bei oder bis Sie ein Gefühl der Sicherheit und des Schutzes verspüren, das Sie umgibt.

Beenden der Übung:

Nehmen Sie sich einen Moment Zeit, um der Energie des Symbols und allen Führern oder Engeln zu danken, von denen Sie glauben, dass sie Ihnen bei diesem Prozess geholfen haben.

Öffnen Sie langsam Ihre Augen und richten Sie Ihre Aufmerksamkeit wieder auf den physischen Raum um Sie herum.

Bewahren Sie Ihre Zeichnung an einem besonderen Ort auf oder tragen Sie sie bei sich, um sich an Ihren Schutzschild zu erinnern.

18. Engel in der Natur

Unterschied zwischen Engeln, Devas und Naturgeistern

Engel sind direkte Manifestationen des göttlichen Bewusstseins, die nach universellen kosmischen Prinzipien wirken. Ihre Rolle geht über Kulturen und Glaubensrichtungen hinaus und sie werden als Boten des Göttlichen und Hüter des spirituellen Lichts anerkannt. Ihre Präsenz ist von der jüdisch-christlichen Tradition bis hin zu zeitgenössischen mystischen Interpretationen dokumentiert.

Devas hingegen gelten als die unsichtbaren Architekten der Natur. Sie wirken als subtile Kräfte, die Ökosysteme organisieren und erhalten und sie mit göttlicher Ordnung erfüllen. Ihre Existenz manifestiert sich in der Vitalität der Flora und Fauna sowie in der Vernetzung der natürlichen Kreisläufe. Ihr Ursprung ist sowohl mit östlichen Lehren verbunden, wo der Begriff *Deva* sich auf wohlwollende himmlische Wesen bezieht, als auch mit westlichen esoterischen Strömungen, die sie als Wächter des planetarischen Lebens identifizieren.

Elementare hingegen repräsentieren die primären Energien der Natur in ihrer reinsten Form. Sie sind die Wesenheiten, die den irdischen Prozessen Leben einhauchen und in der Volksvorstellung als Gnome (Erde), Sylphen (Luft), Undinen (Wasser) und Salamander (Feuer) beschrieben werden. Jedes von ihnen verkörpert die Essenz seines Elements und wirkt auf der ätherischen Ebene, wo es als Vermittler zwischen dem Physischen und dem Feinstofflichen fungiert.

Diese drei Kategorien von Wesen wirken auf verschiedenen Ebenen der Existenz. Engel leben in hochschwingenden himmlischen Ebenen und strahlen Licht und göttliche Weisheit aus. Devas wirken aus der archetypischen Welt, in der die Urenergien fließen, die das Leben formen. Elementare hingegen befinden sich im ätherischen Netz, das Materie und Geist verbindet, und wirken als aktive Kräfte bei der Manifestation der Natur. Aus der Perspektive der Rosenkreuzer werden Devas als *Engel der Natur* beschrieben, als Hüter der planetarischen Zyklen und der alten Weisheit, die die Ökosysteme regiert. Elementare hingegen werden als die unsichtbaren Hände angesehen, die die Harmonie der natürlichen Welt aufrechterhalten und in jedes sprießende Blatt, jeden Wasserstrom und jeden Feuerfunken eingreifen.

Kommunikation mit den Engeln der vier Elemente

Jedes der Elemente der Natur ist mit einer Engelhierarchie verbunden, die seine Prinzipien verkörpert und bestimmte Lehren vermittelt:

- **Erdengel:** Sie stehen für Stabilität, Festigkeit und Fülle. Ihre Energie spiegelt sich in der Solidität der Berge, der Fruchtbarkeit des Bodens und der Beständigkeit der Bäume wider, die tief in der Erde Wurzeln schlagen.

- **Wasserengel:** Sie symbolisieren Fluidität und emotionale Weisheit. Ihre Lehre manifestiert sich im Fließen der Flüsse, in der Sanftheit des Regens und in der Reinheit der Quellen und erinnert uns daran, wie wichtig es ist, uns anzupassen und uns zu erlauben, zu fühlen.

- **Feuerengel:** Sie verkörpern Transformation und Willenskraft. Sie sind der Funke der Inspiration, die Kraft, die reinigt und erneuert, genau wie das Feuer, das Altes verbrennt, um Platz für Neues zu schaffen.

- **Engel der Luft:** Sie stehen für geistige Klarheit, Kommunikation und spirituelle Erhebung. Ihre Energie ist die des Windes, der Ideen trägt, der Brise, die erfrischt, und des offenen Himmels, der uns einlädt, unser Bewusstsein zu erweitern.

Diese Kräfte werden mit den vier Haupt-Erzengeln der esoterischen Tradition in Verbindung gebracht: Uriel, verbunden mit der Erde und praktischem Wissen; Gabriel, verbunden mit Wasser und der Gefühlswelt; Michael, Vertreter des Feuers und der schützenden Kraft; und Raphael, verbunden mit Luft und Heilung. Jeder von ihnen ist eine Manifestation des Gleichgewichts zwischen dem Göttlichen und den Elementen der Schöpfung.

Um sich mit diesen Elementarengeln zu verbinden, empfiehlt es sich, die Muster der Natur zu beobachten und von ihnen zu lernen. Die Geduld der Berge kann uns etwas über Ausdauer und Stabilität lehren, der Fluss eines Baches spricht zu uns von der Notwendigkeit, sich anzupassen, der Tanz der Flammen erinnert uns an die Verwandlung, und das Flüstern des Windes in den Bäumen lädt uns ein, unseren Geist zu klären. Jedes dieser Elemente hält eine Lektion bereit, wie wir unser Leben mit dem Rhythmus des Kosmos in Einklang bringen können.

Zusammenarbeit mit Devas zur Heilung des Planeten

Devas sind die Wächter der Ökosysteme und dafür verantwortlich, die Harmonie zwischen allen Lebensformen zu bewahren. Ihre Arbeit ist für die Regeneration der Natur unerlässlich, wenn diese Schaden genommen hat, da sie sich der Wiederherstellung der ursprünglichen Energiemuster widmen, die die Artenvielfalt erhalten.

Die Zusammenarbeit mit ihnen erfordert die Entwicklung eines tiefen ökologischen Bewusstseins und das Verständnis, dass jede menschliche Handlung Auswirkungen auf das Netz des Lebens hat. Indem wir eine Haltung des Respekts gegenüber der Umwelt einnehmen und uns auf die natürliche Energie einstimmen, können wir zur Wiederherstellung geschädigter Räume beitragen und die Regeneration des Planeten fördern.

Rituale zur Verbindung mit Engeln in natürlichen Umgebungen

Heilige Naturräume – uralte Wälder, kristallklare Quellen oder Berggipfel – fungieren als Portale, an denen die Grenze zwischen den Ebenen der Existenz dünn wird. Das Feiern von Ritualen an diesen Orten verstärkt die Verbindung zu Engeln, da die Energie der Umgebung in entscheidenden Momenten, wie zum Beispiel bei Sonnenaufgang oder im sanften Licht des Mondes, intensiver wird. Eine einfache Übung besteht darin, den Wächtern des Ortes Dankbarkeit auszudrücken und sich dabei eine Brücke aus Licht vorzustellen, die das menschliche Herz mit dem kristallinen Kern der Erde verbindet, der in vielen Traditionen als die Seele des Planeten angesehen wird.

Symbolische Opfergaben wie Lieder, rhythmische Bewegungen oder die harmonische Anordnung von Steinen in geometrischen Mustern, die von Mandalas inspiriert sind, dienen als Schwingungsschlüssel, die Kommunikationskanäle mit Engeln öffnen. Über physische Objekte hinaus liegt der Schlüssel in der reinen Absicht und einer ehrfürchtigen Haltung, die es der Energie der Umgebung ermöglicht, den Austausch zu leiten und zu lenken. Alte Kulturen haben Methoden zur Interpretation von Engelsbotschaften durch die Natur weitergegeben, wie zum Beispiel die Beobachtung des Fluges von Vögeln oder flüchtiger Muster in den Wolken, um so die Anwesenheit dieser subtilen Wesen zu offenbaren.

Engelhafte Gartenkunst: Mitgestaltung mit Pflanzen-Devas

Jede Pflanze besitzt ein subtiles Bewusstsein, das die Essenz ihrer Art bewahrt, und durch bewusste Interaktion mit ihnen ist es möglich, eine Verbindung zu ihren unsichtbaren Wächtern herzustellen. Engelhafte Gärten sind nicht nur Räume für den Anbau, sondern lebendige Manifestationen geordneter Energie, in denen geometrische Anordnungen – wie die goldene Spirale oder heilige Kreise – den harmonischen Fluss der Schwingungen begünstigen. Diese Formen sind nicht zufällig, sondern spiegeln das Gleichgewicht wider, das allen Schöpfungen zugrunde liegt.

Die Verbindung mit Pflanzenwesen erfordert eine besondere Sensibilität, um ihre stille Sprache zu verstehen: Man muss auf ihre Zyklen achten, ihre Bedürfnisse erkennen und die heilende Weisheit wahrnehmen, die sie ausstrahlen. Diejenigen, die in tiefer Verbundenheit mit der Natur kultivieren, erhalten oft „intuitive Eingebungen", subtile Eindrücke, die Kombinationen von Pflanzen offenbaren, die sich gegenseitig verstärken können. Diese Offenbarungen gelten als direkte Botschaften der Wächter des Pflanzenreichs, die als Verbündete bei der Aussaat des Lebens und der

Wiederherstellung des Gleichgewichts des Ökosystems wirken.

Heilung von Ökosystemen durch Anrufungen von Engeln

Wenn ein Ökosystem beschädigt ist – sei es durch Abholzung, Umweltverschmutzung oder menschliche Eingriffe – können Anrufungen von Engeln regenerative Kräfte auf subtilen Ebenen aktivieren. Diese Praktiken kombinieren Visualisierung, verbale Dekrete und Intonationen, die darauf abzielen, die Energie der Umgebung zu harmonisieren, basierend auf der Prämisse, dass das Universum auf konzentrierte Absichten reagiert. In indigenen Gemeinschaften gibt es Rituale, bei denen der verwundete Wald mit Hilfe von Melodien der Vorfahren „besungen" wird, um die Anwesenheit von Heilengeln zu beschwören, die den Lebensfluss des Waldes wiederherstellen.

Der rituelle Prozess beginnt mit der Anerkennung des lebendigen Bewusstseins des Ortes, gefolgt von der Bitte um Erlaubnis seiner Wächter und der Projektion von Lichtnetzwerken, die die zerbrochenen Bindungen des Lebens wiederherstellen. Viele Erdheiler berichten, dass sie „leuchtende Wesenheiten" wahrnehmen, die in degradierten Gebieten wirken, insbesondere während Gruppenzeremonien, bei denen die vereinte Absicht als Katalysator für die Regeneration wirkt. Diese Praxis ist mehr als eine symbolische Handlung, sie zielt darauf ab, die natürliche Harmonie wiederherzustellen und uns an die gegenseitige Abhängigkeit aller Wesen zu erinnern.

Kommunikation mit Tieren durch Engelvermittlung

Die Engel, die das Tierreich bewachen – in einigen Traditionen als Zoo-Engel bekannt – erleichtern das Verständnis zwischen den Arten und schlagen eine Brücke des Bewusstseins, die über die verbale Sprache hinausgeht. Um mit ihnen in Verbindung zu treten, ist es unerlässlich, geistige Stille zu kultivieren und eine respektvolle Beobachtungshaltung einzunehmen, in der Urteile aufgelöst werden und sich das Herz für intuitive Kommunikation öffnet. Im Laufe der Geschichte gibt es Berichte von Mystikern und Heiligen, die behaupteten, mit Tieren zu sprechen, was von einer Verbindung zeugt, die über das Gewöhnliche hinausgeht.

In tiefen meditativen Zuständen beschreiben manche Menschen, dass sie Botschaften von Tieren empfangen, nicht in Worten, sondern in klaren Eindrücken über ihre Bedürfnisse, Warnungen oder Ausdrucksformen der Zuneigung. Parkranger und Naturforscher haben von Erfahrungen berichtet, in denen ungewöhnliche Verhaltensweisen bestimmter Tiere sie in kritischen Momenten zu leiten schienen, und interpretierten diese als Manifestationen von Engeln zur Verteidigung des natürlichen Gleichgewichts. Diese stille Kommunikation entspricht dem kosmischen Gesetz der Verbundenheit, wonach jedes Lebewesen, unabhängig von seiner Größe oder Art, zum energetischen Gefüge des Planeten beiträgt.

Öko-spirituelle Praktiken, geleitet von engelhaften Wesenheiten

Die engelhafte Öko-Spiritualität lädt uns ein, die Erde nicht nur als physische Umgebung wahrzunehmen, sondern als ein bewusstes Wesen, das durch seine Elemente und Landschaften kommuniziert. Durch die Interaktion mit der Natur aus einer heiligen Perspektive ist es möglich, sich auf das Netzwerk der Lebensenergie einzustimmen, das sie durchströmt, und in uns eine Sensibilität zu wecken, die über das Materielle hinausgeht.

Einfache Praktiken wie barfuß mit voller Achtsamkeit über das Gras zu laufen, Bäume zu umarmen und dabei ihre Energie zu spüren oder neben einem Gewässer zu meditieren, ermöglichen es uns, unsere Schwingungsfrequenz an die des Planeten anzupassen. Diese Ausrichtung erleichtert die Wahrnehmung subtiler Wesenheiten, die die natürliche Harmonie bewahren.

Pilgerreisen zu Kraftorten – heiligen Bergen, Heilquellen, alten Wäldern – aktivieren zelluläre Gedächtniscodes, energetische Aufzeichnungen, die die Weisheit der Ahnen der Erde enthalten. Viele Menschen, die an solchen Erfahrungen teilgenommen haben, berichten von der Wahrnehmung engelhafter Manifestationen in Form von ätherischen Lichtern, harmonischen Klängen, die aus verborgenen Dimensionen zu kommen scheinen, oder spontanen Inspirationen, die Wege aufzeigen, wie man zur Pflege des Planeten beitragen kann. Diese Erfahrungen vertiefen nicht nur unsere Verbindung zur Erde, sondern erinnern uns auch daran, dass jede bewusste Handlung zu ihren Ehren ein Angebot der Liebe und Dankbarkeit gegenüber dem Leben in seiner reinsten und heiligsten Form ist.

Übung: „Dialog mit den Elementen"

Diese Übung lädt Sie ein, über die Naturelemente eine Kommunikation mit den Engeln aufzubauen und sie zu einem Medium für göttliche Botschaften zu machen.

Bevor Sie beginnen, denken Sie über drei konkrete Fragen nach, die Sie den Engeln stellen möchten. Diese können sich auf jeden Aspekt Ihres Lebens beziehen, in dem Sie Führung oder Klarheit benötigen.

Die Übung:

1. **Wählen Sie einen natürlichen Ort**, an dem Sie eine Vielzahl von Elementen finden: Bäume, Blumen, Steine, Vögel, Insekten, wenn möglich Wasser. Das kann ein Park, ein Garten oder ein Wald sein.

2. **Legen Sie Ihren Signalcode fest.** Bevor Sie beginnen, legen Sie fest, wie Sie die empfangenen Nachrichten interpretieren werden. Zum Beispiel:

    o Ein Vogel, der nach rechts fliegt: Bestätigung, weitermachen.

    o Blätter, die sich im Wind bewegen: Geduld, es ist noch nicht an der Zeit.

    o Das Geräusch von fließendem Wasser: Mit Zuversicht mit dem Fluss gehen.

    o Ein Insekt, das Ihren Weg kreuzt: Achten Sie auf Details.

    o Eine Feder auf dem Boden finden: Bestätigung durch einen Engel.

    o Eine Blume auf dem Weg entdecken: Etwas Neues blüht in deinem Leben auf.

    o Steine, die den Weg versperren: Herausforderungen, die du überwinden musst.

3. **Formulieren Sie Ihre erste Frage im Kopf** und beginnen Sie, achtsam zu gehen. Beobachten Sie genau sieben Minuten lang (Sie können einen Timer verwenden), welche Elemente auf Ihrer Reise in welcher Reihenfolge auftauchen.

4. **Entschlüsseln Sie die Botschaft.** Die Reihenfolge, in der die Elemente erscheinen, ist die Antwort der Engel. Wenn Sie beispielsweise zuerst einen Schmetterling sehen, dann eine Feder und schließlich Wasser hören, könnten Sie dies wie folgt interpretieren: *„Vertraue den subtilen Zeichen, du*

bist auf dem richtigen Weg, gehe mit Zuversicht weiter voran."

5. **Wiederholen Sie den Vorgang für die beiden anderen Fragen und** wählen Sie jedes Mal einen anderen Weg und neue Elemente zur Interpretation.

Variationen der Übung:

- Machen Sie die Übung bei **Sonnenaufgang,** wenn Sie Rat zu Neuanfängen und Chancen suchen.

- Führen Sie die Übung bei **Sonnenuntergang** durch, um Antworten zu endenden Zyklen oder tiefen Reflexionen zu erhalten.

- Konzentrieren Sie sich während des **Vollmonds** auf Botschaften über Erfüllung und Manifestation.

- Erkunden Sie während **des Neumonds** Fragen zu Projekten oder Wegen, die Sie einschlagen möchten.

Ein lebhaftes Gespräch mit der Natur und den Engeln

Im Gegensatz zur traditionellen Meditation ist diese Übung dynamisch und partizipativ. Sie ermöglicht Ihnen, auf intuitive Weise mit der Natur zu interagieren und Ihre eigene symbolische Sprache für den Dialog mit den Engeln zu entwickeln. So wird jede Reise zu einer einzigartigen Erfahrung der Verbindung und Offenbarung.

19. Engelkunde im Alltag

Die Präsenz der Engel in Ihren Alltag integrieren

Die Präsenz von Engeln ist kein Phänomen, das außergewöhnlichen Momenten vorbehalten ist; sie findet sich in den einfachen, alltäglichen Dingen, in den Details, die wir oft übersehen. Das Göttliche wird nicht nur in feierlichen Ritualen erlebt, sondern auch, wenn wir mit Dankbarkeit aufwachen, wenn wir ein freundliches Wort sagen oder wenn wir über die Schönheit des Alltäglichen nachdenken. Engel, als Manifestationen leuchtender Energie, dringen auf subtile Weise in die Realität ein und finden im Rhythmus des täglichen Lebens Räume, um sich zu zeigen.

Jede Handlung, egal wie unbedeutend sie auch erscheinen mag, kann zu einer heiligen Handlung werden, wenn sie mit vollem Bewusstsein ausgeführt wird. Das Anzünden einer Kerze am Morgen, das bewusste Zubereiten von Speisen, das stille Gehen und Wahrnehmen der Umgebung – all dies kann ein Kanal für die Gegenwart von Engeln sein. Indem wir uns erlauben, aufmerksamer für die kleinen Zeichen um uns herum zu sein, werden wir empfänglich für die subtile Kommunikation dieser Wesen: ein Gefühl der Gewissheit im Herzen, eine unerwartete

Synchronizität, eine plötzliche Brise in einem bedeutungsvollen Moment.

Diese Form der Verbindung erfordert keine übermenschlichen Anstrengungen, sondern vielmehr eine Veränderung der Perspektive. Wenn wir aufhören, grandiose Zeichen zu erwarten, und lernen, das Göttliche im Alltäglichen wahrzunehmen, entdecken wir, dass die Gegenwart der Engel nie verschwunden war, sondern nur darauf gewartet hat, dass wir bereit sind, sie zu erkennen.

Einen Altar oder einen heiligen Raum im Haus schaffen

Das Zuhause ist ein Spiegelbild der inneren Welt, und innerhalb dieses Raumes ist es möglich, einen Treffpunkt mit der Engelwelt zu schaffen. Ein Altar ist kein einfaches Schmuckstück, sondern eine Einladung zur spirituellen Präsenz. Seine Größe oder Komplexität spielt keine Rolle; entscheidend ist die Absicht, mit der er errichtet wird.

Eine Kerze, die das Licht repräsentiert, ein Gefäß mit Wasser, das die Fluidität symbolisiert, ein Stein, der die Energie der Erde verankert, und Weihrauch oder eine Feder, die die Luft heraufbeschwört, reichen aus, um einen Ort der Harmonisierung zu schaffen. Aber über die Elemente hinaus ist es die Hingabe, die diesen Raum in eine Brücke zum Himmlischen verwandelt. Die Wiederholung von Gesten, die Erneuerung von Opfergaben und die ruhige Kontemplation verstärken die

Schwingung des Altars und verwandeln ihn in einen energetischen Leuchtturm.

Es ist nicht notwendig, strenge Regeln zu befolgen; jeder Mensch weiß intuitiv, welche Gegenstände und Symbole mit seiner eigenen spirituellen Verbindung zum Universum in Resonanz stehen. Ein Altar erleichtert nicht nur den Dialog mit Engeln, sondern dient auch als greifbare Erinnerung daran, dass das Heilige immer zugänglich ist. Ein Ort der Ruhe inmitten der Hektik des Alltags, ein Treffpunkt zwischen dem Sichtbaren und dem Unsichtbaren.

Morgendliche und abendliche Anrufungen um Schutz und Führung

Der Beginn und das Ende des Tages sind günstige Zeiten, um Kontakt zu Engeln aufzunehmen. Der Übergang zwischen Wachsein und Ruhe ermöglicht eine klarere Verbindung, da der Geist nicht so sehr mit äußeren Anforderungen beschäftigt ist. Am Morgen kann eine einfache Anrufung ausreichen, um den Weg zu Klarheit und Schutz zu öffnen: ein Gedanke der Dankbarkeit, eine Bestätigung des Lichts, eine aufrichtige Bitte um Führung.

Während der Nacht können angesammelte Sorgen den Geist belasten, daher hilft es, diese Lasten vor dem Schlafengehen abzugeben, um in Frieden ruhen zu können. Wenn man in diesem Moment die Engel anruft, kann man loslassen, was nicht mehr gebraucht wird, und im Schlaf Inspiration empfangen. Es geht nicht darum, starre Formeln zu rezitieren, sondern ehrlich zu sprechen, als würde man sich mit einem Freund unterhalten, der immer zuhört.

Mit Absicht gesprochene Worte schaffen eine energetische Brücke, die die Wahrnehmung der Anwesenheit der Engel stärkt. Manchmal kommt die Antwort in Form eines klaren Traums oder eines Gefühls der Ruhe oder der Gewissheit, begleitet zu werden. Und selbst wenn es so scheint, als würde nichts geschehen, ist der einfache Akt, die Engel anzurufen, an sich schon eine Öffnung für ihren Einfluss.

Engelsintuition bei der Entscheidungsfindung nutzen

Die Sprache der Engel drückt sich selten in direkten Worten aus, sondern manifestiert sich in Vorahnungen, in Impulsen, die aus dem Nichts zu kommen scheinen, in einem inneren Wissen, das keiner Begründung bedarf. Intuition ist eine der deutlichsten Arten, wie ihre Führung erfahren werden kann.

Wenn Zweifel aufkommen und der Verstand sich in verwirrenden Gedanken verstrickt, gibt der Körper oft ehrlichere Antworten. Ein Gefühl der Ausdehnung oder Anspannung, ein leichtes Kribbeln im Magen oder plötzliche Erleichterung können Hinweise darauf sein, welchem Weg man folgen soll. Engel zwingen keine

Entscheidungen auf, sondern geben Zeichen, um die Unterscheidungskraft zu klären.

Wiederkehrende Muster beobachten, auf wiederkehrende Symbole achten oder einfach auf den inneren Impuls hören, der eine unerwartete Richtung vorschlägt, sind Möglichkeiten, ihren Einfluss zu empfangen. Manchmal folgt die Intuition der Engel keiner offensichtlichen Logik, aber mit der Zeit entdeckt man, dass sie einen genau dorthin führt, wo man sein musste.

Engel bei der Arbeit: Verbesserung des Arbeitsumfelds

Der Arbeitsplatz wird nicht immer als ein Ort wahrgenommen, der spiritueller Energie förderlich ist, aber in Wirklichkeit ist er einer der Orte, an denen das Wirken der Engel am stärksten zu spüren ist. Druck, Konflikte und ständige Verantwortlichkeiten erzeugen Spannungen, die durch die Gegenwart des Göttlichen gelindert werden können.

Die Visualisierung des von Licht umhüllten Arbeitsbereichs, das Aufstellen eines symbolischen Objekts, das uns an den Schutz der Engel erinnert, oder einfach nur das Beginnen des Tages mit einer klaren Absicht können die Qualität der Umgebung verbessern. Die Energie der Engel spiegelt sich in der Harmonie unter den Kollegen, in fließender Kreativität und in der Lösung von Schwierigkeiten ohne unnötige Reibungen wider.

Es ist nicht ungewöhnlich, dass sich unerwartete Lösungen ergeben, wenn man ihre Anwesenheit anruft, oder dass bestimmte Besprechungen oder Gespräche leichter verlaufen. Manchmal wird das Eingreifen der Engel nicht als großes Ereignis wahrgenommen, sondern als subtile Anpassung der täglichen Dynamik, die das Wohlbefinden und die Zusammenarbeit fördert.

Engel wirken auch durch andere. Ein Wort der Ermutigung im richtigen Moment, eine freundliche Geste inmitten von Stress, eine Gelegenheit, die sich gerade dann bietet, wenn sie am dringendsten gebraucht wird. Wenn die Verbindung zu ihnen stärker wird, fällt es leichter zu erkennen, wie ihr Einfluss in den Alltag einfließt, selbst an Orten, an denen man sie nicht erwarten würde.

Keine Grenze zwischen dem Heiligen und dem Alltäglichen

Es gibt keine bestimmte Zeit, um sich mit der Präsenz der Engel zu verbinden, und es gibt auch keinen bestimmten Ort, an dem sich ihre Energie manifestieren kann. Engel sind in jeder stillen Pause, in jeder Entscheidung, die mit dem Herzen getroffen wird, in jedem Moment, in dem sich ein Raum öffnet, um sie wahrzunehmen. Es ist nicht notwendig, etwas Außergewöhnliches zu tun, um ihre Führung zu erhalten; es reicht aus, präsent zu sein und die Bereitschaft zu bewahren, ihren Einfluss im Alltag wahrzunehmen.

Letztendlich ist das Leben selbst eine Bühne, auf der das Heilige und das Alltägliche miteinander verflochten sind. Es hängt alles davon ab, wie wir es betrachten, wie offen wir dafür sind, die Gegenwart dieser Wesen zu spüren, die zwar unsichtbar sind, aber immer in unserer Nähe sind.

Bewusstes Fahren mit engelhaftem Schutz

Das Autofahren kann zu einer Praxis der spirituellen Verbindung werden, wenn es mit voller Aufmerksamkeit und der bewussten Absicht des Schutzes erfolgt. Hinter dem Steuer bedeutet Wachsamkeit nicht nur schnelle Reflexe und fundierte Entscheidungen, sondern auch eine intuitive Offenheit, die es uns ermöglicht, subtile Warnungen wahrzunehmen. Bewusstes Fahren bedeutet nicht nur, Sicherheitsregeln anzuwenden, sondern die Fahrt als eine Erfahrung anzunehmen, in der Körper, Geist und Energie in Einklang gebracht werden, um einen harmonischen Fluss auf der Straße zu schaffen.

Schutzengel und Geistführer manifestieren sich beim Autofahren auf vielfältige Weise. Manchmal kann das plötzliche Gefühl, noch ein paar Sekunden länger an einer Ampel zu halten, einen Unfall verhindern, oder eine plötzliche Eingebung kann Sie dazu veranlassen, ohne ersichtlichen Grund Ihre Route zu ändern, nur um später festzustellen, dass Sie einen Stau oder einen Unfall vermieden haben. Diese Eingriffe sind keine Zufälle, sondern subtile Reaktionen von Kräften, die über Ihre Sicherheit und Ihr Wohlergehen wachen.

Um diesen Schutz zu verstärken, können vor Fahrtantritt Visualisierungen eingesetzt werden. Die Vorstellung eines Lichtfeldes, das das Fahrzeug umgibt, oder die Visualisierung eines Energieschildes, das als Barriere gegen negative Einflüsse wirkt, trägt dazu bei, das Gefühl der Geborgenheit zu stärken. Einige Fahrer sind es gewohnt, die Erzengel Michael oder Raphael anzurufen und um geistige Klarheit, Schutz vor allen Eventualitäten und eine sichere Reise zu bitten. Das Fahren zu einer bewussten Handlung zu machen, bei der die Umgebung mit Gelassenheit und Respekt wahrgenommen wird, schafft eine harmonischere Erfahrung, die im Einklang mit der Engel-Energie steht, die über diejenigen wacht, die mit hohen Absichten reisen.

Engelhaftes Kochen: Essen mit himmlischer Energie zubereiten

Kochen ist viel mehr als eine häusliche Aufgabe; es ist ein Prozess der Transformation, bei dem Zutaten durch Absicht zum Leben erweckt werden. Seit jeher betrachten viele Kulturen die Zubereitung von Speisen als einen heiligen Akt, als eine Brücke zwischen dem Materiellen und dem Göttlichen. Es ist kein Zufall, dass in Klöstern, Tempeln und spirituellen Gemeinschaften verschiedener Traditionen das Kochen als Ritual der Dankbarkeit und Erhebung praktiziert wird.

Der Einfluss von Energie auf Lebensmittel lässt sich an der Art und Weise ihrer Zubereitung erkennen. Ein mit Liebe und Hingabe zubereitetes Gericht nährt nicht nur den Körper, sondern auch den Geist. Gebete, Mantras oder einfache Worte der Dankbarkeit beim Waschen von Gemüse, Kneten von Brot oder Servieren von Speisen können das Essen mit einer höheren Schwingung erfüllen und seine Zusammensetzung mit wohltuenden Energien in Einklang bringen. Die engelhafte Präsenz in der Küche ist spürbar, wenn der Zubereitungsprozess mit vollem Bewusstsein erfolgt, wenn jede Zutat als Segen geschätzt wird und wenn das Teilen von Essen zu einem Ausdruck von Liebe und Fürsorge wird.

In der esoterischen Tradition wird der Erzengel Metatron als Vermittler göttlicher Energie in der Materie angesehen, der dabei hilft, die Schwingungen von allem, was den Körper nährt, zu verfeinern. Ihn vor dem Kochen anzurufen oder sich vorzustellen, wie sein Licht das Essen in Träger von Wohlbefinden und Ausgeglichenheit verwandelt, kann eine kraftvolle Praxis sein. Unabhängig von jeglichem Glauben ist es eine Tatsache, dass die Art und Weise, wie Lebensmittel zubereitet und verzehrt werden, die Vitalität und den emotionalen Zustand beeinflusst. Mit Dankbarkeit zu essen, mit Achtsamkeit zu kochen und jedes Gericht mit Großzügigkeit anzubieten, eröffnet einen Raum, in dem das Alltägliche heilig wird und sich himmlische Energie mit dem täglichen Leben verwebt.

Bewusste Erziehung: Kinder in das Bewusstsein für Engel einbeziehen

Kinder haben eine natürliche Verbindung zur feinstofflichen Welt. Ihre freie Vorstellungskraft und ihre Fähigkeit zum Staunen ermöglichen es ihnen, Realitäten jenseits des Sichtbaren wahrzunehmen, etwas, das Erwachsene im Laufe der Zeit oft vergessen haben. Für sie ist der Kontakt mit dem Engelhaften eine spontane Erfahrung, die keiner Erklärung oder Beweise bedarf, sondern nur Offenheit für das Wunderbare.

Viele Kinder sprechen von „unsichtbaren Freunden", beschreiben Lichter oder Präsenzen in ihren Zimmern oder fühlen sich in schwierigen Momenten getröstet, ohne zu wissen warum. In verschiedenen Traditionen wurde dies als Zeichen ihrer Nähe zu Engeln verstanden, die sie besonders in den ersten Lebensjahren begleiten. Es ist nicht notwendig, diese Wahrnehmung zu korrigieren oder zu rationalisieren; vielmehr ist es eine Gelegenheit, ihr Vertrauen in das Heilige zu stärken und ihnen zu helfen, eine natürliche Beziehung zu diesen Lichtwesen aufzubauen.

Diese Verbindung zu fördern bedeutet nicht, ihnen Glaubenssätze aufzuzwingen, sondern ihre spirituelle Sensibilität mit Respekt und Offenheit zu begleiten. Man kann sie dazu einladen, vor dem Schlafengehen mit einer bestimmten Absicht eine Kerze anzuzünden, um Dankbarkeit für den vergangenen Tag auszudrücken oder die kleinen Zeichen der Hilfe und Führung zu erkennen, die in ihrer Umgebung erscheinen. Musik, Spiel und Geschichten sind wirkungsvolle Mittel, um ihnen zu vermitteln, dass sie nicht allein sind, sondern von Wesen umgeben, die sich um sie kümmern und sie führen.

In der Engelstradition gilt der Erzengel Sandalphon als besonderer Beschützer der Kinder, der ihnen hilft, ihre Verbindung zur Erde und zum Göttlichen aufrechtzuerhalten. Seine subtile und harmonisierende Energie wird mit Musik, Naturgeräuschen und Kreativität in Verbindung gebracht – Aspekte, die in die Erziehung einfließen können, um die Verbindung der Kinder zu ihrer eigenen spirituellen Essenz zu stärken.

Alte Kulturen haben verstanden, wie wichtig es ist, Kinder mit einem Sinn für das Heilige zu erziehen, nicht als Dogma, sondern als eine Möglichkeit, sie daran zu erinnern, dass das Leben ein Geheimnis voller Schönheit und Schutz ist. Wenn man ihnen erlaubt, mit dieser Wahrnehmung aufzuwachsen, gibt man ihnen eine solide Grundlage, um der Welt mit Zuversicht und Harmonie zu begegnen und immer die Gegenwart dieser unsichtbaren Beschützer zu spüren, die sie auf ihrer Reise begleiten.

Die Engelkarte des Zuhauses: Alltägliche Räume verwandeln

Jeder Raum in Ihrem Zuhause ist ein energetischer Mikrokosmos, ein Spiegelbild der Aufgabe, die er in

Ihrem Leben erfüllt. Indem Sie jeden Raum mit der entsprechenden Engelpräsenz verbinden, harmonisieren Sie nicht nur die Umgebung, sondern verwandeln Ihr Zuhause auch in einen Ort des Lichts und des Schutzes. Diese Übung wird Ihnen dabei helfen, ein lebendiges Zuhause zu schaffen, in dem jeder Winkel seinen himmlischen Beschützer hat und jede alltägliche Handlung zu einer bewussten Handlung wird.

Benötigte Materialien:
- Ein einfacher Grundriss Ihrer Wohnung (Sie können ihn von Hand zeichnen)
- Farbige Haftnotizen oder kleine Zettel
- Ein Filzstift oder Kugelschreiber
- Einen Moment der Ruhe, um die Übung bewusst durchzuführen

Schritt für Schritt:

1. Zeichnen Sie eine Energiekarte Ihres Zuhauses

Zeichnen Sie ein einfaches Diagramm Ihres Zuhauses und markieren Sie jeden Raum, Flur und Gemeinschaftsbereich. Architektonische Präzision ist nicht erforderlich; wichtig ist, jeden Raum zu erfassen, in dem sich Ihr Leben abspielt.

2. Weisen Sie jedem Raum einen Schutzengel zu

Jeder Raum hat eine energetische Bestimmung, und Engel können seine Funktion verstärken:

- **Küche:** Engel der Fülle und Ernährung – segnet die Speisen und füllt das Zuhause mit Vorräten.
- **Schlafzimmer:** Engel der Ruhe und Erneuerung – wacht über den Schlaf und regeneriert Körper und Seele.
- **Wohnzimmer:** Engel der Familienharmonie – stärkt die Kommunikation und den Zusammenhalt.
- **Badezimmer:** Engel der Reinigung – reinigt und erneuert Energien.
- **Arbeitszimmer oder Büro:** Engel der Weisheit – leitet das Lernen und Arbeiten mit Klarheit.
- **Eingangsbereich:** Schutzengel – beschützt das Haus und seine Bewohner.
- **Flure und Ecken:** Engel der Fluidität – lassen Energie zirkulieren, ohne dass sie stagniert.

Schreiben Sie den Namen des entsprechenden Engels auf einen Haftnotizzettel und platzieren Sie diesen unauffällig in jedem Raum (hinter einer Tür, unter einem Möbelstück, auf einem Regal). Dies verstärkt nicht nur die Absicht, sondern wirkt auch als energetischer Anker.

3. Aktivieren Sie die Anwesenheit der Engel in jedem Raum

Es reicht nicht aus, jedem Raum einen Engel zuzuweisen; Sie müssen seine Rolle im Haus willkommen heißen. Führen Sie dazu eine **symbolische Geste** ein, die Ihnen hilft, sich jedes Mal daran zu erinnern, wenn Sie diesen Raum betreten. Hier einige Ideen:

- **Küche:** Legen Sie vor dem Kochen Ihre Handfläche auf den Tisch und sagen Sie leise: „Danke für die Fülle."
- **Schlafzimmer:** Wenn Sie zu Bett gehen, stellen Sie sich ein sanftes Licht vor, das das Bett umhüllt, und wiederholen Sie im Geiste: „Möge diese Ruhe mich erneuern."
- **Wohnzimmer:** Wenn Sie eine Lampe oder Kerze anzünden, spüren Sie, wie das Licht die Energie der Harmonie aktiviert.
- **Badezimmer:** Wenn Sie die Dusche oder den Wasserhahn einschalten, stellen Sie sich vor, wie ein blaues Leuchten Ihr ganzes Wesen reinigt.
- **Arbeitszimmer oder Büro:** Bevor Sie mit der Arbeit oder dem Lernen beginnen, berühren Sie sanft die Oberfläche Ihres Schreibtisches und wiederholen Sie: „Möge Weisheit meinen Geist leiten."
- **Eingangsbereich:** Berühren Sie jedes Mal, wenn Sie durch die Tür gehen, den Türrahmen und stellen Sie sich vor, wie ein Schutzschild Ihr Zuhause umhüllt.

4. Interagieren Sie mit Engeln durch tägliche Handlungen

Führen Sie eine Woche lang jede Tätigkeit mit dem Bewusstsein aus, dass Sie nicht allein im Raum sind, sondern mit den Engeln zusammenarbeiten, die Sie beschützen. Jede tägliche Aufgabe wird zu einer heiligen Handlung:

- Wenn Sie Essen zubereiten, spüren Sie, wie der Engel der Ernährung das Essen mit Vitalität erfüllt.

- Nehmen Sie beim Putzen die Gegenwart des Engels der Reinigung wahr, der dabei hilft, dichte Energien zu klären.

- Wenn Sie sich mit Ihrer Familie unterhalten, rufen Sie die Energie des Engels der Harmonie an, um das Verständnis zu stärken.

- Spüren Sie bei der Arbeit, wie der Engel der Weisheit Ideen und kluge Entscheidungen inspiriert.

5. Beobachten Sie die Veränderungen in Ihrer Umgebung

Im Laufe der Tage werden Sie feststellen, wie die Energie in Ihrem Zuhause leichter wird, Räume sich einladender anfühlen und alltägliche Aufgaben nicht mehr automatisch erledigt werden, sondern zu Ritualen der Verbindung werden. Engel brauchen keine großen Zeremonien, um sich zu manifestieren; es reicht aus, ihnen in Ihrem täglichen Leben Raum zu geben und ihre Präsenz in jeder Ecke wahrzunehmen.

Am Ende der Woche können Sie Ihre Hauskarte überprüfen und gegebenenfalls Anpassungen vornehmen. Möglicherweise stellen Sie fest, dass bestimmte Räume mehr Aufmerksamkeit erfordern oder dass ein anderer Engel für einen bestimmten Raum besser geeignet ist. Lassen Sie die Energie fließen und passen Sie die Übung Ihrer eigenen Intuition an.

Mit der Zeit wird diese Engelkarte zu einem lebendigen Leitfaden, der Sie daran erinnert, dass jede Handlung im Haus mit Licht, Präsenz und Schutz erfüllt sein kann.

20. Akasha-Chronik und Engel: Zugang zur universellen Weisheit

Die Akasha-Chronik und ihre Beziehung zu Engeln

Die Akasha-Chronik kann man sich als eine riesige ätherische Bibliothek vorstellen, in der alle Erfahrungen, Gedanken und Erkenntnisse der Seele aus ihren zahlreichen Inkarnationen aufbewahrt werden. Diese kosmische Erinnerung ist mehr als nur ein Archiv der Vergangenheit, sie umfasst auch zukünftige Potenziale, nicht eingeschlagene Wege und noch ausstehende Lektionen. In dieser subtilen Ebene der Information ist Zeit nicht linear, sondern eher ein Netz aus miteinander verflochtenen Möglichkeiten, auf das man je nach Bewusstseinsgrad und Entwicklungsstand zugreifen kann.

Engel spielen eine grundlegende Rolle beim Schutz dieses heiligen Wissens und sorgen dafür, dass nur die richtigen Informationen zum richtigen Zeitpunkt abgerufen werden können. Dies ist keine willkürliche Einschränkung, sondern ein liebevoller Schutz, der den Zugriff auf Daten verhindert, die ohne ausreichende Vorbereitung falsch interpretiert oder verwendet werden könnten. Unter diesen

Wächtern sticht der Erzengel Metatron hervor, der in verschiedenen esoterischen Traditionen als himmlischer Schreiber bekannt ist. Apokryphen wie dem *Buch Henoch* zufolge war Metatron zu Lebzeiten der Patriarch Henoch, der aufgrund seiner Weisheit und seiner Verbindung zum Göttlichen in einen hochrangigen Engel verwandelt wurde. Diese Erzählung, die in vielen Traditionen nicht zum biblischen Kanon gehört, liefert Hinweise auf die Weitergabe göttlichen Wissens und die Rolle der Engel bei dessen Bewahrung.

Die Interaktion zwischen Engeln und den Akasha-Chroniken beschränkt sich nicht nur auf die Bewahrung von Wissen. Ihre Arbeit geht noch weiter, da sie als Vermittler fungieren, die Informationen filtern und interpretieren, damit jede Seele genau das erhält, was sie in ihrem Wachstumsprozess benötigt. Während die Chroniken Informationen objektiv speichern, übermitteln Engel sie mit einer liebevollen Weisheit, die den Entwicklungsstand und die Verständnisfähigkeit jedes Einzelnen berücksichtigt.

Schutzengel der Akasha-Chronik

Obwohl Metatron der bekannteste Hüter dieser kosmischen Archive ist, ist er bei dieser Aufgabe nicht allein. Verschiedene mystische Traditionen erwähnen andere Hüter, wie die Kumaras oder Herren der Aufzeichnungen, die als Wesen des Lichts mit hohem Bewusstsein beschrieben werden, die auf einer Ebene der reinen Existenz wirken. Diese Wächter sollen die Integrität der Aufzeichnungen bewahren und unbefugten Zugriff oder egoistische Verfälschungen verhindern. Ihre Präsenz wird als Sphären aus kristallinem Licht wahrgenommen, Symbole für die Reinheit und Transparenz der Informationen, die sie schützen.

Eine weitere Gruppe von Engeln, die an diesem Schutz beteiligt sind, sind die sogenannten *Engel der Erinnerung*, die mit dem Chor der Throne innerhalb der himmlischen Hierarchie verbunden sind. Ihre Aufgabe ist es, den Zugang zu Akasha-Erinnerungen zu erleichtern, die für den Lernprozess der Seele relevant sind. Ihr Eingreifen manifestiert sich oft durch Synchronizitäten, jene scheinbar zufälligen Ereignisse, die tatsächlich als Zeichen wirken: die Wiederholung bestimmter Zahlen, unerwartete Begegnungen oder symbolische Träume, die tiefe Intuitionen wecken. Jede menschliche Entscheidung und Erfahrung wird in einer Art karmischer Karte aufgezeichnet, die diese Engel als Referenz nutzen, um den Einzelnen in seiner Entwicklung zu begleiten.

Techniken für den Zugang zu den Aufzeichnungen mit Hilfe der Engel

Um sich auf die Akasha-Chronik einzustimmen, ist eine Schwingungsanpassung erforderlich, die es Ihnen ermöglicht, sich mit ihrer subtilen Frequenz zu verbinden. Um dies zu erreichen, ist es unerlässlich, den Kanal der spirituellen Wahrnehmung zu öffnen und wichtige

Energiezentren zu aktivieren, wie zum Beispiel das dritte Auge-Chakra – das als Portal der Intuition gilt – und *das*, was mystische Traditionen als *Diamantenseele* bezeichnen, ein Symbol für Reinheit und spirituelle Stärke.

Es gibt verschiedene Techniken, um diese Verbindung zu erleichtern, von denen viele seit der Antike angewendet werden. Eine davon ist das Rezitieren von Engelsmantras, unter denen das *Yod-He-Vav-He* hervorsticht, in der Kabbala als Tetragrammaton bekannt, ein mächtiger heiliger Name, der als Schwingungsschlüssel für den Zugang zu höheren Bewusstseinszuständen dient. Auch die heilige Geometrie wird verwendet, insbesondere der *Metatron-Würfel*, eine Figur, die aus geometrischen Schnittpunkten besteht, die universelle Schöpfungsmuster verkörpern und als Tor zu höheren Dimensionen dienen.

Eine weitere grundlegende Ressource ist die Anrufung des Erzengels Gabriel, der in verschiedenen Traditionen als göttlicher Bote anerkannt ist. Die Bibel beschreibt ihn als den Engel, der bedeutende Ereignisse wie die Geburt Jesu ankündigte, was ihn mit der Übermittlung von offenbartem Wissen in Verbindung bringt. Seine Energie erleichtert den Empfang von Informationen in symbolischer Form, durch Farben, archetypische Bilder oder innere Empfindungen. Aus zeitgenössischer Perspektive haben einige Forscher diesen Prozess mit der Theorie der *Quanteninformationsfelder* verglichen, in denen Engel als Vermittler fungieren, die in einer universellen

Energiematrix gespeicherte Daten entschlüsseln und übertragen.

Lesen und Interpretieren von Akasha-Informationen

Der Zugriff auf die Akasha-Chronik ist nur der erste Schritt; das Verständnis der offenbarten Informationen ist eine Kunst, die auf verschiedenen Ebenen entwickelt wird. Es gibt drei grundlegende Ebenen bei der Interpretation dieser Aufzeichnungen:

- **Die historische Ebene**, die sich auf vergangene Ereignisse und Erfahrungen konzentriert und uns ermöglicht zu verstehen, wie frühere Entscheidungen unsere gegenwärtige Realität geprägt haben.

- **Die symbolische Ebene**, auf der sich karmische Muster und Lernzyklen zeigen, die sich in verschiedenen Inkarnationen wiederholen.

- **Die Seelenebene**, die tiefste von allen, die den wesentlichen Zweck der Seele und ihre Entwicklung innerhalb des göttlichen Plans offenbart.

Engel spielen in diesem Prozess eine entscheidende Rolle, indem sie als Führer und Interpreten der Informationen dienen. Durch übersinnliche Fähigkeiten wie **Hellfühligkeit** (Empfindlichkeit für die Wahrnehmung subtiler Energien), **Hellhörigkeit** (die Fähigkeit, Botschaften in Form von Tönen oder Worten zu empfangen, die nicht aus der physischen Umgebung stammen) und **Hellsehen** (Sehen von Symbolen und Bildern spirituellen Ursprungs) helfen sie dem Klienten, die Akasha-Daten in Wissen zu übersetzen, das auf sein Leben anwendbar ist.

Ein bemerkenswertes Phänomen in diesem Bereich ist **das „Spiegellesen"**, bei dem der Leser bei der Interpretation der Aufzeichnungen einer anderen Person gleichzeitig Offenbarungen über seinen eigenen Weg und seine eigenen Herausforderungen erhält. Dies deutet darauf hin, dass die Akasha-Chronik keine isolierten Einzeldateien sind, sondern Teil eines riesigen Netzwerks gemeinsamer Erfahrungen, in dem jede Seele sich selbst in der Geschichte eines anderen widerspiegeln sehen und so neue Perspektiven und Lektionen finden kann.

Es ist wichtig zu beachten, dass die Zeit in den Akasha-Chroniken nicht einer linearen Abfolge folgt. Anstatt eine festgelegte Vergangenheit, Gegenwart und Zukunft darzustellen, zeigen die Engel die Informationen in Form von **Konstellationen von Möglichkeiten**, die es dem Klienten ermöglichen, sich verschiedene potenzielle Zukünfte vorzustellen. Die Forschung auf dem Gebiet der **transpersonalen Psychologie** hat Fälle dokumentiert, in denen Menschen auf Erinnerungen zugreifen, die scheinbar parallelen Leben entsprechen, Erfahrungen, die zwar metaphorisch erscheinen mögen, die die Engel jedoch in einen Kontext stellen, um das persönliche Wachstum und die Auflösung von Blockaden im aktuellen Leben zu erleichtern.

Heilung vergangener Leben durch Aufzeichnungen und engelhafte Führung

Die Akasha-Chronik speichert nicht nur die individuelle Geschichte der Seele, sondern auch Erinnerungen an transgenerationale Traumata und karmische Pakte, die sich im gegenwärtigen Leben als Energieblockaden oder wiederkehrende Muster manifestieren können. Diese Knoten im Energiefeld können sowohl das emotionale als auch das körperliche Wohlbefinden beeinträchtigen und die natürliche Entwicklung des Wesens behindern.

Heilende Engel greifen in diese Heilungsprozesse ein, wobei Erzengel **Raphael** die Hauptrolle spielt. Seine Energie, die in verschiedenen Traditionen für ihre Heilkraft bekannt ist, wirkt in Verbindung mit Kräften wie dem **violetten Feuer** ( ), einem transformierenden Prinzip, das negative Ladungen auflösen und die Schwingung der Seele neu konfigurieren kann. Es gibt Zeugnisse von Menschen, denen es gelungen ist, unerklärliche Phobien oder emotionale Blockaden zu überwinden, indem sie Erinnerungen an traumatische Erfahrungen in anderen Leben, die in den Akasha-Chroniken aufgezeichnet sind, identifiziert und geheilt haben.

Dieser Heilungsprozess vollzieht sich in drei wesentlichen Phasen:

1. **Offenbarung**: Der Klient gelangt zur ursprünglichen Ursache des Traumas oder der Blockade, die

sich in Bildern, Empfindungen oder intensiven Emotionen manifestieren kann.

2. **Verständnis**: Die Engel bieten eine höhere Perspektive auf die Situation und helfen dabei, die Erfahrung aus einer lern- und entwicklungsorientierten Perspektive zu integrieren.

3. **Befreiung**: Die energetischen Bindungen, die Schmerz und Begrenzung aufrechterhalten, werden durchtrennt, was eine tiefgreifende Transformation ermöglicht.

Aus wissenschaftlicher Sicht haben neurowissenschaftliche Studien gezeigt, dass tiefgreifende Heilungserfahrungen die **Amygdala** beeinflussen können, die Region des Gehirns, die Reaktionen auf Angst und Stress reguliert. Dies würde erklären, warum Menschen, die Befreiungsprozesse in den Akasha-Chroniken durchlaufen, möglicherweise weniger Angst empfinden und ein größeres Gefühl innerer Harmonie verspüren.

Entdecken Sie Ihren Lebenszweck durch die Aufzeichnungen

Vor der Inkarnation schließt jede Seele einen sogenannten **„göttlichen Vertrag"**, eine heilige Vereinbarung, die die grundlegenden Erfahrungen, die zu entwickelnden Talente und die wichtigsten Beziehungen definiert, die ihren Evolutionsweg prägen werden. Diese Aufzeichnungen werden von **Schutzengeln** bewacht, die den Menschen bei ihrer Suche nach Sinn und Aufgabe auf der Erde unterstützen.

Einer der wichtigsten Engel in diesem Bereich ist der **Erzengel Chamuel**, der für seine liebevolle Energie und seine Fähigkeit bekannt ist, die Essenz des persönlichen Lebenszwecks zu erhellen. In Momenten, in denen irdische Umstände die Sicht auf den Weg verdeckt haben, hilft Chamuel dabei, die Verbindung zur ursprünglichen Absicht der Seele wiederherzustellen und den Klienten zu seiner wahren Berufung zu führen.

In diesem Entdeckungsprozess finden sich auch **numerische und symbolische Hinweise**. Geburtsdaten, Namen und wichtige Ereignisse können Muster enthalten, die Informationen über den Lebenszweck eines Menschen offenbaren. **Die Engel-Numerologie** geht davon aus, dass Zahlenfolgen wie **11:11** oder **333** in Momenten der Ausrichtung auf das Schicksal der Seele erscheinen und als Zeichen der Bestätigung dienen, wenn sich eine Person auf dem richtigen Weg befindet.

Dieser Ansatz hat seine Wurzeln in alten Kulturen, die Zahlensysteme verwendeten, um göttliche Pläne zu interpretieren und die kosmische Ordnung zu verstehen. Wie in alten Zivilisationen verwenden Engel diese Codes, um dem Ratsuchenden zu helfen, seine Mission zu erkennen und mit größerer Klarheit voranzuschreiten.

Ethik und Verantwortung beim Zugriff auf die Akasha-Chronik

Das Wissen, das aus den Akasha-Chroniken stammt, ist kein absolutes Recht, sondern ein heiliges Werkzeug, das mit tiefem Respekt und Verantwortung verwendet werden muss. Das **Gesetz des freien Willens** ist die höchste Norm in diesem Bereich, und Engel sind zwar bereit zu helfen, geben jedoch nur mit der bewussten und freiwilligen Zustimmung des Klienten Informationen preis.

Zu den **grundlegenden ethischen Standards** gehören:

- **Greifen Sie nicht ohne deren Erlaubnis auf die Aufzeichnungen einer anderen Person zu.** Dies ohne Zustimmung zu tun, verletzt das Recht auf spirituelle Privatsphäre.

- **Vermeiden Sie es, unveränderliche Vorhersagen zu treffen.** Die Aufzeichnungen sollten nicht dazu verwendet werden, eine festgelegte Zukunft aufzuzwingen, sondern um Klarheit und Orientierung zu bieten.

- **Wahren Sie absolute Vertraulichkeit** hinsichtlich der erhaltenen Informationen.

Die Geschichte hat gezeigt, welche Folgen eine Fehlinterpretation prophetischer Offenbarungen haben kann. Ein deutliches Beispiel dafür ist der Fall von **Nostradamus**, dessen Visionen im Laufe der Jahrhunderte Gegenstand zahlreicher Missverständnisse waren und Verwirrung und unnötige Ängste hervorgerufen haben.

Dies unterstreicht die Notwendigkeit, mit allen Informationen, die beim Zugriff auf die Aufzeichnungen erhalten werden, vorsichtig umzugehen.

Die esoterische Tradition lehrt, dass die **Kumaras**, die Hüter der heiligen Weisheit, drei wesentliche Filter für den Zugriff auf Akasha-Informationen festlegen:

1. **Reine und selbstlose Absicht**, frei von egoistischen Motiven.

2. **Eine angemessene Schwingungsvorbereitung**, die durch Meditation, Reinigung und spirituelle Praktiken erreicht wird.

3. **Hohes Unterscheidungsvermögen**, das Interpretationen auf der Grundlage von Annahmen oder persönlichen Wünschen vermeidet.

Interessanterweise findet dieses Prinzip eine Parallele in **der Quantenphysik**, und zwar durch das **Beobachterprinzip**, das besagt, dass der Bewusstseinszustand des Beobachters das Ergebnis dessen, was beobachtet wird, beeinflussen kann. In ähnlicher Weise blockieren Engel den Zugang zu den Aufzeichnungen, wenn sie feststellen, dass die Anfrage durch Ego oder persönliche Interessen motiviert ist, die nicht zum Wachstum der Seele beitragen.

Die Akasha-Weisheit in den Alltag integrieren

Die Anwendung der Akasha-Weisheit im täglichen Leben beinhaltet die Entwicklung **des Seelen Gedächtnisses**, einer intuitiven Fähigkeit, im richtigen Moment auf relevante Informationen zuzugreifen. Durch diese Verbindung fungieren Engel als Vermittler und geben durch subtile Zeichen und Synchronizitäten, die unbemerkt bleiben können, wenn man ihnen nicht die gebührende Aufmerksamkeit schenkt, Führung.

Diese Zeichen manifestieren sich auf verschiedene Weise: das unerwartete Auftauchen einer Feder in Momenten der Unsicherheit, eine Melodie, die genau im richtigen Moment erklingt, spontane Erinnerungen, die Klarheit in komplexen Situationen bringen. Ihre Funktion besteht darin, die Präsenz der Engel und ihre Unterstützung im täglichen Leben zu verstärken und uns daran zu erinnern, dass die Akasha-Weisheit kein fernes Wissen ist, sondern ein Informationsstrom, der in jedem Moment zugänglich ist.

Um diese Verbindung zu stärken und den natürlichen Fluss der Akasha-Informationen zu ermöglichen, empfiehlt es sich, **tägliche Praktiken** anzuwenden, **die das Bewusstsein in diesem subtilen Wissen verankern**. Dazu gehören unter anderem:

- **Notieren Sie Zufälle und Wahrnehmungen in einem synchronistischen Tagebuch**, das Ihnen hilft, Muster zu erkennen und die Sprache der Engel besser zu verstehen.

- **Erstellen Sie einen persönlichen Altar** mit symbolischen Elementen wie Federn, weißen Quarzkristallen oder Engelsfiguren, die als Ankerpunkte für die spirituelle Verbindung dienen.

- **Meditieren Sie mit einer bestimmten Absicht** und konzentrieren Sie sich darauf, Führung und Klarheit zu bestimmten Themen zu erhalten.

Über formale Praktiken hinaus findet die wahre Integration dieser Weisheit statt, wenn der Klient erkennt, dass jeder Gedanke, jede Emotion und jede Handlung in den Akasha-Chroniken aufgezeichnet wird und dass seine Entwicklung von den bewussten Entscheidungen abhängt, die er trifft. Mit anderen Worten: Die Anwendung dieses Wissens ist kein passiver Vorgang, sondern ein kontinuierlicher Transformationsprozess, in dem jede Entscheidung die Zukunft prägt und zur Erweiterung der Seele beiträgt.

Übung: „Emotionale Traumata den Engeln übergeben"

Diese Übung erleichtert das Loslassen emotionaler Belastungen mit Hilfe der Engel, wodurch Schmerz in inneren Frieden verwandelt werden kann.

Benötigte Materialien:
- Ein ruhiger Ort, an dem Sie mindestens 30 Minuten lang ungestört sind.

- Ein Tagebuch und einen Stift, um die Erfahrung festzuhalten.
- Eine Kerze (optional, um eine heilige Atmosphäre zu schaffen und die Schwingung des Raumes zu erhöhen).

Anleitung:

1. **Suchen Sie sich einen bequemen Platz und schließen Sie die Augen.** Atmen Sie mehrmals tief ein und aus, damit sich Ihr Körper und Geist entspannen können.

2. **Rufen Sie die Anwesenheit von Engeln und spirituellen Führern herbei,** entweder still oder laut, mit Worten wie:

3. *„Geliebte Engel, ich lade euch ein, mich bei diesem Heilungsprozess zu begleiten. Helft mir, mich geschützt und unterstützt zu fühlen, während ich diese emotionale Last loslasse."*

4. **Rufen Sie sich ein emotionales Trauma ins Bewusstsein, das Sie bereit sind loszulassen.** Das kann eine Erfahrung aus Ihrer Kindheit sein, ein ungelöster Konflikt oder ein Ereignis, das Ihnen immer noch Unbehagen bereitet.

5. **Lassen Sie die Emotionen zu, ohne sie zu unterdrücken.** Wenn Sie Traurigkeit, Wut oder Angst empfinden, beobachten Sie diese Gefühle ohne sie zu bewerten und lassen Sie sie ohne Widerstand zu.

6. **Stellen Sie sich vor, wie Engel Sie mit heilendem Licht umgeben.** Sie können sich Wesen aus Licht

vorstellen oder sich mit bestimmten Erzengeln verbinden, wie **Michael** für Schutz, **Raphael** für Heilung oder **Chamuel** für mitfühlende Liebe.

7. **Übergeben Sie das Trauma den Engeln.** Stellen Sie sich vor, wie sich der Schmerz in Ihren Händen in eine Kugel aus dunkler Energie verwandelt und die Engel ihn liebevoll wegnehmen. Sie können mental sagen:

„Geliebte Engel, ich übergebe euch diesen Schmerz. Helft mir, ihn loszulassen und in Licht zu verwandeln."

8. **Beobachten Sie, wie die Engel diese Energie in reines Licht auflösen.** Spüren Sie die Leichtigkeit, die diese Befreiung in Ihnen hinterlässt.

9. **Nehmen Sie sich einen Moment Zeit, um die Erfahrung in Ihrem Tagebuch festzuhalten.** Schreiben Sie alle Gefühle, Botschaften oder Erkenntnisse auf, die Sie möglicherweise erhalten haben.

10. **Beenden Sie die Übung mit einem Dankgebet**, zum Beispiel:

„Danke, geliebte Engel, für eure Liebe, Führung und Heilung. Ich weiß, dass ihr mich auf meinem Weg weiterhin begleitet."

21. Engel und Karma: Befreiung von Mustern und Heilung der Ahnen

Karma aus der Perspektive der Engel

Aus der Perspektive der Engel ist Karma kein unausweichliches Schicksal oder eine auferlegte Strafe, sondern ein System des Lernens und der Entwicklung der Seele, das auf dem kosmischen Gesetz von Ursache und Wirkung basiert. Jeder Gedanke, jede Emotion und jede Handlung erzeugt eine Schwingung, die in Form von Erfahrungen zurückkehrt, mit dem Ziel, Möglichkeiten für Wachstum und Heilung zu bieten. Engel lehren uns, dass die Situationen, denen wir begegnen, ob harmonisch oder herausfordernd, Teil eines bewussten Prozesses der spirituellen Entwicklung sind, an dem wir aktiv teilnehmen können.

In diesem Sinne sind karmische Schulden keine auferlegten Lasten, sondern Lektionen, die noch integriert werden müssen. Vor der Inkarnation schließt jede Seele bestimmte karmische Vereinbarungen oder Pakte, die die wichtigsten Herausforderungen und Lektionen auf ihrem Weg definieren. Diese Vereinbarungen werden in den sogenannten Akasha-Chroniken festgehalten, einem universellen Schwingungsgedächtnis, in dem die vergangenen, gegenwärtigen und zukünftigen Erfahrungen der Seele archiviert sind. Erzengel wie Metatron, der himmlische Schreiber, und Raziel, der Hüter der göttlichen Geheimnisse, helfen dabei, diese Aufzeichnungen zu interpretieren und darauf zuzugreifen, und schaffen Klarheit über den Zweck hinter jeder Erfahrung und darüber, wie wir uns auf unsere höchste Entwicklung ausrichten können.

Im Gegensatz zu unserer linearen Wahrnehmung von Zeit auf der physischen Ebene agieren Engel aus einer zeitlosen Sichtweise heraus, in der Vergangenheit, Gegenwart und Zukunft miteinander verflochten sind. Erzengel wie Sachiel, der mit der Transformation von Lebensenergie und Fülle in Verbindung gebracht wird, und Zadkiel, Meister der Umwandlung und Vergebung, ermöglichen die gleichzeitige Heilung von Ereignissen, die scheinbar nichts miteinander zu tun haben. Auf diese Weise können Blockaden oder Muster, die sich zu verschiedenen Zeiten im Leben wiederholen, durch bewusste Intervention gelöst werden, da Karma nicht statisch, sondern flexibel und formbar ist, je nach dem Bewusstsein jedes einzelnen Wesens.

Karmische Muster mit Hilfe der Engel erkennen

Karmische Muster manifestieren sich oft als wiederkehrende Situationen in verschiedenen Lebensbereichen, wie z. B. konfliktreiche Beziehungen, die dem gleichen Muster zu folgen scheinen, anhaltende finanzielle Schwierigkeiten oder Krankheiten, die ohne ersichtlichen Grund immer wieder auftreten. Engel helfen uns, diese Zeichen zu erkennen, damit wir sie in Chancen für Entwicklung und Heilung verwandeln können.

Eine der Methoden, die sie dabei anwenden, sind numerische Synchronizitäten, bei denen sich wiederholende Zahlenfolgen wie 1212 oder 711 als Schwingungscodes fungieren, die auf einen laufenden karmischen Lernprozess hinweisen. Sie können auch über körperliche Empfindungen kommunizieren, wie z. B. Druck im Solarplexus – einem Energiezentrum, das mit Willenskraft und Selbstwertgefühl in Verbindung steht – oder ein Gefühl von Wärme in den Händen, das auf eine energetische Aktivierung im Heilungsprozess hinweist. Ein weiterer häufiger Kanal sind wiederkehrende Träume, in denen Symbole, Emotionen oder Szenarien offenbart werden, die noch zu integrierende karmische Lektionen widerspiegeln.

Jeder Erzengel hat eine Spezialität darin, diese Muster zu identifizieren und aufzulösen:

- Chamuel, der Erzengel der bedingungslosen Liebe, hilft dabei, Blockaden in emotionalen Beziehungen aufzudecken und Dynamiken der Abhängigkeit, Verlassenheit oder des geringen Selbstwertgefühls

aufzudecken, die möglicherweise aus früheren Leben oder frühen Erfahrungen stammen.
- Raphael, der himmlische Heiler, hilft uns, Krankheiten zu verstehen, deren Ursprung mit karmischen Erinnerungen zusammenhängen kann, und ermöglicht so die Wiederherstellung des körperlichen und emotionalen Gleichgewichts.
- Jofiel, der Hüter der Erleuchtung, deckt einschränkende Überzeugungen auf, die das persönliche Wachstum behindern, und erleichtert die Erweiterung des Bewusstseins auf höhere Ebenen.

Karmische Muster senden eine energetische Frequenz aus, die Engel präzise wahrnehmen können. Himmlische Wesenheiten, die sich auf die Akasha-Chronik spezialisiert haben, wie beispielsweise Akashiel, fungieren als Hüter dieser Informationen und decken wichtige Details auf, beispielsweise wann das Muster entstanden ist, welchen ursprünglichen Zweck es hatte und wie es sich im Laufe der Zeit entwickelt hat. Durch die Entwicklung dessen, was in der hermetischen Tradition als kausale Vision bekannt ist – die Fähigkeit, die spirituellen Wurzeln hinter dem, was auf der physischen Ebene geschieht, wahrzunehmen –, ist es möglich, Entscheidungen zu treffen, die besser mit der Mission der Seele übereinstimmen, und den Prozess der inneren Transformation zu beschleunigen.

Die Zusammenarbeit mit der Führung durch Engel bei der Identifizierung und Heilung von Karma ermöglicht es uns, aus sich wiederholenden Zyklen auszubrechen und uns auf ein freieres, bewussteres und harmonischeres Leben zuzubewegen, in dem wir aufhören, auf Umstände zu reagieren, und beginnen, unsere Realität aus Weisheit und göttlicher Liebe mitzugestalten.

Heilung der Ahnenlinien mit Familien-Schutzengeln

In der Engelkunde wird anerkannt, dass die karmischen Belastungen einer Abstammungslinie in drei große Kategorien unterteilt werden können: genetisches Karma, das über die DNA übertragen wird und die körperlichen Veranlagungen und natürlichen Begabungen beeinflusst; psychisches Karma, das emotionale Muster und vererbte Überzeugungen umfasst; und spirituelles Karma, das sich auf Seelenverpflichtungen bezieht, die von einer Familie über verschiedene Inkarnationen hinweg gemeinsam übernommen wurden.

Jede Familie hat einen Rat von Ahnenengeln, Schutzengeln, die das karmische Gedächtnis der Abstammungslinie bewahren und deren Transformation erleichtern. Oft wird dieser Rat von einem bestimmten Erzengel geleitet, dessen Aufgabe es ist, bei der Heilung wiederkehrender Konflikte innerhalb der Familiengeschichte zu helfen. Wenn eine Familie beispielsweise über Generationen hinweg Verlassenheit oder emotionale Distanz erlebt hat, kann die Anwesenheit des Erzengels Ariel entscheidend sein, da seine Energie die Wiederherstellung des emotionalen Gleichgewichts und der Verbindung zur Natur als Quelle der Stabilität und Erdung fördert.

Die Heilung dieser Ahnen-Erinnerungen wird vom Engel der Genealogie geleitet, der in einigen Traditionen als Barachiel bezeichnet wird und dabei hilft, verborgene transgenerationale Muster aufzudecken. Diese können sich bei den Nachkommen auf verschiedene Weise manifestieren, von wiederkehrenden Herausforderungen bis hin zu vererbten spirituellen Gaben, die darauf warten, erweckt zu werden. Der Schlüssel zu dieser Transformation liegt im Zugang zu den ursprünglichen Lichtcodes der Ahnenlinie, d. h. der Reinheit und dem Zweck, mit denen jede Familie in den feinstofflichen Ebenen empfangen wurde, bevor die menschliche Erfahrung ihren Energiefluss verzerrte.

Es gibt Seelen, die sich vor ihrer Inkarnation dafür entscheiden, in Familien mit bestimmten Belastungen geboren zu werden, um als Ahnenheiler zu wirken. Diese Menschen fühlen oft eine natürliche Verbindung zu Erzengeln, die mit Transformation in Verbindung stehen, wie Zadkiel, dessen Energie dabei hilft, Karma loszulassen, oder Metatron, der die Umstrukturierung der energetischen DNA der Abstammungslinie erleichtert. Mit der Hilfe von Engeln ist es möglich, symbolische Zeremonien durchzuführen, bei denen der Klient als Vertreter seiner Familie vor dem Himmlischen Gericht auftritt, einem Raum göttlicher Gerechtigkeit, in dem um Vergebung gebeten, das Gleichgewicht wiederhergestellt und vererbte Muster durch Mitgefühl und bedingungslose Liebe aufgelöst werden.

Auflösung karmischer Verträge durch Engel-Dekrete

Karmische Verträge sind Vereinbarungen, die zwischen Seelen vor ihrer Inkarnation getroffen werden, um gegenseitiges Lernen und Wachstum zu fördern. Im Laufe des physischen Lebens können diese Vereinbarungen jedoch einschränkend wirken und emotionale Abhängigkeiten, Blockaden oder sich wiederholende Zyklen erzeugen, die die spirituelle Entwicklung behindern. In diesem Fall ist es möglich, die Erzengel Juriel (verbunden mit göttlicher Gerechtigkeit) und Eremiel (Hüter der heiligen Bündnisse) um Hilfe zu bitten, die bei der Überprüfung und Aktualisierung dieser Verträge durch den Einsatz von Engelsdekreten behilflich sind.

Engelsdekrete sind verbale Affirmationen, die, wenn sie mit bewusster Absicht und himmlischer Unterstützung ausgesprochen werden, eine Neuschreibung der in den Akasha-Chroniken eingeprägten Schwingungscodes ermöglichen. Jedes Wort wirkt auf die Lichtstrukturen, die karmische Vereinbarungen aufrechterhalten, löst unnötige Bindungen und verwandelt Belastungen in Lernmöglichkeiten. Es ist wichtig zu verstehen, dass diese Dekrete nicht die Folgen vergangener Entscheidungen beseitigen, sondern vielmehr die Art und Weise verändern, wie sich diese Erfahrungen manifestieren, indem sie von Zyklen wiederholten Leidens zu Prozessen des Wachstums und der bewussten Entwicklung übergehen.

Die Wirksamkeit dieser Methode wird durch Studien in der Kymatik gestützt, einer Disziplin, die zeigt, wie bestimmte Schallfrequenzen geometrische Muster in der Materie erzeugen. Untersuchungen haben gezeigt, dass bestimmte Kombinationen von Vokalen und Konsonanten, insbesondere solche, die in Engelsnamen vorkommen, Harmonien erzeugen, die Energiefelder neu ordnen können. Dies deutet darauf hin, dass Engelsdekrete, wenn sie mit Präzision und spiritueller Ausrichtung intoniert werden, die Schwingungsstruktur karmischer Verträge verändern und deren Neukonfiguration im Einklang mit der Evolution der Seele ermöglichen können.

Da diese Arbeit die Manipulation tiefer Energien beinhaltet, ist es unerlässlich, den Schutz des Erzengels Michael zu haben, dessen Schwingung das Energiefeld des Praktizierenden stärkt und disharmonische Einflüsse vertreibt. Mit seiner Hilfe ist es möglich, sicherzustellen, dass nur die für den spirituellen Fortschritt notwendigen Aspekte transformiert werden, wobei stets der freie Wille und das göttliche Gleichgewicht respektiert werden.

Negatives Karma in Lektionen für das Wachstum verwandeln

Aus der Perspektive der Engel ist negatives Karma keine Strafe, sondern vielmehr die Anhäufung von Erfahrungen und Entscheidungen, die von der universellen Liebe und spirituellen Weisheit getrennt sind. Jede karmische Situation, egal wie schwierig sie auch erscheinen mag, birgt einen Keim des Lernens, der durch die Alchemie der Engel entdeckt und transformiert werden kann, einen Prozess der Umwandlung, der schmerzhafte Erinnerungen in bewusstes Licht verwandelt.

Ein gängiges Beispiel ist das Karma des Verrats. Auf den ersten Blick mag dies wie eine unfaire und schmerzhafte Erfahrung erscheinen, aber im Kern kann es Lektionen über Selbstvertrauen und Urteilsvermögen enthalten. Engel helfen dabei, diese Erfahrungen aus einer höheren Perspektive neu zu interpretieren, indem sie die Seelenverbindung der Beteiligten berücksichtigen, um den verborgenen Zweck hinter jedem Ereignis aufzudecken. In diesem Prozess erleichtert Erzengel Gabriel mit seiner Gabe der Kommunikation und Offenbarung geführte Akasha-Rückführungen, um den spirituellen Ursprung jeder Situation zu verstehen, während Uriel, der Träger des göttlichen Lichts, Klarheit und Verständnis bringt, um die Lehren jeder Erfahrung zu integrieren.

Dieser Ansatz findet eine Parallele in der transpersonalen Psychologie, deren Studien gezeigt haben, dass die Umdeutung traumatischer Erfahrungen Stress reduzieren und die spirituelle Widerstandsfähigkeit erhöhen kann. Carl Jung nannte diesen Prozess „Individuation" und bezog sich dabei auf die bewusste Integration fragmentierter Aspekte der Psyche zu einem harmonischen Ganzen. Aus dieser Perspektive lehren die Engel, dass der Zweck des Karmas nicht darin besteht, Leiden aufrechtzuerhalten, sondern die Entwicklung der Seele zu fördern, damit jeder Einzelne zu einem bewussten Mitschöpfer seiner Realität werden kann.

Positives Karma durch engelsinspirierte Handlungen schaffen

Positives Karma entsteht durch bewusste Handlungen, die den Fluss der Liebe und Harmonie in der Welt erweitern. Die Lehren der Engel betonen, dass die Absicht hinter jeder Handlung entscheidend ist: Dieselbe Handlung kann je nach der Energie, mit der sie ausgeführt wird, unterschiedliche Auswirkungen haben. Daher helfen die Erzengel Haniel (Hüter der Gnade und Schönheit) und Raguel (Vermittler von Harmonie und Gerechtigkeit in Beziehungen) dabei, persönliche Motivationen mit dem höheren Wohl in Einklang zu bringen und sicherzustellen, dass jede Handlung mit der göttlichen Essenz in Resonanz steht.

Von Engeln inspirierte Handlungen haben drei wesentliche Merkmale:

1. Sie finden in Momenten der Synchronizität statt, wenn die Energie mit dem göttlichen Zweck in Einklang steht.
2. Sie fließen natürlich und spontan, ohne die Umstände zu erzwingen.

3. Sie wirken sich auf mehreren Ebenen positiv aus und tragen zum Wohlbefinden des Handelnden, der Empfänger und der Umgebung bei.

Aus quantenphysikalischer Sicht hat sich gezeigt, dass der Beobachter die beobachtete Realität beeinflusst, was mit der Vorstellung übereinstimmt, dass das Bewusstsein, wenn es von einer höheren Absicht geleitet wird, einen energetischen Fußabdruck auf das feinstoffliche Feld prägt. Dies erklärt, warum einfache Handlungen wie das Segnen von Speisen oder das Ausdrücken von Dankbarkeit weitreichende Auswirkungen auf die kollektive Schwingung haben können.

Selbst im materiellen Bereich lehren Engel, dass heilige Fülle nicht allein von der Menge der angesammelten Güter abhängt, sondern von der Qualität der Beziehung zur Energie der Versorgung. Der Schlüssel zu positivem finanziellem Karma liegt nicht nur in Großzügigkeit, sondern auch in dem Bewusstsein, mit dem wirtschaftliche Energie verwaltet, geehrt und geteilt wird, indem man sie als Ausdruck des göttlichen Flusses in der Materie anerkennt.

Karmische Befreiungstechnik durch Engelintervention: „Violette Flamme der Befreiung"

1. Schließen Sie die Augen und atmen Sie tief ein. Rufen Sie den Erzengel Zadkiel an und bitten Sie ihn, Ihr gesamtes Wesen mit seiner verwandelnden

violetten Flamme zu umhüllen, die in der Lage ist, karmische Belastungen aufzulösen und Ihre Energie zu befreien.

2. Rufen Sie sich eine karmische Situation in Erinnerung, die Sie heilen oder loslassen möchten. Halten Sie nicht an dem Schmerz oder Konflikt fest, sondern beobachten Sie ihn einfach als Zeuge.

3. Wiederhole dreimal laut und mit Überzeugung:

4. *„Durch die Kraft der violetten Flamme und die Gnade der Engel lasse ich diese Bindung los. Was war, ist nicht mehr. Was ich gelernt habe, stärkt mich."*

5. Stellen Sie sich vor, wie sich die Situation aufzulösen beginnt und sich in violettes Licht verwandelt, bis sie vollständig verschwindet. Spüren Sie, wie Ihr Herz leichter wird und die Energie der Befreiung Sie umhüllt.

6. Danken Sie Erzengel Zadkiel für seine Hilfe und lassen Sie sein Licht in Ihnen bleiben, damit es Ihnen hilft, diese neue Freiheit aufrechtzuerhalten.

Heilung der Ahnenlinie: „Der leuchtende Stammbaum"

1. Zeichnen Sie auf ein Blatt Papier einen einfachen Stammbaum und tragen Sie die Namen Ihrer bekannten Vorfahren ein. Machen Sie sich keine Gedanken über die Perfektion der Zeichnung, wichtig ist die Absicht.

2. Rufe den Erzengel Michael an und bitte ihn, den gesamten Prozess mit seinem Schutz zu begleiten. Stelle dir vor, wie sein blaues Licht den Stammbaum und deine gesamte Familie umhüllt.

3. Sagen Sie für jeden Vorfahren, den Sie nennen, laut:

   „[Name], ich ehre dich, ich segne dich, ich lasse dich los."

4. Spüren Sie die Energie der Anerkennung und Liebe, die durch die Ahnenreihe fließt.

5. Stellen Sie sich ein goldenes Licht vor, das von oben herabkommt, jeden Ast des Baumes umhüllt, Wunden heilt, Lasten löst und das Gleichgewicht wiederherstellt.

6. Beende die Zeremonie mit den Worten:

   „Mit Liebe und Dankbarkeit heile ich meine Ahnenreihe."

Spüre die Verbindung zu deinen Vorfahren in Harmonie und lass die Heilung über diesen Moment hinaus weiterwirken.

Auflösung karmischer Verträge: „Dekret der Freiheit"

1. Schließen Sie die Augen, atmen Sie ruhig und rufen Sie den Erzengel Metatron an, um den Prozess zu bezeugen. Visualisieren Sie seine leuchtende

Energie an Ihrer Seite, wie er eine goldene Schriftrolle mit den Aufzeichnungen Ihrer Seelenverträge hält.

2. Sprich mit Entschlossenheit und aus tiefstem Herzen den folgenden Erlass aus:

„Ich, [Ihr Name], erkläre in vollem Bewusstsein und Liebe die Auflösung aller karmischen Verträge, die meiner Entwicklung nicht mehr dienlich sind. Mit Dankbarkeit für die gewonnenen Erkenntnisse befreie ich mich selbst und alle Beteiligten. So sei es."

3. Stellen Sie sich vor, wie die Schriftrolle aufleuchtet und ihr Inhalt sich in Lichtpartikel verwandelt, die sich im Universum auflösen.

4. Spüre den Frieden dieser neuen Freiheit in deinem Herzen und danke Erzengel Metatron für seine Führung.

Transformation von negativem Karma: „Engelsalchemie"

1. Identifiziere eine schwierige Situation, die du derzeit durchlebst. Anstatt dich auf das Leiden zu konzentrieren, öffne dein Herz für die Lektionen, die diese Erfahrung mit sich bringt.

2. Rufen Sie den Erzengel Uriel an, den Meister der Weisheit und Erleuchtung. Stellen Sie sich vor, wie sein goldenes Licht auf Sie herabstrahlt, Ihren Geist klärt und Ihr Verständnis erweitert.

3. Fragen Sie laut oder in sich selbst:

4. *„Welche Lektion kann ich daraus lernen?"*

5. Bleiben Sie einen Moment lang still und atmen Sie bewusst. Beeilen Sie sich nicht, Antworten zu finden. Vertrauen Sie darauf, dass die Erkenntnis durch eine Intuition, ein Bild, einen Gedanken oder ein Gefühl zu Ihnen kommen wird.

6. Wenn Sie das Gefühl haben, die Lehre erhalten zu haben, danken Sie Erzengel Uriel und lassen Sie sich von seinem Licht bei der Integration begleiten.

Positives Karma schaffen: „Engelsaussaat"

1. Wenn Sie jeden Morgen aufwachen, verbinden Sie sich mit Ihrem Schutzengel und bitten Sie ihn, Ihnen drei Gelegenheiten zu offenbaren, wie Sie im Laufe des Tages positives Karma erzeugen können.

2. Behalten Sie eine aufmerksame und empfängliche Haltung bei. Es kann sich um eine freundliche Geste, ein Wort der Ermutigung oder eine unerwartete Hilfsleistung handeln.

3. Handeln Sie, ohne Anerkennung zu erwarten. Führen Sie jede Handlung aus echter Liebe heraus aus und vertrauen Sie darauf, dass ihre Wirkung tiefgreifend sein wird, auch wenn Sie sie nicht sofort sehen.

4. Bevor Sie schlafen gehen, denken Sie über die Gelegenheiten nach, die Sie erhalten haben, und danken Sie dafür. Erkennen Sie die Veränderung, die

jedes Mal in Ihnen stattfindet, wenn Sie sich entscheiden, Licht in die Welt zu säen.

Meditation zum Auflösen von Anhaftungen: „Bindungen durchtrennen"

1. Suchen Sie sich einen ruhigen Ort und schließen Sie die Augen. Atmen Sie tief ein und rufen Sie den Erzengel Michael an, damit er Ihnen hilft, die energetischen Bindungen zu lösen, die Ihnen nicht mehr dienlich sind.

2. Stellen Sie sich karmische Bindungen als Energiefäden vor, die Sie mit bestimmten Menschen oder Situationen verbinden. Achten Sie darauf, welche sich schwer, abgenutzt oder einschränkend anfühlen.

3. Sagen Sie mit klarer und entschlossener Stimme:

   „Erzengel Michael, trenne alle Bindungen, die mir nicht dienen."

4. Stellen Sie sich vor, wie sein Lichtschwert sanft herabsinkt und jede unnötige Bindung durchtrennt. Spüren Sie, wie die Befreiung ohne Schmerz, nur mit Liebe und Frieden geschieht.

5. Atmen Sie tief ein und lassen Sie sich von Michaels Energie mit einem neuen Gefühl von Lcichtigkeit und Freiheit umhüllen. Danken Sie ihm für seine Hilfe und bleiben Sie noch einige Momente in diesem Zustand der Harmonie.

23. Nahtoderfahrungen und Begegnungen mit Engeln: Beweise und Zeugnisse

Überblick über die Forschung zu Nahtoderfahrungen (NDEs)

Eben Alexander, dessen akademische Ausbildung und wissenschaftlicher Ansatz die Möglichkeit einer Realität jenseits des Materiellen nicht in Betracht zogen. In seinem Buch *„Proof of Heaven"* (2012) berichtete er jedoch, wie er während eines durch schwere Meningitis verursachten Komas eine Reise in himmlische Bereiche erlebte, wo er mit leuchtenden Wesen interagierte. Diese Episode veränderte seine Sichtweise völlig, stellte seine bisherige Skepsis in Frage und veranlasste ihn, die Grenzen des menschlichen Bewusstseins zu hinterfragen. Sein Bericht löste eine intensive Debatte in der medizinischen Fachwelt aus, da er die herkömmlichen Erklärungen der Gehirnfunktion und der Natur des Geistes in Frage stellte und nahelegte, dass das Bewusstsein über die neurologische Aktivität hinaus bestehen bleiben könnte.

Im Jahr 2019 analysierte das *AWARE II-Projekt* unter der Leitung des Forschers Sam Parnia – einem der Pioniere auf dem Gebiet der Erforschung des Bewusstseins nach dem Tod – 567 Patienten, die einen Herzstillstand erlitten hatten. In der Studie beschrieb eine Patientin, dass sie ein goldenes Licht gesehen und die Anwesenheit eines liebevollen Wesens gespürt habe, während ihr Gehirn fünf Minuten lang keine nachweisbare elektrische Aktivität zeigte. Das Überraschendste an ihrer Aussage ist, dass sie sich genau an Details der medizinischen Gespräche während ihrer Wiederbelebung erinnern konnte, was die traditionelle Ansicht in Frage stellt, dass Erinnerung und Wahrnehmung ein aktives Gehirn erfordern. Solche Berichte haben einige Forscher zu der Annahme veranlasst, dass Nahtoderfahrungen einen Einblick in Bewusstseinszustände geben könnten, die die Wissenschaft noch nicht vollständig versteht.

Während einige Studien versucht haben, Nahtoderfahrungen mit zerebraler Hypoxie – dem Sauerstoffmangel im Gehirn, der Halluzinationen hervorrufen kann – oder der Freisetzung von Dimethyltryptamin (DMT), einer endogenen Verbindung, die mit veränderten Bewusstseinszuständen in Verbindung gebracht wird, zu erklären, gibt es Fälle, die über diese Erklärungsmodelle hinauszugehen scheinen. Ein bemerkenswertes Beispiel ist das von Anita Moorjani, die 2006 behauptete, nach einer Nahtoderfahrung, in der sie detaillierte Informationen über ihre Krankheit und ihre Heilung erhielt, von Krebs im Endstadium geheilt worden zu sein. Ihr Fall, der von den behandelnden Ärzten als außergewöhnlich angesehen wird, hat viele dazu inspiriert, die Grenzen der Schulmedizin in Frage zu stellen und die Möglichkeit zu erforschen, dass Bewusstsein und Heilung über den physischen Körper hinausgehen.

Häufige Muster bei Begegnungen mit Engeln während Nahtoderfahrungen

Eines der wiederkehrenden Muster bei Nahtoderfahrungen ist die Anwesenheit leuchtender Wesenheiten, die Botschaften des Friedens, des Schutzes und der Führung übermitteln. 1996 dokumentierte der Forscher Richard Bonenfant den Fall einer Frau, die im Alter von 16 Jahren beinahe ertrunken wäre und dann etwas sah, das sie als „Frau des Lichts" beschrieb. Diese Wesenheit führte sie durch einen leuchtenden Tunnel, ein wiederkehrendes Phänomen in Nahtoderfahrungsberichten, das oft mit dem Übergang in einen anderen Existenzzustand in Verbindung gebracht wird. Fünfzehn Jahre später, als ihre Tochter von einem Hund angegriffen wurde, erschien dieselbe leuchtende Gestalt erneut, um sie zu beruhigen und ihr zu versichern, dass das Mädchen sich wieder erholen würde. Dieses als „wiederkehrende Engel" bekannte Phänomen deutet darauf hin, dass bestimmte Lichtwesen sich in kritischen Momenten im Leben eines Menschen manifestieren können.

Ein weiterer bemerkenswerter Fall ist der der orthopädischen Chirurgin Mary C. Neal, die, nachdem sie 1999 in einem Fluss ertrunken war, berichtete, von einem Engelschor begrüßt worden zu sein, der ihr nicht nur Trost spendete, sondern ihr auch tiefgründige Lehren über den Sinn des Daseins und die Verbundenheit aller Seelen vermittelte. Auf der Grundlage der Analyse mehrerer

Zeugenaussagen wurden drei Hauptmanifestationen von Engelwesen während Nahtoderfahrungen identifiziert:

- **Schutzengel**: 1975 wurde Dannion Brinkley vom Blitz getroffen und für mehr als 20 Minuten für tot erklärt. Während seiner Nahtoderfahrung beschrieb er, wie Engel ihm erschienen, um ihm Fragmente seines zukünftigen Lebens zu zeigen, ihm zu helfen, die Auswirkungen seiner Entscheidungen zu verstehen, und ihn auf einen Weg zu größerem Bewusstsein und Dienst an anderen zu führen.

- **Boten**: 1985 berichtete Betty Eadie in ihrem Buch „*Embraced by the Light*", dass sie nach einer Operation eine Nahtoderfahrung hatte, in der ihr ein Engelwesen den spirituellen Zweck von Schmerz erklärte. Ihr Bericht zufolge erklärte dieser Engel, dass Schwierigkeiten keine Strafen sind, sondern Wachstumschancen, die die Seele auf ihrem Entwicklungsweg stärken.

- **Verwandelte Familienmitglieder**: Einige Zeugnisse deuten darauf hin, dass verstorbene Angehörige in Nahtoderfahrungen mit einer leuchtenden und verwandelten Präsenz erscheinen können. Ein bewegendes Beispiel ist das von Gaylen Cardwells Vater, der während der Euthanasie des Familienhaustiers als Lichtwesen erschien. Sein Erscheinen brachte ihr nicht nur Trost, sondern veränderte auch ihre Wahrnehmung des Todes und zeigte ihr, dass die Existenz nicht endet, sondern sich in andere Ebenen verwandelt.

Lebensveränderungen nach einer Nahtoderfahrung und ihre Beziehung zur Engelkunde

Einer der faszinierendsten Aspekte von Nahtoderfahrungen ist die tiefgreifende Veränderung, die viele Menschen nach einer solchen Erfahrung durchlaufen. Ein paradigmatischer Fall ist der von Mellen-Thomas Benedict, der 1982 für hirntot erklärt wurde und nach seiner Rückkehr behauptete, die Fähigkeit erworben zu haben, sogenannte „Erdengel" wahrzunehmen: subtile Wesenheiten, die seiner Wahrnehmung nach Ökosysteme schützen und das Gleichgewicht der Natur aufrechterhalten. Seine Aussage deckt sich mit den Ergebnissen des Seattle NDE Research Institute, das berichtete, dass 68 % der Menschen, die eine Nahtoderfahrung gemacht haben, eine deutlich stärkere Verbindung zur Natur und eine stärkere Wahrnehmung einer miteinander verbundenen Realität empfinden.

Ein weiterer aufschlussreicher Fall ist der von Dr. George Rodonaia, einem sowjetischen Pathologen, der 1976 für drei Tage für tot erklärt wurde. Nach seinem Erwachen änderte sich seine Weltanschauung vollständig: Er gab seinen wissenschaftlichen Skeptizismus und seine atheistische Haltung auf, um sein Leben aus einer spirituellen Perspektive zu gestalten. Er wurde Priester und gründete eine Organisation, die sich der Erforschung der Beziehung zwischen Engeln und kollektivem Bewusstsein widmet. Seine Studien ergaben, dass 92 % der NTE-Überlebenden angaben, noch lange nach dem ursprünglichen Ereignis Kontakt zu himmlischen Wesen zu haben, was darauf hindeutet, dass die Verbindung zu diesen Wesen zu einer Konstante im Leben derjenigen werden kann, die die Schwelle des Todes überschritten haben und mit einem neuen Verständnis der Existenz zurückgekehrt sind.

Die Beziehung zwischen Nahtoderfahrungen und Engelkunde bleibt ein Forschungsgebiet, das tiefgreifende Fragen über die Natur des Bewusstseins, die Kontinuität des Lebens jenseits des physischen Körpers und die Rolle der Engel als Vermittler zwischen den Ebenen der Existenz aufwirft. Während Wissenschaft und Spiritualität ihren Dialog fortsetzen, bleiben diese Berichte eine Quelle des Staunens und der Erforschung für diejenigen, die die Geheimnisse des Lebens und des Todes verstehen wollen.

Anhang 1 – Liste der Engel aus verschiedenen Traditionen

I. Kanonische und bedeutende Erzengel

Dieser Abschnitt fasst die bekanntesten Engel der jüdisch-christlichen Tradition und der heiligen Texte zusammen. Sie gelten als göttliche Führer und Boten, die für die Führung der himmlischen Heerscharen und die Übermittlung wichtiger Offenbarungen verantwortlich sind. Ihre Ikonographie ist in der Theologie und der sakralen Kunst weit verbreitet.

Michael (מִיכָאֵל)

Funktion: Anführer der himmlischen Heerscharen.

Er ist der Beschützer und Anführer der göttlichen Kräfte und wird in verschiedenen Traditionen weithin verehrt.

Gabriel (גַּבְרִיאֵל)

Rolle: Göttlicher Bote.

Er ist dafür bekannt, wichtige Offenbarungen zu verkünden und als Vermittler zwischen dem Göttlichen und der Menschheit zu fungieren.

Raphael (רְפָאֵל)

Rolle: Heiler und Führer für Reisende.

Seine Arbeit steht im Zusammenhang mit körperlicher und geistiger Heilung sowie Schutz auf Reisen.

Uriel (אוּרִיאֵל)

Funktion: Träger des göttlichen Lichts.

Verbunden mit Erleuchtung, Wissen und innerer Transformation.

Metatron

Funktion: Himmlischer Schreiber.

Sein Name, der hebräischen Ursprungs ist (wenn auch Variationen unterliegt), bezieht sich auf seine Arbeit der Transkription und Organisation göttlicher Weisheit.

Raziel (רזיאל)

Funktion: Hüter der kosmischen Geheimnisse.

Er bewacht die Geheimnisse des Universums und offenbart esoterisches Wissen.

Samael (סמאל)

Funktion: Engel der göttlichen Gerechtigkeit.

Eine komplexe Figur in einigen Traditionen, die sowohl mit Gerechtigkeit als auch mit Vergeltung in Verbindung gebracht wird.

Zadkiel (צדקיאל)

Funktion: Engel der Güte.

Verbunden mit Barmherzigkeit, Vergebung und Mitgefühl.

Jophiel (יווֹפיאל)

Funktion: Hüter der Weisheit.

Er wird mit Inspiration, Schönheit und heiligem Wissen in Verbindung gebracht.

Camael (כמאל)

Funktion: Engel der Stärke.

Er steht für Mut, Disziplin und die Fähigkeit, sich Widrigkeiten zu stellen.

II. Engel der Kabbala

Zu dieser Kategorie gehören jene Engel, die gemäß der jüdischen Mystik und kabbalistischen Tradition bestimmte

Aufgaben in Bezug auf Kontemplation, Barmherzigkeit und die Umwandlung von Energie haben. Ihre Namen und Eigenschaften stammen aus esoterischen Interpretationen des Lebensbaums und der Sephiroth.

Tzaphkiel (צפקיאל)

Funktion: Inspirator göttlicher Kontemplation.

Regt zur Meditation und zu einer tiefen Verbindung mit dem Göttlichen an.

Tzadkiel (צדקיאל)

Funktion: Barmherzigkeit und Freiheit.

Verbunden mit Mitgefühl und Befreiung der Seele in schwierigen Zeiten.

Khamael

Funktion: Kriegertum.

Steht für Stärke und Dynamik im spirituellen Bereich und treibt rechtschaffenes Handeln an.

Haniel (חַנִּיאֵל)

Funktion: Anmut und Harmonie.

Verbunden mit Schönheit, Lieblichkeit und Ausgewogenheit in menschlichen und göttlichen Beziehungen.

Ratziel

Funktion: Hüter geheimer Mysterien.

Er bewahrt verborgenes Wissen und offenbart Verbindungen zwischen dem Irdischen und dem Transzendentalen.

Sandalphon (סַנְדַלְפוֹן)

Funktion: Irdische Transformation.

Erleichtert die Umwandlung von Energien in der materiellen Welt und unterstützt Veränderungsprozesse.

Cassiel (קַסִיאֵל)

Funktion: Zeit und Schicksal.

Verbunden mit der Regulierung kosmischer Rhythmen und der Akzeptanz des Schicksals.

III. Apokryphe Engel

Dieser Abschnitt vereint Engel, die nicht in den offiziellen Kanons der großen Religionen vorkommen, sondern in apokryphen Texten und esoterischen Traditionen. Ihre

Existenz basiert auf außerkanonischen Berichten und alternativen theologischen Studien.

Baradiel

Funktion: Gottheit der Elektrizität.

Er wird mit dynamischen Energien und der Kraft, die Veränderungen vorantreibt, in Verbindung gebracht.

Galgaliel

Funktion: Herrscher der Sphären.

Sein Herrschaftsbereich umfasst die Bewegungen und Zyklen des Kosmos und spiegelt den Einfluss der Himmelssphären wider.

Hadraniel

Funktion: Göttlicher Sprecher.

Er fungiert als Vermittler und übermittelt heilige Botschaften zwischen den Göttern und den Menschen.

Kemuel

Funktion: Wächter der Portale.

Bewacht die Schwellen und Zugangspunkte zu spirituellen Dimensionen.

Lailah (לַיְלָה)

Funktion: Engel der Empfängnis.

Verbunden mit dem Beginn des Lebens und der geheimnisvollen Kraft der Nacht.

Nuriel

Funktion: Stürme und Hagel.

Steht in Verbindung mit Naturgewalten, die sich in intensiven atmosphärischen Phänomenen manifestieren.

Pravuil

Funktion: Himmlischer Chronist.

Hält göttliche Ereignisse und das Schicksal der Seelen im großen Buch des Himmels fest.

Radueriel

Funktion: Archivar des Himmels.

Bewacht die heiligen Aufzeichnungen und das Wissen der Vorfahren des Firmaments.

Sahaquiel

Funktion: Sternenwächter.

Er wacht über die Sterne und die kosmischen Energien, die durch sie hindurchfließen, und beschützt sie.

Zagzagel

Funktion: Wächter des brennenden Busches.

Er wird mit dem Bild des heiligen Feuers assoziiert, einem Symbol für Reinigung und Erleuchtung.

IV. Engel der himmlischen Sphären

Diese Kategorie umfasst Engel, die gemäß alten Kosmologien mit Himmelskörpern oder „Sphären" verbunden sind. Jeder Engel steht in Verbindung mit einem Planeten oder einer Sphäre, was den Einfluss der Astrologie und der hermetischen Tradition in der Engelkunde widerspiegelt.

Zafkiel

Funktion: Sphäre des Saturn.

Verbunden mit Disziplin, Struktur und zeitlichem Lernen, Eigenschaften, die mit Saturn assoziiert werden.

Zedekiel

Funktion: Sphäre des Jupiter.

Steht im Zusammenhang mit Überfluss, Gerechtigkeit und Expansion, im Einklang mit den Energien des Jupiter.

Madimiel

Funktion: Sphäre des Mars.

Steht für die Stärke, Energie und Handlungsfähigkeit, die für den Mars charakteristisch sind.

Shemeshiel

Funktion: Sphäre der Sonne.

Verbunden mit der Vitalität, der Leuchtkraft und der schöpferischen Kraft, die von der Sonne ausgeht.

Nogahiel

Funktion: Sphäre der Venus.

Verkörperung von Schönheit, Liebe und Harmonie, die die Eigenschaften der Venus widerspiegeln.

Kokabiel

Funktion: Sphäre des Merkur.

Bezieht sich auf Kommunikation, Witz und geistige Beweglichkeit, Eigenschaften des Merkur.

Levaniel

Funktion: Sphäre des Mondes.

Steht in Verbindung mit Intuition, Emotionen und Mysterium, entsprechend dem Einfluss des Mondes.

V. Engel der christlichen Tradition

Dieser Abschnitt vereint Engel, die zwar in verschiedenen Traditionen vorkommen, aber in der christlichen Theologie und Ikonografie eine starke Präsenz haben. Sie übernehmen Rollen, die von Tröster über Fürsprecher bis hin zu Beschützer in verschiedenen Lebensbereichen reichen.

Verchiel

Funktion: Herrscher des Juli.

Sein Name wird mit der Organisation von Zeit und Zyklen in Verbindung gebracht, und einigen Texten zufolge ist er der Schutzpatron dieses Monats.

Hamaliel

Funktion: Beschützer vor Hexerei.

Er wird angerufen, um Schutz vor negativen Energien und Hexerei zu bieten.

Mumiah

Funktion: Heilung am Lebensende.

Bekannt für seine Heilkräfte, insbesondere in kritischen oder terminalen Situationen.

Ambriel

Funktion: Schutz vor negativen Energien.

Wirkt als Schutzschild gegen schädliche Einflüsse.

Azrael (עֶזְרָאֵל)

Funktion: Psychopomp (Seelenführer).

Traditionell mit dem Übergang der Seelen und Mitgefühl in Zeiten des Verlusts verbunden.

Cerviel

Funktion: Herrschaft über die Tiere.

Seine Präsenz steht im Zusammenhang mit dem Schutz vor wilden Tieren und der Ordnung in der Natur.

Dumah (דֻּמָה)

Funktion: Engel der Stille.

Er steht für das Geheimnis der Stille und tiefe spirituelle Reflexion.

Eremiel

Funktion: Wächter des Scheols.

Verantwortlich für die Aufsicht und Führung in der Unterwelt oder im Reich der Toten.

Ithuriel

Funktion: Erkenner von Täuschung.

Begabt mit der Fähigkeit, Unwahrheiten aufzudecken und verborgene Wahrheiten ans Licht zu bringen.

Jegudiel

Funktion: Schutzpatron der Arbeit.

Inspiriert zu Anstrengung, Hingabe und Erfüllung der täglichen Pflichten.

Jerahmeel

Funktion: Apokalyptische Visionen.

Verbunden mit Offenbarungen über das Ende der Zeit und die endgültige Verwandlung.

Phanuel

Funktion: Offenbarer der Wahrheit.

Bekannt dafür, verborgene Realitäten zu enthüllen und spirituelle Erleuchtung zu fördern.

Puriel

Funktion: Prüfer der Seelen.

Seine Aufgabe ist es, den spirituellen Zustand der Menschen durch eine gründliche Prüfung zu klären.

Raguel

Funktion: Himmlischer Vermittler.

Fördert Harmonie und Gerechtigkeit sowohl in göttlichen als auch in menschlichen Beziehungen.

Ramiel

Rolle: Tröster der Bedrängten.

Bietet denen Unterstützung und Trost, die Zeiten des Leidens durchmachen.

Remiel

Funktion: Führer der Visionen.

Hilft bei der Deutung von Visionen und führt Seelen auf ihrem spirituellen Weg.

Sachiel

Funktion: Spender von Reichtum.

Wird mit Wohlstand und Überfluss im materiellen und spirituellen Bereich in Verbindung gebracht.

Sariel

Funktion: Mondlehrer.

Er steht in Verbindung mit Weisheit und den Rhythmen des Mondes und fördert Intuition und Urteilsvermögen.

Sealtiel

Funktion: Fürsprecher der Gebete.

Fungiert durch Gebete als Vermittler in der Kommunikation zwischen der Menschheit und dem Göttlichen.

Seraphiel

Funktion: Anführer der Seraphim.

Anführer der ergebensten Engel, verbunden mit heiligem Feuer und Reinigung.

Simiel

Funktion: Spiritueller Erbauer.

Fördert den Aufstieg der Seele und hilft dabei, irdische Beschränkungen zu überwinden.

Suriel

Funktion: Schutzschild gegen Plagen.

Schutz vor Epidemien und schädlichen Energien, die die Integrität des Wesens beeinträchtigen können.

Uzziel

Funktion: Kraft Gottes.

Inkarnation der göttlichen Kraft, verleiht denen, die ihn anrufen, Stärke und Stabilität.

Vehuel

Funktion: Göttliche Erhöhung.

Führt zur Erkenntnis der Größe und Herrlichkeit des Göttlichen im Leben der Menschen.

Zerachiel

Funktion: Schutzpatron der Kinder.

Beschützer der Unschuld und des Wachstums, fördert das Wohlergehen und den Fortbestand der Generationen.

VI. Engel regionaler Traditionen

Diese letzte Kategorie umfasst diejenigen Engel, die Teil regionaler kultureller oder religiöser Traditionen sind und ihre eigenen Nuancen zum Bild der Engel beitragen. Dazu gehören Einflüsse aus Strömungen wie dem Zoroastrismus und lokalen Mythologien, die die Vielfalt der Engelkunde bereichern.

Aeshma

Funktion: Verfolger von Lügen.

Verbunden mit der Bestrafung von Falschheit und Täuschung, gemäß den zoroastrischen Traditionen.

Arariel

Funktion: Herrscher über die Gewässer.

Verkörpert die Macht und Bedeutung der Wasserelemente in der Natur und in der regionalen Mythologie.

Baraqiel

Funktion: Beherrschung des Blitzes.

Er steht in Verbindung mit elektrischer Energie und intensiven atmosphärischen Phänomenen und symbolisiert die transformative Kraft der Natur.

Anhang 2 – Engel-Numerologie

Die Engelsnumerologie ist eine faszinierende Praxis, die uns durch die innewohnende Kraft der Zahlen mit dem göttlichen Reich verbindet. Seit jeher zeigt die Menschheit großes Interesse an den tiefgründigen Bedeutungen und Botschaften, die in Zahlen verborgen sind, und nutzt sie als Quelle der Führung und Klarheit im Leben. Diese Disziplin gibt Ihnen einen einzigartigen Einblick in Ihre spirituelle Reise und hilft Ihnen, Ihren Lebenszweck und den Weg, den Sie gehen müssen, zu entschlüsseln.

In der himmlischen Sprache der Engel hat jede Zahl heilige Schwingungen und eine tiefgründige Bedeutung. Die Ziffern 1 bis 9 sowie die sogenannten Meisterzahlen 11, 22 und manchmal auch 33 strahlen bestimmte Energien aus, die einen bedeutenden Einfluss auf Ihr Leben haben. Durch die Interpretation der Kombinationen und Reihenfolgen, aus denen diese Zahlen bestehen, ist es möglich, Details über Ihre Vergangenheit, Gegenwart und Zukunft zu entdecken, sodass Sie Ihren Weg mit dem göttlichen Plan in Einklang bringen können.

Die Ursprünge der Engelsnumerologie liegen tief in der Geschichte verborgen und reichen bis zu verschiedenen alten Zivilisationen zurück, von denen jede ihre eigene Vision und Interpretation der Zahlen beisteuerte. In

Babylon beispielsweise integrierten Priester Zahlen in ihre heiligen Rituale, da sie deren Potenzial erkannten, eine Verbindung zum Göttlichen herzustellen. Der berühmte griechische Philosoph und Mathematiker Pythagoras glaubte, dass Zahlen die Grundlage aller Existenz seien, und seine Schüler erforschten die komplexen Beziehungen zwischen Zahlen und dem beobachtbaren Universum.

Im alten China verschmolz das Konzept von Yin und Yang mit dem Zahlensystem und betonte das empfindliche Gleichgewicht und die Harmonie, die Zahlen symbolisieren. Die Ägypter, bekannt für ihre imposanten Pyramiden und rätselhaften Hieroglyphen, verwendeten Zahlen nicht nur für fortgeschrittene Berechnungen, sondern verliehen ihnen auch spirituelle Bedeutung in ihren Werken und Zeremonien.

Die jüdische mystische Tradition misst durch die Kabbala Zahlen große Bedeutung bei und nutzt die Gematria, um verborgene Bedeutungen in den hebräischen Schriften zu enthüllen. In Indien ist die vedische Numerologie tief in astrologischen Traditionen verwurzelt und bietet eine einzigartige Perspektive auf die Rolle, die Zahlen bei der Gestaltung des Schicksals spielen.

Im mittelalterlichen Europa integrierten christliche Mystiker trotz der Vorbehalte der Kirche gegenüber Wahrsagerei die Numerologie als Mittel zur direkten Kommunikation mit dem Göttlichen. Sie erkannten, dass Zahlen der Schlüssel zur Entschlüsselung der Sprache der Seele und zum Empfang von Botschaften Gottes waren.

Heute erlebt die Engel-Numerologie eine Renaissance, insbesondere innerhalb der New-Age-Bewegung, die östliche und westliche Spiritualität und Philosophien miteinander verbindet. Moderne Numerologen stützen sich nicht nur auf alte Weisheiten und die Schwingungen, die Zahlen innewohnen, sondern beziehen auch intuitive Interpretationen mit ein und schaffen so einen personalisierten Ansatz zum Verständnis der göttlichen Botschaften, die durch Zahlenfolgen vermittelt werden.

Diese Disziplin erweist sich als ein mächtiges Werkzeug für Selbsterkenntnis, persönliches Wachstum und spirituelle Erleuchtung. Wenn Sie sich auf die Energie der Zahlen einstimmen und Führung von Engeln erhalten, können Sie Ihr Leben mit größerer Klarheit, Zielstrebigkeit und Verbindung zu Ihrem höheren Selbst steuern. Ganz gleich, ob Sie Antworten auf alltägliche Herausforderungen, Orientierung für wichtige Entscheidungen oder ein tieferes Verständnis für die Reise Ihrer Seele suchen, die Engelsnumerologie öffnet Ihnen eine heilige Tür zur Weisheit und Liebe des göttlichen Reiches.

Die Verbindung zwischen Numerologie und Engelszahlen

Die Grundlage der Numerologie liegt in dem Glauben, dass jede Zahl bestimmte Energien und Schwingungen ausstrahlt, die Ihre Existenz beeinflussen. Jede Zahl hat eine einzigartige Bedeutung, und wenn Sie ihre Schwingungen verstehen, können Sie einen tieferen

Einblick in sich selbst und Ihre Umgebung gewinnen. Engel, als göttliche Boten und Beschützer, nutzen diese Zahlen als universelle Sprache, um mit Ihnen zu kommunizieren und Ihnen auf Ihrem spirituellen Weg Führung zu bieten.

Engelszahlen manifestieren sich in Form von Zahlenfolgen, die sich zu unerwarteten Zeiten und an unerwarteten Orten wiederholen. Diese Erscheinungen sind keineswegs Zufälle, sondern werden von Ihren Engeln inszeniert, um Ihre Aufmerksamkeit zu erregen und Ihnen bedeutungsvolle Botschaften zu übermitteln. Indem Sie die Numerologie anwenden, um diese Zahlen zu entschlüsseln, können Sie Botschaften und Lehren entdecken, die die Engel Ihnen mitteilen möchten.

Engelszahlen entschlüsseln

Um Engelszahlen durch Numerologie zu interpretieren, können Sie die Prinzipien der pythagoreischen Numerologie anwenden, die jedem Buchstaben des Alphabets einen bestimmten numerischen Wert zuweist. Indem Sie eine Engelszahl auf eine einzelne Ziffer reduzieren oder sie als Meisterzahl (11, 22 oder 33) identifizieren, können Sie ihre Kernschwingung und die zugrunde liegende Botschaft offenbaren.

Wenn Sie beispielsweise wiederholt auf die Zahlenfolge 1234 stoßen, erfolgt die Reduzierung wie folgt:

$1 + 2 + 3 + 4 = 10$

$1 + 0 = 1$

Das Ergebnis ist die Zahl 1, die für Neuanfänge, Führungsqualitäten und die Verwirklichung von Ideen steht. Dies kann als Zeichen Ihrer Engel interpretiert werden, dass Sie kurz vor dem Beginn einer neuen Lebensphase stehen oder dass es der richtige Zeitpunkt ist, in einem bestimmten Bereich die Initiative zu ergreifen.

Engelszahlen mit Intuition interpretieren

Obwohl die Numerologie einen Rahmen für das Verständnis von Engelszahlen bietet, ist es wichtig, bei der Interpretation der Botschaften, die diese Zahlen vermitteln, auf Ihre Intuition zu vertrauen. Engel kommunizieren persönlich mit Ihnen, und die Bedeutung einer Zahlenfolge kann je nach Ihrer Lebenssituation eine bestimmte Konnotation haben.

Achten Sie auf die Gedanken, Emotionen und Umstände, die mit dem Erscheinen einer Engelszahl verbunden sind. Denken Sie darüber nach, was Sie in diesem Moment gedacht oder erlebt haben und wie Sie sich dabei gefühlt haben. Diese Details können wichtige Hinweise liefern, die Ihnen helfen, die Botschaft zu entschlüsseln, die Ihre Engel Ihnen vermitteln möchten.

Engelszahlen in der spirituellen Praxis

Die Einbeziehung von Engelszahlen in Ihr tägliches Leben kann ein wirkungsvolles Instrument zur Förderung Ihrer persönlichen Entwicklung und Ihres spirituellen Wachstums sein. Indem Sie sie in Ihre täglichen Praktiken integrieren, stärken Sie Ihre Verbindung zum Göttlichen und erhalten ständige Führung und Unterstützung von Ihren Engeln. Hier sind einige Möglichkeiten, wie Sie mit diesen Zahlen arbeiten können:

Führen Sie ein Tagebuch: Notieren Sie die Zahlen, denen Sie begegnen, zusammen mit den damit verbundenen Gedanken, Emotionen oder Wahrnehmungen. Mit der Zeit werden Sie in der Lage sein, Muster oder wiederkehrende Themen zu erkennen, die Ihnen ein besseres Verständnis und eine bessere Orientierung geben.

Meditieren Sie über die Zahlen: Wenn Ihnen eine Zahl auffällt, halten Sie inne und denken Sie über ihre Bedeutung nach. Schließen Sie die Augen, atmen Sie tief ein und lassen Sie die Energie der Zahl in sich wirken. Bitten Sie Ihre Engel um Klarheit und vertrauen Sie den Eindrücken, die Sie erhalten.

Drücken Sie Ihre Dankbarkeit aus: Wenn Sie eine Botschaft durch eine Zahlenfolge wahrnehmen, nehmen Sie sich einen Moment Zeit, um Ihren Engeln für ihre Führung und Unterstützung zu danken. Das Anerkennen ihrer Gegenwart stärkt Ihre Verbindung und öffnet die Tür, um noch mehr göttliche Führung zu empfangen.

Das pythagoreische System und die Zahlen in Ihrem Leben

Neben den Engelszahlen bietet die Numerologie eine Fülle von Informationen über Ihren Lebenszweck, Ihre Talente und Herausforderungen. Durch die Berechnung Ihrer Kernzahlen, wie z. B. Ihrer Lebenswegzahl, Ihrer Ausdruckszahl, Ihrer Seelenzahl und Ihrer Persönlichkeitszahl, können Sie tiefere Einblicke in die Energien und Themen gewinnen, die Ihr Leben prägen.

Um Ihre Lebenswegzahl zu bestimmen, die Ihren Lebenszweck und den Weg, dem Sie folgen sollten, darstellt, verwenden Sie Ihr Geburtsdatum. Wenn Sie beispielsweise am 15. September 1985 geboren wurden, lautet die Berechnung wie folgt:

9 (da September der neunte Monat ist) + 1 + 5 (Tag) + 1 + 9 + 8 + 5 (Jahr) = 38

3 + 8 = 11

In diesem Fall ist die resultierende Zahl 11, eine Meisterzahl, die mit spiritueller Erleuchtung, Intuition und Inspiration verbunden ist.

Um Ihre Ausdruckszahl zu berechnen, die Ihre Talente, Fähigkeiten und Herausforderungen widerspiegelt, verwenden Sie Ihren vollständigen Geburtsnamen und das pythagoreische System. In diesem System ist jeder Buchstabe des Alphabets in einem zyklischen Muster mit einer Zahl von 1 bis 9 verbunden, basierend auf der Idee, dass Buchstaben und Wörter bestimmte Schwingungen haben, die numerisch interpretiert werden können, um tiefgreifende Aspekte der Persönlichkeit, des Schicksals und des Lebensweges aufzudecken. Die Zuordnung lautet wie folgt:

1 = A, J, S

2 = B, K, T

3 = C, L, U

4 = D, M, V

5 = E, N, W

6 = F, O, X

7 = G, P, Y

8 = H, Q, Z

9 = I, R

Um einen vollständigen Namen in eine einzelne Ziffer umzuwandeln, addieren Sie die numerischen Werte jedes Buchstabens und reduzieren Sie das Ergebnis, wenn es sich um eine Zahl mit zwei oder mehr Ziffern handelt, indem Sie die Ziffern addieren, bis Sie eine einzelne Ziffer erhalten. Dieser Vorgang wird als Reduktion bezeichnet.

Als Beispiel wenden wir diese Methode auf den Namen „Natalia Martinez Arango" an:

Natalia: 5 + 1 + 2 + 1 + 3 + 9 + 1 = 22

Martínez: 4 + 1 + 9 + 2 + 9 + 5 + 5 + 8 = 43 : 4 + 3 = 7

Arango: 1 + 9 + 1 + 5 + 7 + 6 = 29 : 2 + 9 = 11 : 1 + 1 = 2

Addition der Summen: 22 + 7 + 2 = 31 : 3 + 1 = 4

Somit ergibt sich für „Natalia Martínez Arango" im pythagoreischen System die Zahl 4, die anhand numerologischer Eigenschaften interpretiert wird, die Aspekte der Persönlichkeit und des Schicksals der Person offenbaren.

Die Erforschung Ihrer Grundzahlen und ihrer Bedeutungen ermöglicht es Ihnen, Ihr Verständnis für Ihren Lebenszweck, Ihre Stärken und Herausforderungen zu vertiefen, wodurch Sie besser abgestimmte Entscheidungen treffen und Ihren Weg mit größerer Klarheit und Zuversicht gehen können.

Engelszahlen im Alltag entdecken

Wenn Sie beginnen, die Anwesenheit von Engelszahlen wahrzunehmen, werden Sie erkennen, dass das Leben voller magischer Momente und Synchronizitäten ist, in denen sich das Göttliche in Ihren alltäglichen Erfahrungen manifestiert. Diese himmlischen „Zeichen" erscheinen auf subtile Weise und warten darauf, von denen erkannt zu werden, die offen und aufmerksam für ihre Umgebung sind. Wenn Sie sich fragen, wie und wo Sie diese numerischen Synchronizitäten erkennen können, finden Sie hier einige häufige Orte, an denen sie sichtbar werden können:

Digitale Bildschirme:

In der heutigen, von Technologie dominierten Welt sind Bildschirme allgegenwärtig und bieten zahlreiche Gelegenheiten, in denen sich Zahlen Ihnen offenbaren können. Von Ihrem Mobiltelefon und Computer über Ihre Armbanduhr bis hin zu Werbetafeln können diese Geräte als Kanäle für die Kommunikation mit Engeln dienen. Wenn Sie beispielsweise wiederholt um 11:11 Uhr auf die Uhr schauen oder bemerken, dass Ihr Akku immer bei 44 % stehen bleibt, könnten diese „Zufälle" Botschaften aus dem göttlichen Reich sein.

Kennzeichen und Adressen:

Achten Sie beim Autofahren auf die Nummernschilder der Fahrzeuge. Jedes Kennzeichen hat einen einzigartigen alphanumerischen Code, und bestimmte Kombinationen könnten Ihr Interesse auf unerwartete Weise wecken. Wenn Sie sich zu einem bestimmten Nummernschild hingezogen fühlen oder wiederholt dieselbe Zahlenfolge sehen, könnte dies eine Botschaft Ihrer Engel sein. Ebenso können die Zahlen an Türen oder Straßen, wenn Sie durch Wohngebiete fahren oder nach einer Adresse suchen, eine besondere Bedeutung haben, selbst wenn Sie am „falschen" Ort landen, als spielerische Art und Weise Ihrer Engel, mit Ihnen zu kommunizieren.

Quittungen, Rechnungen und Bücher:

Engelszahlen können in den alltäglichsten Kontexten auftauchen, beispielsweise auf Einkaufsbelegen oder Rechnungen. Auch wenn diese Dokumente trivial erscheinen mögen, bieten sie den Engeln die Möglichkeit, Ihnen eine Botschaft zu übermitteln. Vielleicht fällt Ihnen auf, dass sich Ihre Einkaufssummen oft zu bestimmten Zahlen addieren oder dass sich die Bestellnummer in verschiedenen Situationen wiederholt. Ebenso können Bücher zu einem Medium der Führung werden; achten Sie auf Seitenzahlen, die Sie ansprechen, oder Passagen, die mit den Zahlenfolgen übereinstimmen, die Ihnen aufgefallen sind. Die Richtung, in die die Handlung verläuft, die Chronologie der Ereignisse oder sogar die Länge eines Kapitels können eine versteckte Bedeutung haben.

Besondere Daten und Träume:

Achten Sie auf Daten, die in Ihrem Leben eine Rolle spielen, wie Jahrestage oder denkwürdige Ereignisse. Wenn Sie an einem Datum, das mit einer Engelszahl übereinstimmt, eine wichtige Entscheidung treffen oder einen tiefgreifenden Moment erleben, kann dies ein Zeichen für göttliche Intervention sein. Darüber hinaus können Ihre Träume als wirkungsvoller Kommunikationskanal dienen. Engel können die Traumwelt nutzen, um Botschaften zu übermitteln und ihre Anwesenheit durch bestimmte Zahlen zu bestätigen. Wenn Ihnen Zahlen in Ihren Träumen auffallen oder wenn sie von Figuren erwähnt werden, analysieren Sie ihre Bedeutung.

Natur und soziale Medien:

Die natürliche Umgebung ist die Leinwand, auf der Engel ihre Botschaften malen können. Von der Anzahl der Blätter, die Sie auf Ihrem Weg finden, bis hin zur Anordnung der Vögel auf einem Ast bietet die Natur unzählige Möglichkeiten, sich Engelszahlen zu manifestieren. Selbst die Anzahl der Blütenblätter einer Blume oder das wiederkehrende Auftauchen eines bestimmten Tieres kann eine besondere Bedeutung haben. Im digitalen Bereich können auch soziale Medien und Online-Interaktionen Kanäle für die Führung durch Engel sein. Die Anzahl der Likes unter einem Beitrag, die Länge eines Videos oder das Datum und die Uhrzeit eines bedeutungsvollen Kommentars können allesamt Wege sein, auf denen sich Ihre Engel zu erkennen geben.

Musik, Filme und Spiele:

Engel können ihre Botschaften in verschiedene Formen der Unterhaltung und Medien integrieren. Achten Sie beim Musikhören auf die Länge des Songs oder auf Texte, die eine besondere Wirkung auf Sie haben. In Filmen oder Serien können die Dialoge einer Figur, die Länge einer Episode oder sogar die Anzahl der Staffeln eine bestimmte Bedeutung haben. Wenn Sie ein Fan von Videospielen sind, achten Sie auf die Level, Punktestände oder Statistiken Ihrer Figur, da die Wiederholung bestimmter Zahlen mehr als nur ein Zufall sein kann.

Tickets, Barcodes und alltägliche Ereignisse:

Von der Flugnummer auf Ihrer Bordkarte bis zur Nummer Ihres Hotelzimmers – die Details Ihrer Reisen können voller Engelsbotschaften sein. Wenn Ihnen ein Sitzplatz oder ein Zimmer mit einer besonderen Nummer zugewiesen wird, kann dies ein subtiles Zeichen dafür sein, dass Sie auf Ihrer Reise begleitet werden.

Leitfaden zur Interpretation von Engelszahlen

Von 0 bis 9, 11 und 22

Die Engelsnumerologie ist ein äußerst wirkungsvolles Instrument zur Interpretation der Botschaften, die uns unsere spirituellen Führer übermitteln möchten. Jede Zahl mit ihrer einzigartigen Schwingung trägt eine besondere Botschaft in sich. Im Folgenden finden Sie einen Leitfaden zum Verständnis dieser Engelszahlen von 0 bis 9, einschließlich der Meisterzahlen 11 und 22.

0 – Totalität und unendlicher Kreislauf

0 symbolisiert Unendlichkeit, Ganzheitlichkeit, den Ursprungspunkt und die Rückkehr zum ursprünglichen Wesen. Sie erinnert uns daran, dass wir untrennbar mit dem Universum verbunden sind und dass Sie sich auf dem richtigen spirituellen Weg befinden, unterstützt vom Kosmos.

1 – Neuanfang und Führungsstärke

Die Zahl 1 lädt zum Handeln ein und steht für Neuanfänge, Unabhängigkeit und die Fähigkeit, durch unsere Gedanken und Handlungen Realität zu schaffen. Sie ist ein Zeichen dafür, dass wir die Architekten unseres Schicksals sind und dass es an der Zeit ist, mit Entschlossenheit neue Projekte in Angriff zu nehmen.

2 – Glaube und Harmonie

Die Zahl 2 verkörpert Glauben, Vertrauen, Ausgeglichenheit und Harmonie. Diese Ziffer ermutigt Sie, an Ihrem spirituellen Weg festzuhalten und harmonisch mit Ihren Mitmenschen zusammenzuarbeiten, und erinnert Sie daran, dass sich alles so entwickeln wird, wie es sein soll.

3 – Kommunikation und Ausdruck

Mit ihrer kreativen Schwingung wird die Zahl 3 mit Selbstausdruck und Kommunikation in Verbindung gebracht. Sie lädt Sie dazu ein, sich klar auszudrücken und Ihre kreativen Fähigkeiten zu nutzen, um Ihre Träume zu verwirklichen, und ist ein Zeichen für göttliche Unterstützung bei Ihren kreativen Unternehmungen.

4 – Stabilität und Fundamente

Diese Zahl symbolisiert den Aufbau solider Grundlagen, Stabilität und beständige Anstrengung. Die 4 erinnert Sie daran, dass Ihre Engel Ihnen zur Seite stehen, damit Sie stetig und geduldig auf Ihre Ziele hinarbeiten können.

5 – Veränderung und Freiheit

Die Zahl 5 kündigt wichtige Veränderungen im Leben, Abenteuer und das Streben nach Freiheit an. Sie ist eine Botschaft, dass Sie offen sein und sich an Veränderungen anpassen sollten, die persönliches Wachstum und neue Möglichkeiten mit sich bringen werden.

6 – Ausgewogenheit und Verantwortung

Die Zahl 6 steht für Harmonie, Verantwortung und Dienst am Nächsten und erinnert Sie daran, wie wichtig es ist, ein Gleichgewicht zwischen dem Materiellen und dem Spirituellen zu wahren und sowohl für sich selbst als auch für Ihre Mitmenschen zu sorgen.

7 – Spirituelle Entwicklung und innere Reflexion

Die 7 schwingt mit Energien des spirituellen Erwachens, der Reflexion und der Selbsterkenntnis. Sie lädt Sie ein, auf Ihre Intuition zu hören und tief in sich selbst zu schauen, um Antworten zu finden und in Ihrer spirituellen Entwicklung voranzukommen.

8 – Überfluss und persönliche Kraft

Die 8 symbolisiert Fülle, Erfolg und persönliche Kraft und sagt Ihnen, dass Wohlstand auf dem Weg ist, indem sie Sie an die Fülle des Universums und Ihr Potenzial für Erfolg erinnert.

9 – Abschluss und Humanität

Diese Ziffer steht für das Ende von Zyklen, Vollendung und Dienst an der Menschheit. Die 9 ermutigt Sie, Kapitel abzuschließen und zu einem neuen Kapitel überzugehen, in dem Sie sich auf die Erfüllung Ihrer Lebensaufgabe konzentrieren.

In der Numerologie gelten die Zahlen 11 und 22 als Meisterzahlen und werden bei Berechnungen nicht auf eine einzelne Ziffer reduziert.

11 – Inspiration und spirituelles Bewusstsein

Die Meisterzahl 11 symbolisiert Inspiration, Erleuchtung und gesteigertes spirituelles Bewusstsein. Sie ist ein Aufruf, sich mit Ihrem höheren Selbst zu verbinden, authentisch zu leben und andere auf ihrem spirituellen Weg zu inspirieren.

22 – Träume verwirklichen und globale Reichweite

Diese Meisterzahl, 22, verbindet die Vision der 11 mit einem starken Sinn für Realismus und Disziplin. Sie birgt ein immenses Potenzial, Träume und Visionen in greifbare Realität zu verwandeln, und unterstreicht Führungsqualitäten, Ehrgeiz und die Fähigkeit, hohe Ideale zu verwirklichen.

Jede Engelszahl trägt eine bestimmte Botschaft in sich, die Sie auf Ihrer spirituellen Reise leiten, inspirieren und unterstützen soll. Indem Sie auf diese Zahlen und ihre Bedeutungen achten, können Sie sich tiefer auf die göttliche Führung einstimmen und sich Ihrer wahren Essenz und Ihrem Lebenszweck nähern.

Engelsbotschaften interpretieren

Wenn Sie wiederholt auf Engelszahlsequenzen stoßen, ist dies ein klares Zeichen dafür, dass Ihre spirituellen Führer mit Ihnen kommunizieren möchten. Diese Botschaften können sich als Warnungen, Bestätigungen, Trost oder Inspiration manifestieren, um Ihren Weg fortzusetzen. Der Schlüssel zu ihrer Entschlüsselung liegt in der bewussten Beobachtung und Reflexion darüber, wie diese Zahlen mit Ihrer aktuellen Situation zusammenhängen.

Wie Sie auf diese Botschaften reagieren sollten

Beobachten und notieren: Schreiben Sie auf, wann und wo diese Zahlen erscheinen. Der Kontext, in dem sie sich manifestieren, kann genauso relevant sein wie die Zahl selbst.

Reflektieren Sie: Nehmen Sie sich einen Moment Zeit, um zu meditieren oder darüber nachzudenken, was Sie gerade getan haben, als die Zahl erschien; dies kann Ihnen wichtige Hinweise auf die Botschaft geben.

Recherchieren Sie: Dieser Leitfaden bietet zwar eine allgemeine Bedeutung für jede Zahl, aber die Interpretation kann von Person zu Person variieren.

Recherchieren und meditieren Sie, um herauszufinden, wie diese Bedeutungen auf Ihre besondere Situation zutreffen.

Handeln Sie: Engelszahlen weisen oft darauf hin, dass es notwendig ist, Maßnahmen zu ergreifen oder eine Veränderung vorzunehmen. Überlegen Sie, wie Sie diese Botschaft in Ihrem Leben anwenden können; vielleicht ist es an der Zeit, ein neues Projekt zu beginnen, loszulassen, was Ihnen nicht mehr dient, oder einfach auf den Prozess des Lebens zu vertrauen.

Vertrauen: Vertrauen Sie vor allem darauf, dass diese Botschaften Zeichen der Liebe und Führung Ihrer Engel sind. Auch wenn die Botschaft nicht sofort klar ist, halten Sie Ihren Geist und Ihr Herz offen, um ihre Bedeutung zu empfangen.

Engelszahlen sind Geschenke des Universums, die uns an unsere göttliche Verbindung erinnern und uns auf unserer irdischen Reise leiten sollen. Indem Sie auf diese Zeichen achten und der Führung vertrauen, die sie Ihnen bieten, können Sie mit größerer Klarheit, Zielstrebigkeit und Freude durch das Leben navigieren.

Das faszinierende Universum der Engelszahlen ist so umfangreich und tiefgründig, dass es ganze Bände füllen könnte. Es ist jedoch wichtig zu erkennen, dass eine umfassende Anleitung zu jeder einzelnen Bedeutung den Rahmen dieses Buches sprengen würde. Die hier vorgestellten Informationen dienen als solide Einführung in die Kraft der Zahlen als Botschafter des Universums, um Ihr Interesse zu wecken und Ihnen die grundlegenden Werkzeuge an die Hand zu geben, mit denen Sie beginnen können, diese göttlichen Zeichen zu deuten.

Meisterzahlen: Erhöhte Schwingungen

Meisterzahlen unterscheiden sich in der Numerologie durch ihre verstärkte Schwingung deutlich von einfachen Ziffern. Diese Zahlen, wie z. B. 11, 22, 33 usw., verstärken die Essenz der einzelnen Ziffern, die sie repräsentieren, und jede hat eine einzigartige Bedeutung.

11 – Der intuitive Erleuchter:

Die Zahl 11 gilt als Zahl der tiefen Intuition und symbolisiert spirituelle Vision und Erleuchtung. Sie hat die Fähigkeit, zu inspirieren und tiefgründige Geheimnisse des Daseins zu offenbaren. Menschen, die von dieser Zahl beeinflusst sind, besitzen oft eine Weisheit und Wahrnehmung, die über das Gewöhnliche hinausgeht.

22 – Der Baumeister:

Die Zahl 22 verbindet die visionären Aspekte der 11 mit einer starken Dosis Realismus und Disziplin. Diese Zahl birgt ein enormes Potenzial, Träume in greifbare Realität zu verwandeln, und steht für Führungsstärke, Ehrgeiz und die Fähigkeit, hochgesteckte Visionen zu verwirklichen.

33 – Der Meister:

Die 33 wird als Zahl des Meisters gepriesen und schwingt mit Energien des Mitgefühls, der Heilung und dem Wunsch, anderen Gutes zu tun. Obwohl sie bestimmte Energien mit der 6 teilt (da 3+3=6), ist ihr Einfluss größer und zielt darauf ab, die Menschheit durch Führung und Fürsorge zu erheben und Lehren aus gemeinsamen Erfahrungen zu ziehen.

Die Bedeutung dieser Meisterzahlen liegt in ihrer Fähigkeit, die Energien der einzelnen Ziffern zu verstärken. So verstärkt beispielsweise die 11 nicht nur die Eigenschaften der Zahl 1 in Bezug auf Führungsstärke und Innovationskraft, sondern tut dies auch mit einer größeren spirituellen Kraft. Daher erlebt jemand, dessen Lebensweg von der Zahl 11 bestimmt wird, das Leben anders als jemand, der sich mit der Zahl 2 identifiziert, obwohl beide die Essenz von Partnerschaft und Harmonie teilen. Im Fall der 11 tritt die spirituelle Berufung noch stärker in den Vordergrund.

Die Reihenfolge, in der diese Zahlen erscheinen, ist von Bedeutung. Eine Zahlenfolge wie 1122 deutet beispielsweise auf eine Entwicklung vom spirituellen Erwachen, das durch die 11 symbolisiert wird, hin zu konstruktivem Handeln, das durch die 22 angezeigt wird, was eine Phase der Erleuchtung impliziert, gefolgt von der Notwendigkeit, diese Vision in die Praxis umzusetzen.

Um Meisterzahlen zu verstehen, muss man über die bloße numerische Wiederholung hinausblicken und ihre Rolle als Träger spiritueller Frequenzen erkennen, die das

Irdische mit dem Göttlichen verbinden und als Kanäle für höhere Weisheit und höhere Ziele dienen.

Meisterzahlen in verschiedenen Kontexten

In Geburtsdaten zeigen Menschen, die unter dem Einfluss der 22 geboren sind, oft Eigenschaften eines Meisterbauers, indem sie natürliche Führungsqualitäten und die Fähigkeit demonstrieren, große Visionen zu entwickeln und umzusetzen.

Menschen mit der Zahl 11 in ihrem Geburtshoroskop neigen eher zur Intuition, haben intensive Träume und pflegen eine tiefe spirituelle Verbindung.

In Namen deutet das Vorhandensein einer Meisterzahl wie 33 auf ein großes Potenzial zur Inspiration und Heilung hin und offenbart eine tiefe Verbindung zwischen Zahlen und persönlichem Schicksal.

Adressen mit Meisterzahlen können einen erheblichen Einfluss auf den Lebenszweck und die Leistungen der Bewohner haben. Wenn Sie beispielsweise an einer Adresse mit der Zahl 22 wohnen, kann Ihnen das Fokus und Ehrgeiz verleihen, während die Zahl 11 spirituelles Wachstum und Erleuchtung fördern kann.

Wenn Meisterzahlen kombiniert werden, wie in der Sequenz 1122, symbolisiert dies eine Reise vom spirituellen Erwachen zur praktischen Erfüllung und bietet eine nuancierte Sicht auf Lebensphasen, Herausforderungen und spirituelle Entwicklung.

Der Einfluss von Meisterzahlen verleiht nicht nur Stärken, sondern bringt auch Herausforderungen mit sich. Die intensive Erleuchtung, die mit der 11 einhergeht, kann überwältigend sein und Ängste auslösen, während die 22 nicht nur eine Vision erfordert, sondern auch die Fähigkeit, diese Vision zu verwirklichen. Diejenigen, die mit der 33 in Resonanz stehen, müssen ein Gleichgewicht zwischen ihren persönlichen Bestrebungen und dem Ruf, anderen zu dienen, finden.

Dieser numerische Tanz spiegelt die spirituelle Energie des Universums wider und bietet sowohl Talente als auch einen Aufruf, zu wachsen und sich auf den eigenen numerologischen Weg auszurichten.

Wiederholung von Engelszahlen und ihre Bedeutung

Nullen symbolisieren Ewigkeit, Potenzial und die Verbindung zur universellen Energie. Sie markieren den Beginn einer spirituellen Reise und die Bedeutung eines Neuanfangs, der sich auf Wachstum und Einheit konzentriert.

Einsen stehen für Initiative, Führungsstärke und die Essenz des Handelns. Ihre Wiederholung ist ein kosmisches Zeichen dafür, Chancen zu ergreifen und Ihre Bestrebungen auf positive Weise zu fokussieren.

Zweien betonen Dualität, Gleichgewicht und Zusammenarbeit und laden Sie ein, in Zeiten der Unsicherheit geduldig zu sein und den Glauben zu bewahren, um sicherzustellen, dass Harmonie vorherrscht.

Die Dreien stehen für Kreativität, die Erhörung von Gebeten und bevorstehende Segnungen, die sich in göttlicher Unterstützung und Führung niederschlagen.

Die Vieren symbolisieren Stabilität und den Aufbau solider Fundamente und versichern Ihnen, dass Ihre Bemühungen bald Früchte tragen werden.

Fünfen signalisieren Veränderung und Abenteuer und laden Sie dazu ein, neue Erfahrungen anzunehmen und das hinter sich zu lassen, was Ihnen nicht mehr dient.

Die Sechsen fordern Sie auf, Ihre Gedanken neu zu bewerten und die materiellen und spirituellen Aspekte Ihres Lebens in Einklang zu bringen, und bitten Sie um Harmonie in allen Bereichen.

Die Siebener mit ihrer mystischen Energie zeigen an, dass Sie sich auf dem richtigen spirituellen Weg befinden und dank Ihrer Praxis kurz davor stehen, Erleuchtung zu erlangen.

Achten stehen für Macht, Fülle und den endlosen Kreislauf der Energie und ihrer Folgen und bereiten Sie auf Wohlstand und eine Zukunft in Führungspositionen vor.

Neunen signalisieren Vollendung und Humanität und deuten auf das Ende einer Etappe und den Beginn eines neuen Kapitels hin, in dem es darum geht, Ihre Lebensaufgabe zu erfüllen.

Diese Zahlenfolgen fungieren als göttliche Botschaften, die Sie leiten, warnen und trösten und Ihnen Einblicke in Ihren irdischen und spirituellen Weg geben.

Zeitpunkt und Häufigkeit

Das wiederkehrende Erscheinen von Engelszahlen ist kein Zufall; ihre wiederholte Manifestation unterstreicht die Bedeutung ihrer Botschaft. Das Auftreten derselben oder verschiedener Zahlen deutet oft auf die Anwesenheit einer leitenden Kraft hin, die Sie ständig an die spirituelle Kommunikation erinnert, die Ihnen angeboten wird. Der Übergang von einer Zahl zur anderen kann eine Veränderung in der Art der angebotenen Führung signalisieren.

Die Häufigkeit, mit der eine Engelszahl erscheint, kann auf die Dringlichkeit ihrer Botschaft hinweisen. Wenn beispielsweise die Zahl 111 in verschiedenen Zusammenhängen erscheint, kann dies ein Zeichen des Universums sein, dass Sie bestimmten Aspekten Ihres Lebens Aufmerksamkeit schenken sollen. Wenn Sie beispielsweise 555 inmitten einer wichtigen Entscheidung sehen, ermutigen die Engel Sie möglicherweise, offen für Veränderungen zu sein.

Diese zufälligen Begegnungen wirken wie subtile Weckrufe, die Sie dazu veranlassen, nachzudenken oder Ihren Kurs anzupassen. Sie sind besonders eindringlich in Zeiten der Entscheidung oder des Übergangs und bieten Ihnen Führung, wenn Sie darauf eingestellt sind. Sie können Sie auch in Zeiten emotionaler Turbulenzen trösten und Ihnen wie eine himmlische Umarmung dienen, wenn Sie sie am meisten brauchen.

Der Zeitpunkt und die Häufigkeit dieser Erscheinungen stimmen oft mit wichtigen Phasen oder Entscheidungen in Ihrem Leben überein, sei es ein Jobwechsel, der Beginn einer neuen Beziehung oder alltägliche Unsicherheiten. Für manche kann das rechtzeitige Erscheinen einer Engelszahl sogar zukünftige Ereignisse oder Übergänge vorhersagen.

Diese Zahlen können sich auch mit bestimmten Phasen Ihres Daseins synchronisieren und auf bestimmte Lektionen oder Themen hinweisen, die Ihre Aufmerksamkeit erfordern. Diese Idee steht im Zusammenhang mit Carl Jungs Theorie der Synchronizität, nach der die Manifestation dieser Zahlen mit Ihren Gedanken, Emotionen oder bedeutenden Ereignissen korreliert. Solche Synchronizitäten verstärken sich in Zeiten tiefer Reflexion, Meditation oder spiritueller Praktiken ( ), was darauf hindeutet, dass Sie in diesen Zeiten eine intimere Verbindung aufbauen.

Um Ihre Fähigkeit, Engelszahlen zu erkennen, zu verbessern, sollten Sie die folgenden Strategien in Betracht ziehen:

Steigern Sie Ihr tägliches Bewusstsein: Achten Sie besonders auf sich wiederholende Zahlen, z. B. auf Uhren, Nummernschildern oder Quittungen.

Erkennen und notieren: Merken Sie sich Zahlen, die Sie häufig sehen. Ihr ständiges Auftreten deutet oft auf eine dringende Botschaft hin.

Dokumentieren Sie: Führen Sie ein Tagebuch oder verwenden Sie Ihr Telefon, um Engelszahlen aufzuzeichnen. Dies wird Ihnen helfen, Muster zu erkennen und über ihre Bedeutung zu meditieren.

Reflektieren Sie Ihren emotionalen Zustand: Denken Sie darüber nach, was Sie gefühlt oder gedacht haben, als Sie eine bestimmte Zahl bemerkt haben; der Kontext ist entscheidend.

Vertrauen Sie Ihrer Intuition: Wenn bestimmte Zahlen für Sie eine besondere Bedeutung haben, vertrauen Sie diesem Gefühl.

Meditieren oder kontemplieren Sie in Stille: Dies kann Ihre Empfänglichkeit für diese Botschaften erhöhen.

Beobachten Sie Ihre Träume: Engelszahlen können auch in der Traumwelt erscheinen, daher kann es sehr hilfreich sein, ein Traumtagebuch zu führen.

Achten Sie auf digitale Medien: Halten Sie in unserem technologischen Zeitalter Ausschau nach Zahlen in Benachrichtigungen, Zeitstempeln und Ähnlichem.

Recherchieren Sie: Die allgemein anerkannten Bedeutungen der Zahlenfolgen, denen Sie begegnen, können als Ausgangspunkt dienen.

Teilen Sie Ihre Erfahrungen: Gespräche mit anderen Menschen, die sich für Engelszahlen interessieren, können Ihnen neue Perspektiven eröffnen und Ihr Verständnis erweitern.

Denken Sie daran, dass die Interpretation von Engelszahlen nicht feststeht oder universell ist. Eine Zahlenfolge, die für Sie finanzielle Aspekte implizieren kann, könnte für jemand anderen eine rein spirituelle Bedeutung haben. Die Relevanz dieser Zahlen hängt weitgehend von Ihrem persönlichen Weg ab.

Vertrauen Sie Ihrer eigenen Intuition, um die Botschaft der Engelszahlen zu entschlüsseln. Allgemeine Richtlinien können zwar eine Orientierung bieten, aber die persönliche Bedeutung dieser Zahlen ist von größter Bedeutung. Bleiben Sie empfänglich für die Art und Weise, wie das Universum mit Ihnen kommuniziert, und wenn Sie tiefer in die Welt der Zahlen eintauchen, werden Sie mehr über die verschiedenen Zahlenfolgen und Kombinationen erfahren, durch die die Engel zu Ihnen sprechen, und so Ihr Verständnis dieses himmlischen Dialogs bereichern.

Engelszahlen, wenn sie in Sequenzen oder Mustern erscheinen, vermitteln Botschaften und Führung aus einer höheren Sphäre und spiegeln die präzise und zielgerichtete Kommunikationsweise des Universums wider. Diese Sequenzen folgen, ähnlich wie die natürlichen Rhythmen des Mondes, der Jahreszeiten und der Lebenszyklen, einer bestimmten Abfolge. Aufsteigende Sequenzen symbolisieren Wachstum und Expansion, ähnlich wie der energiegeladene Sonnenaufgang, der einen neuen Tag voller Möglichkeiten einläutet. Im Gegensatz dazu spiegeln absteigende Sequenzen den Höhepunkt, die Selbstbeobachtung und die reflektierende Energie eines Sonnenuntergangs wider und deuten auf das Ende eines Zyklus hin.

Aufsteigende Engelszahlsequenzen:

012: Weist auf den Beginn einer spirituellen Reise hin, wobei 0 für Potenzial, 1 für Führung und Neuanfang und 2 für Ausgewogenheit und Zusammenarbeit steht.

123: Deutet auf einen geordneten Fortschritt in Ihrer persönlichen oder spirituellen Entwicklung hin und betont Neuanfänge, Zusammenarbeit und kreativen Ausdruck.

234: Schlägt vor, eine stabile Grundlage aufzubauen, die auf Wachstum und Gleichgewicht basiert, wobei 2 für

Harmonie, 3 für Kreativität und soziales Engagement und 4 für Struktur und Praktikabilität steht.

345: Ermutigt Sie, sich von Stabilität hin zu Veränderung und Erkundung zu bewegen und dabei Kreativität (3), Struktur (4) und den Wunsch nach Abenteuer und Freiheit (5) zu integrieren.

456: Steht für den Übergang von strukturierter Energie (4) über die Akzeptanz von Veränderung (5) hin zum Dienst an anderen mit neuen Erkenntnissen (6).

567: Lädt zur persönlichen Entwicklung durch Veränderung (5), Verantwortung (6) und die Suche nach innerer Weisheit und spirituellem Erwachen (7) ein.

678: Hebt Ihr spirituelles Wachstum hervor, das zu Selbstermächtigung und Fülle führt und die Verwirklichung Ihrer persönlichen Kraft nach einem Prozess des Lernens und der Selbstreflexion demonstriert.

789: Bezeichnet den Höhepunkt einer Phase und deutet darauf hin, dass nach dem Erreichen von Macht und Fülle (8) ein Zyklus endet, um Platz für einen neuen Anfang zu schaffen, der sich auf Dienst (9) konzentriert.

Absteigende Reihenfolgen von Engelszahlen:

987: Symbolisiert das Ende einer Phase und betont den Übergang von materiellen oder äußeren Errungenschaften zu einer tieferen spirituellen Erforschung, was das Ende eines Zyklus und den Beginn einer inneren Reise markiert.

876: Weist auf eine Transformation von persönlichen Errungenschaften und Macht hin zu einem altruistischeren Fokus hin, betont die Bedeutung von Gemeinschaft, Verantwortung und Dienst und lädt Sie dazu ein, Ihre Prioritäten neu zu ordnen.

765: Steht für eine Phase der Transformation, die durch spirituelle Vision (7) eingeleitet wird, gefolgt von Verantwortung und Fürsorge für die Gemeinschaft (6) und gipfelt in bedeutender Veränderung und Freiheit (5), was einen Prozess der Erleuchtung impliziert, der wichtige Anpassungen mit sich bringt.

654: Zeigt den Weg zur Wiedererlangung von Stabilität nach bedeutenden Veränderungen auf, beginnend mit einer Betonung der Gemeinschaft (6), der Akzeptanz von Veränderungen (5) und der Schaffung solider Grundlagen (4). Es deutet auf eine Phase der Erdung und Konsolidierung hin.

543: Beschreibt den Übergang von Transformation (5) und Stabilität (4) zu Kreativität und Selbstentfaltung (3) und hebt die Bewegung hin zu kreativem Wachstum nach einer Phase des Wandels hervor.

432: Zeigt den Übergang von Stabilität und Ordnung (4) zu Zusammenarbeit und Teamwork (2) durch Kreativität und Ausdruck (3). Diese Sequenz betont die Entwicklung vom individuellen Wachstum zu kollektiven Anstrengungen und Harmonie in Beziehungen.

321: Weist auf einen Zyklus der Erneuerung hin, in dem sich nach Kreativität und Wachstum (3) sowie Zusammenarbeit (2) die Möglichkeit für Neuanfänge und Führungsqualitäten (1) eröffnet und Sie dazu drängt, erneut die Initiative zu ergreifen.

210: Deutet auf die Vorbereitung auf eine neue Phase hin und betont die Bedeutung von Gleichgewicht und Harmonie (2) als Grundlage, bevor Sie sich auf eine neue Reise begeben.

Die Bedeutung von Spiegel- oder reflektierten Zahlen

Zahlen, die innerhalb von Engelkombinationen gespiegelt erscheinen, nehmen aufgrund ihrer einzigartigen Struktur, ihrer Schwingungsfrequenzen und der tiefgründigen Konzepte, die sie repräsentieren, einen besonderen Platz in der Numerologie ein. Diese gespiegelten Zahlen vermitteln die Idee von Gleichgewicht, Harmonie und der Verbundenheit aller Dinge im Universum.

Die Anordnung der Ziffern in einem Spiegelmuster verstärkt die Energie der zentralen Zahl, während die sie umgebenden Ziffern ihre Kraft verstärken. Diese Konfiguration kann als Schutzschild interpretiert werden, was darauf hindeutet, dass die zentrale Energie besonders stark ist und eine tiefe Reflexion erfordert, um sie vollständig zu verstehen.

Reflektierte Zahlen symbolisieren Zyklen, Integrität und Einheit und stehen im Einklang mit den natürlichen Rhythmen des Lebens. Sie erinnern auch an die Dualitäten und Herausforderungen, die auftreten können, und betonen die Notwendigkeit, trotz gegensätzlicher Kräfte Harmonie zu bewahren.

Diese Zahlen dienen als Tor zu tieferem Verständnis und Selbstfindung und laden Sie ein, Ihre innere Welt zu erkunden und Ihr Leben mit Ihrem Lebenszweck in Einklang zu bringen. Die Sequenzen evozieren die Kontinuität und den ewigen Fluss der universellen Energie und stehen für den ständigen Tanz des Nach-innen-Schauens und des Erkennens von Verbindungen mit der Außenwelt.

Da Spiegelzahlen mit bestimmten Frequenzen schwingen, haben sie oft eine beruhigende und ausgleichende Wirkung auf Menschen, die sensibel für Energie sind. Darüber hinaus können sie sanfte Anstöße des Universums sein, über Ihre Gedanken, Emotionen und Umstände nachzudenken.

Die ausgewogene Struktur dieser Zahlen impliziert Wachstum, Entwicklung und Expansion und symbolisiert den Weg des Lernens, der Transformation und der Rückkehr mit neuem Wissen. Sie sind Symbole für kosmische Perfektion und erinnern Sie an die innewohnende Perfektion des Universums und das Potenzial für Perfektion, das in Ihnen steckt. Die Betonung der mittleren Ziffer unterstreicht die Bedeutung des Hier und Jetzt und ermutigt Sie, präsent zu bleiben und die entscheidende Rolle des Augenblicks auf Ihrer Lebensreise anzuerkennen.

Spezifische Bedeutungen der Zahlen

101: Wenn Sie ein neues Kapitel beginnen, erinnert Sie diese Zahl daran, dass das Universum Sie unterstützt und bestätigt, dass Sie auf dem richtigen Weg sind.

121: So wie die ruhige Oberfläche eines Teiches die ihn umgebenden Bäume widerspiegelt, lädt die Symmetrie dieser Zahl Sie dazu ein, dem von Ihnen gewählten Weg zu vertrauen.

131: Diese Zahlenfolge symbolisiert sowohl Ihre Individualität als auch Ihre Verbindung zu einer höheren Macht und weist auf eine tiefe Beziehung zu den Geheimnissen des Kosmos hin.

141: Sie signalisiert, dass sich positive Veränderungen anbahnen; Sie haben eine solide Grundlage in Ihrem Leben geschaffen, daher werden Sie ermutigt, durchzuhalten.

151: Diese Zahl lädt Sie dazu ein, Ihre Authentizität anzunehmen und in Ihrem eigenen Tempo voranzuschreiten, wobei Sie Ihre Einzigartigkeit und Ihre Fähigkeit, Ihren eigenen Weg zu gehen, feiern sollten.

161: Diese Zahl unterstreicht die Bedeutung von Partnerschaften; wenn Sie mit jemandem zusammenarbeiten, kann dies eine sehr günstige Verbindung sein, um bemerkenswerte Ergebnisse zu erzielen.

171: Diese Zahl unterstreicht die Bedeutung spirituellen Wachstums. Das Universum leitet dich auf deinem Weg zur Erleuchtung und ermutigt dich, deine Spiritualität weiter zu erforschen.

181: Zeigt an, dass mit Erfahrung Erneuerung einhergeht. Aus der Vergangenheit zu lernen öffnet die Tür zu neuen Anfängen, und das Universum fördert diesen Prozess der Erneuerung.

191: Markiert das Ende einer Phase und den Beginn einer neuen und spiegelt den natürlichen Kreislauf des Lebens wider, in dem sich mit dem Ende eines Kapitels die Möglichkeit für ein neues eröffnet.

202: Betont die Bedeutung von Ausgeglichenheit und Harmonie in Beziehungen und Partnerschaften während Ihres gesamten Lebens.

212: Konzentriert sich auf die Verbindung zwischen Individuen und das Gefühl der Einheit und lädt Sie ein, verschiedene Perspektiven zu verstehen, ohne Ihre Identität zu verlieren.

232: Ermutigt Sie, neuen Erfahrungen mit Staunen und Demut zu begegnen, und regt Sie dazu an, Möglichkeiten zu entdecken, die Ihnen helfen, zu wachsen.

242: Bezieht sich auf Stabilität und Zufriedenheit; wenn sich das Leben ausgeglichen anfühlt, fließt alles ganz natürlich und gibt Ihnen Sicherheit.

252: Fordert Sie auf, Selbstentfaltung und Abenteuer in den Vordergrund zu stellen, und lädt Sie ein, neue Erfahrungen und innovative Ideen anzunehmen.

262: Deutet darauf hin, dass erfolgreiche Kooperationen möglich sind, wenn gegenseitiger Respekt und gemeinsame Visionen vorhanden sind, insbesondere im Bereich der Wirtschaft oder bei gemeinsamen Projekten.

272: Lenkt Ihre Aufmerksamkeit auf tiefe spirituelle Einsichten, die in Ihnen bereit sind, zum Vorschein zu kommen.

282: Weist darauf hin, dass sich um Sie herum transformative Energien zusammenbrauen, was dies zu einem idealen Zeitpunkt macht, um sich zu erneuern und neu anzufangen.

292: Wenn ein Zyklus endet, versichert Ihnen das Universum, dass neue Abenteuer und Erfahrungen gleich um die Ecke auf Sie warten.

303: Ermutigt Sie, Ihr kreatives Potenzial zu entfalten, und drängt Sie, Ihre tiefsten Wünsche und Träume auszudrücken, da Sie von kreativer Energie umgeben sind.

313: Diese Zahl lädt Sie ein, über die tiefen Verbindungen nachzudenken, die Sie während Ihrer Abenteuer und Lebenserfahrungen knüpfen können.

323: Auch wenn es den Anschein hat, dass Sie und Ihr Partner unterschiedliche Standpunkte vertreten, gibt es einen gemeinsamen Nenner, der beide Perspektiven verbindet; Sie werden ermutigt, diesen zu finden.

343: Diese Zahl deutet darauf hin, dass eine solide Grundlage für Wachstum unerlässlich ist; das Universum betont die Bedeutung von Stabilität.

353: Diese Zahl betont Unabhängigkeit; das Universum fordert Sie auf, Ihre Freiheit zu nutzen, um sich auszudrücken und die Wunder des Lebens zu erleben.

363: Betont Teamwork und gegenseitigen Respekt und lädt Sie ein, Ihre aktuellen Beziehungen mit Optimismus anzugehen.

373: Diese Zahl steht in Verbindung mit spiritueller Suche und der Suche nach einem tieferen Sinn im Leben.

383: Diese Zahl kündigt Veränderungen und Transformationen in Ihrem spirituellen Leben an, die sich auch im materiellen Bereich manifestieren können.

393: Markiert das Ende eines Kapitels und ebnet den Weg für die nächste Etappe Ihrer Reise.

404: Sie deutet darauf hin, dass es entscheidend ist, eine solide Grundlage zu haben, bevor man sich auf ein neues Abenteuer einlässt.

414: Sie weist darauf hin, dass Ihre Bemühungen um Stabilität in einem neuen Projekt belohnt werden, wenn Sie durchhalten.

424: Steht für das Gleichgewicht zwischen Struktur und Harmonie, insbesondere in Ihren zwischenmenschlichen Beziehungen.

434: Ermutigt Sie, Ihre Widerstandsfähigkeit zu bewahren, während Sie neue Wege im Leben erkunden.

454: Ermutigt Sie, Ihre Unabhängigkeit zu bewahren und auf dem Boden zu bleiben, auch wenn Sie sich einsam fühlen.

464: Weist darauf hin, dass die Zusammenarbeit mit anderen und der Aufbau von Vertrauen Ihnen große Vorteile bringen werden.

474: Weist darauf hin, dass der spirituelle Weg durch das Aufbauen auf früheren Erfahrungen und gewonnenen Erkenntnissen erleichtert wird.

484: Weist darauf hin, dass bedeutende Veränderungen in Ihrem Leben eher von Dauer sind, wenn sie auf Ihren vergangenen Erfahrungen basieren.

494: Erinnert Sie daran, dass die Strukturen, die Sie einst gestützt haben, ihren Zweck nicht mehr erfüllen und Sie dazu veranlassen, etwas Neues zu schaffen.

505: Dies ist ein Anstoß des Universums, Ihren Horizont zu erweitern und sich neues Wissen anzueignen.

515: Es deutet darauf hin, dass Ihre Projekte durch die Einbringung Ihrer einzigartigen Persönlichkeit viel besonderer werden.

525: Wenn Sie während Ihrer Reisen das Gleichgewicht bewahren, können Sie friedlich und nachhaltig auf Entdeckungsreise gehen.

535: Deine Unabhängigkeit zum Ausdruck zu bringen erfordert Mut; gehe weiterhin deinen eigenen Weg.

545: Selbst wenn Sie sich auf eine Solo-Reise begeben, können Sie Harmonie im Abenteuer finden.

565: Kooperationen, die sich unterwegs ergeben, können sich zu bereichernden Partnerschaften für Ihre Erfahrungen entwickeln.

575: Ihr einzigartiger Weg wird Ihnen spirituelle Einsichten bringen, die Ihr Verständnis des Universums, das Sie leitet, vertiefen werden.

585: Unternommene oder geplante Abenteuer können bedeutende Veränderungen auslösen, basierend auf dem, was Sie im Laufe der Zeit gelernt haben.

595: Wenn diese abenteuerliche Phase zu Ende geht, bereitet dich das Universum auf neue Anfänge und unerforschte Horizonte vor.

606: Betont die Bedeutung eines Gleichgewichts in romantischen Beziehungen und erinnert Sie daran, dass Vertrauen und Respekt unerlässlich sind, um Ihre Authentizität auch in der Zusammenarbeit zu bewahren.

616: Hebt die Koexistenz von Unabhängigkcit und gegenseitiger Abhängigkeit in gesunden Beziehungen hervor, in denen das Ende einer Phase Raum für einen Neuanfang schafft.

626: Weist darauf hin, dass romantische Beziehungen das gegenseitige Wachstum fördern sollten; eine solide Grundlage, dic auf Vertrauen basiert, ist unerlässlich.

636: Lädt Sie dazu ein, ein Gleichgewicht zwischen Körper und Geist herzustellen, Unabhängigkeit auf Ihrem Weg anzunehmen und einen aufrichtigen Blick in Ihr Inneres zu werfen.

646: Steht für eine tiefe Verbindung zwischen zwei Seelen, die auf Vertrauen und echter Verbundenheit basiert.

656: Erinnert daran, dass jedes Wesen Kraft besitzt, auch wenn zwei Herzen als eins schlagen; es ist wichtig, sich in der Vereinigung nicht selbst zu verlieren.

676: Verkündet, dass die Wahrheit, die Sie suchen, offenbart werden wird, und betont die Notwendigkeit von Geduld und Vertrauen.

686: So wie Flüsse ihren Lauf ändern, verändern sich auch Beziehungen, um Liebe und Vertrauen zu bereichern und zu vertiefen; vertraue auf Veränderung.

696: Weist darauf hin, dass Geschichten zwar zu Ende gehen, jedes Ende jedoch die Tür zu einem Neuanfang öffnet; es ist Zeit, loszulassen, damit Neues entstehen kann.

707: Deutet darauf hin, dass Sie im Begriff sind, mystische Geheimnisse zu entdecken, die Ihr Leben auf positive Weise verändern werden.

717: Erinnert Sie daran, dass Sie sich auf einer Reise befinden und daher der Führung Ihres Herzens folgen müssen, um Ihre Träume zu verwirklichen.

727: Weist darauf hin, dass es eine wohltuende Veränderung ist, zu lernen, Ihrem Geist zu vertrauen, um Dinge zu manifestieren, was mehr Ausgeglichenheit in Ihr Leben bringen wird.

737: Weist darauf hin, dass Sie Ihre Kreativität entfalten können, indem Sie tief in sich selbst hineinblicken; widmen Sie sich spiritueller Arbeit, um andere Aspekte Ihres Lebens zu fördern.

747: Fordert Sie auf, sich mit Ihren Wurzeln zu verbinden, da Sie dadurch himmlische Einsichten erhalten und die Geheimnisse des Daseins entschlüsseln können.

757: Warnt Sie, dass Sie nur durch die Vertiefung Ihrer Spiritualität und die Stärkung Ihrer Wurzeln ein höheres Verständnis des Universums erlangen können.

767: Die Zusammenarbeit mit anderen in spirituellen Angelegenheiten fördert das Wachstum und den Erwerb neuen Wissens durch gemeinsame Erfahrungen.

787: Bedeutende Veränderungen in Ihrer spirituellen Sichtweise deuten darauf hin, dass Sie beginnen, sich tiefer mit dem Universum zu verbinden.

797: Dies signalisiert, dass eine Phase intensiver spiritueller Einsichten zu Ende geht und Sie sich auf neue kosmische Abenteuer vorbereiten.

808: Kündigt an, dass Erneuerung und Veränderung unerlässlich sind, und deutet darauf hin, dass das Universum Sie dazu drängt, sich der Transformation zu öffnen.

818: Fordert Sie auf, die Veränderungen, die Sie erleben, zu akzeptieren, und versichert Ihnen, dass sie Sie zu einem schönen Ziel führen.

828: Zeigt an, dass eine ausgewogene Veränderung harmonische Anpassungen in allen Bereichen Ihres Lebens beinhaltet, die es Ihnen ermöglichen, während des Übergangs Stabilität zu bewahren.

838: Weist darauf hin, dass die Einleitung von Veränderungen nach Ihren eigenen Vorstellungen ein Zeichen für Führungsstärke in Ihrem Erneuerungsprozess ist.

848: Betont, dass Veränderungen, die auf Ihren Erfahrungen aus der Vergangenheit basieren, die Bedeutung der Anwendung dieser Lektionen in der Gegenwart unterstreichen.

858: Verbindet Abenteuerlust mit Veränderung und markiert den Beginn von Abenteuern, die Ihre Realität tiefgreifend verändern und Ihre höchsten Ziele verwirklichen können.

868: Weist darauf hin, dass die Zusammenarbeit mit anderen in Zeiten des Wandels unerlässlich ist, um gemeinsam zu wachsen und Erfahrungen in Lebensübergängen auszutauschen.

878: Fordert Sie auf, inmitten des Wandels nach spirituellen Einsichten zu suchen, um einen reibungslosen Übergang von Ihrem alten Selbst zu dem Selbst, das Sie sein möchten, zu ermöglichen.

898: Kündigt an, dass eine Phase der Transformation zu Ende geht, und signalisiert, dass sich nach Abschluss der Veränderungen neue Anfänge eröffnen werden.

909: Steht für das Ende eines Zyklus und den Beginn eines neuen und markiert Lebensübergänge, in denen eine Phase endet, um einer anderen Platz zu machen.

919: Deutet darauf hin, dass das Erreichen bestimmter persönlicher Ziele die Tür zu neuen Phasen öffnen kann, und veranschaulicht, wie sich verschiedene Ziele im Laufe des Lebens abwechseln.

929: Betont, wie wichtig es ist, in Zeiten des Wandels Ruhe und Ausgeglichenheit zu bewahren, um einen reibungslosen Übergang zu ermöglichen.

939: Hebt die Unabhängigkeit hervor, wenn ein Kapitel abgeschlossen wird und ein neues beginnt, und lädt Sie ein, die Kontrolle über Ihre Veränderungen zu übernehmen.

949: Unterstreicht, dass fundierte Enden und Neuanfänge auf dem basieren, was man gelernt hat, und lädt Sie dazu ein, die Lektionen der Vergangenheit anzuerkennen, während Sie sich weiterentwickeln.

959: Weist darauf hin, dass Erkundungen das Ende einer Phase und den Beginn einer neuen markieren können, und legt nahe, dass Abenteuer gleichzeitig Ende und Anfang sein können.

969: Warnt davor, dass Teamarbeit zu Ende gehen kann, und eröffnet die Möglichkeit für neue Kooperationen und gemeinsame Erfahrungen in der Zukunft; bleiben Sie offen für die Zusammenarbeit mit anderen.

979: Bringt Sie an den Rand spiritueller Größe und deutet darauf hin, dass die Fortsetzung Ihres derzeitigen Weges zu größeren Erfolgen und positiven Auswirkungen in allen Bereichen Ihres Lebens führen wird.

989: Es rät Ihnen, alles, was enden muss, enden zu lassen, damit Sie in allen Bereichen Ihres Daseins Fülle und Wachstum erfahren können.

Unkonventionelle Muster

Engelszahlen erscheinen auch in ungewöhnlichen Sequenzen und vermitteln durch scheinbar zufällige Kombinationen bedeutungsvolle Botschaften. Diese ungewöhnlichen Muster können Ihnen persönliche Führung bieten und Sie dazu einladen, tiefer in sich selbst zu schauen, um ihre volle Bedeutung zu entdecken.

Sequenzen wie 1234 oder 4321 verdeutlichen den Fortschritt und Rückschritt in den verschiedenen Lebensphasen und stehen für die Ermutigung des Universums, durchzuhalten und auf die Fluidität des Lebensweges zu vertrauen. In ähnlicher Weise verstärken längere Wiederholungen wie 4444 oder 8888 die Essenz der einzelnen Ziffern und dienen als kosmischer Lautsprecher, der Ihre Aufmerksamkeit auf wichtige Aspekte Ihres Lebens lenkt.

Die Interpretation dieser atypischen Zahlen hängt weitgehend von Ihrer Intuition und den besonderen Umständen ab, unter denen sie erscheinen. Während allgemein akzeptierte Bedeutungen als Ausgangspunkt dienen können, sind der persönliche Kontext und die mit diesen Zahlen verbundenen Emotionen für ein vollständiges Verständnis von grundlegender Bedeutung. Diese Muster laden Sie dazu ein, nach innen zu schauen und weniger konventionelle Kommunikationskanäle zu entdecken, über die sich die spirituelle Welt ausdrückt.

Wenn Sie auf diese seltsamen Engelszahlen stoßen, betrachten Sie sie als Einladung, Kommunikationsformen zu erforschen, die über das Traditionelle hinausgehen. Das

Erkennen und Interpretieren dieser Botschaften kann Ihnen auf Ihrem Weg Erleuchtung bringen und Ihnen die komplexen und facettenreichen Wege offenbaren, auf denen das Universum Sie leitet und unterstützt.

Anhang 3 – Engelssiegel erstellen

Sigillen sind Symbole heiliger Kraft, die als Schwingungsschlüssel dienen, um sich mit Engelenergien zu verbinden. Im Laufe der Geschichte, von alten sumerischen Tafeln bis hin zu mittelalterlichen Grimoires, wurden diese Symbole als Brücken zwischen dem Irdischen und dem Himmlischen verwendet, um die Schwingungsessenz der Engel in geometrischen Formen zu verdichten. Jeder Strich, jede Linie und jede Verbindung in einem Siegel repräsentiert eine Facette der Engel-Energie, die wir anrufen, und schafft so eine visuelle Sprache, die die Grenzen von Zeit und Raum überschreitet. Wenn wir ein Engelssiegel erstellen, zeichnen wir nicht nur ein Symbol, sondern weben ein Netz aus Absicht und Zweck, das als Antenne dient, um uns auf die spezifischen Frequenzen jedes Engels einzustimmen.

Die Erstellung von Engels-Sigillen wird erheblich verbessert, wenn sie zu Zeiten natürlicher Kraft erfolgt, beispielsweise während des Vollmonds, der die Energien der Manifestation verstärkt, oder während des Neumonds, der sich perfekt für Neuanfänge und spirituelles Säen eignet. Auch Tagundnachtgleichen und Sonnenwenden sind günstige Zeiten, da sie Punkte des Gleichgewichts und der Transformation im Jahreszyklus darstellen.

Persönlich bedeutsame Daten, wie unser Geburtstag oder der Jahreswechsel, laden das Siegel mit einer einzigartigen und persönlichen Resonanz auf, da unsere Energie zu diesen Zeiten von Natur aus empfänglicher und auf die höheren Ebenen abgestimmt ist. Durch die Kombination der geometrischen Präzision des Siegels mit der bewussten Wahl des Zeitpunkts seiner Erstellung stellen wir eine kraftvolle und dauerhafte Verbindung zu dem Engel her, den wir anrufen möchten, und schaffen so ein zutiefst persönliches und wirksames Werkzeug für spirituelle Verbindung.

1. Grundlegende Vorbereitung:

Was Sie benötigen:

Weißes Papier ohne Linien

Bleistift und Radiergummi

Zirkel oder etwas Rundes zum Zeichnen eines Kreises

Lineal

Goldfarbe (optional)

2. Die klassische Methode zur Erstellung eines Sigils:

Beginnen Sie damit, den Namen auf seine Grundbuchstaben zu reduzieren. Zum Beispiel für den Engel *Raziel*:

Entfernen Sie die Vokale und lassen Sie nur R, Z und L übrig

Jeder Buchstabe wird nur einmal verwendet

Zeichnen Sie einen Kreis:

Er sollte groß genug sein, um bequem damit arbeiten zu können (15–20 cm).

Dieser Kreis stellt den heiligen Raum dar, in dem sich das Siegel manifestieren wird.

Teilen Sie den Kreis:

Zeichnen Sie ein Kreuz in die Mitte, sodass vier Quadranten entstehen

Wenn Sie möchten, können Sie jeden Quadranten weiter unterteilen.

Positionieren Sie die Buchstaben:

Platzieren Sie jeden Buchstaben an einem Punkt auf dem Kreis

Achten Sie auf eine ausgewogene Verteilung

Achten Sie auf Symmetrie und visuelle Ausgewogenheit

Verbinden Sie die Buchstaben:

Verbinden Sie die Buchstaben mit geraden Linien

Die Linien können sich kreuzen

Erstellen Sie Muster, die Sie als harmonisch empfinden

Es gibt keine strengen Regeln dafür; lassen Sie sich von Ihrer Intuition leiten

3. Praktische Beispiele:

Für den Engel Michael (MKAEL):

Entfernen Sie die Vokale: M, K, L

Platzieren Sie die Buchstaben in gleichen Abständen um den Kreis herum

Verbinden Sie sie zu einem Dreieck

Fügen Sie nach Belieben dekorative Details hinzu

Für den Engel Gabriel (GBRAL):

Entfernen Sie die Vokale: G, B, R, L

Verteilen Sie die Buchstaben um den Kreis herum

Verbinden Sie sie zu einem Quadrat oder einer Raute

Fügen Sie zusätzliche Linien hinzu, um das Design auszugleichen

4. Wichtige Überlegungen:

Absicht: Konzentrieren Sie sich beim Erstellen des Sigils ganz auf den Engel

Sauberkeit: Arbeiten Sie in einer aufgeräumten und ruhigen Umgebung

Zeit: Es gibt keine Eile; nehmen Sie sich die Zeit, die Sie brauchen

Intuition: Vertrauen Sie Ihrer inneren Führung, während Sie die Buchstaben verbinden

Energie: Das Siegel sollte sich „richtig anfühlen", wenn Sie es fertiggestellt haben.

5. Aktivierung des Sigils:

Sobald Sie fertig sind, können Sie Ihr Siegel auf verschiedene Weise aktivieren:

Betrachten Sie es und wiederholen Sie dabei den Namen des Engels.

Mit dem Finger nachzeichnen und dabei seine Präsenz anrufen

Meditieren Sie kurz mit ihm

Laden Sie es im Licht des Vollmonds auf

6. Verwendung und Aufbewahrung:

Bewahre dein Siegel an einem besonderen Ort auf

Sie können es bei sich tragen

Sie können es auch auf Ihrem Altar platzieren

Behandeln Sie es mit Respekt als heiliges Werkzeug

Wichtiger Hinweis: Es gibt keine „falsche" Art, ein Siegel zu erstellen, solange Sie eine reine und respektvolle Absicht bewahren. Jeder Mensch kann seinen eigenen Stil und seine eigene Methode entwickeln, wobei die Grundprinzipien der heiligen Geometrie und der Ausgewogenheit stets gewahrt bleiben sollten.

Lassen Sie sich nicht entmutigen, wenn Ihre ersten Versuche nicht so aussehen, wie Sie es sich vorgestellt haben. Was zählt, ist die Absicht und Energie, die Sie in die Erstellung stecken.

Sie können Sigillen auch aus einer Affirmation oder einem Dekret erstellen. In diesem Fall schreiben Sie das Dekret einfach in positiver Form auf und folgen Sie dem gleichen Verfahren, indem Sie Vokale entfernen, einzigartige Konsonanten auswählen und diese zu einem Symbol zeichnen, das diese Buchstaben künstlerisch integriert. Zum Beispiel: „Ich bin in Frieden."

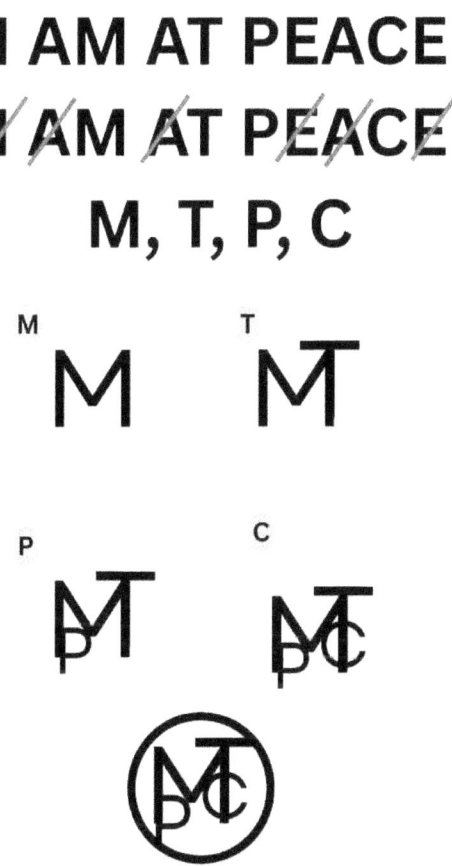

Anhang 4 – Siegel der 7 Erzengel

Die folgenden Siegel können verwendet werden, um Engel und Erzengel anzurufen. Sie können sie neu zeichnen oder sich einfach meditativ auf ihr Bild konzentrieren, um die oben beschriebenen Anrufungs-, Manifestations- und Schutzverfahren durchzuführen.

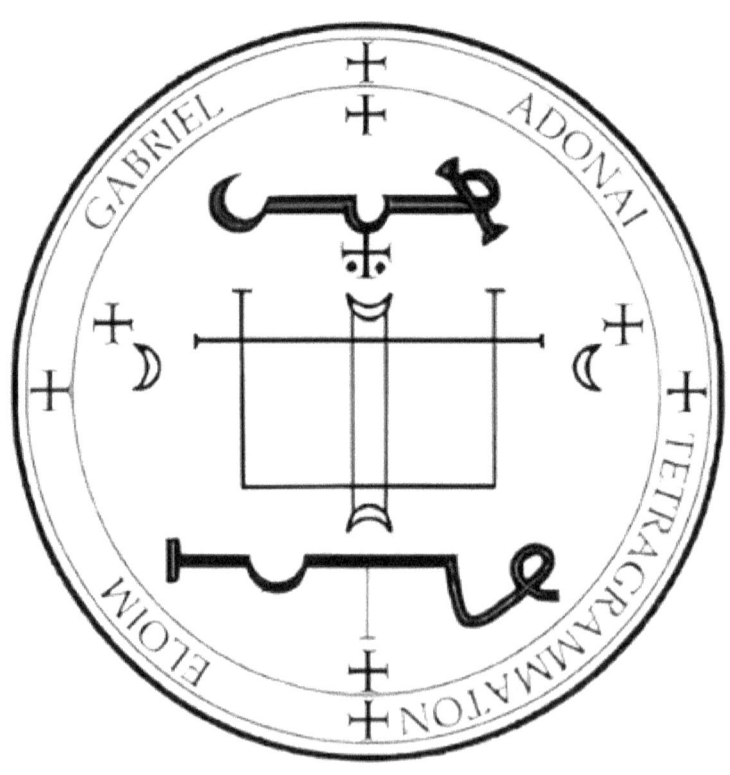

Siegel des Erzengels Gabriel

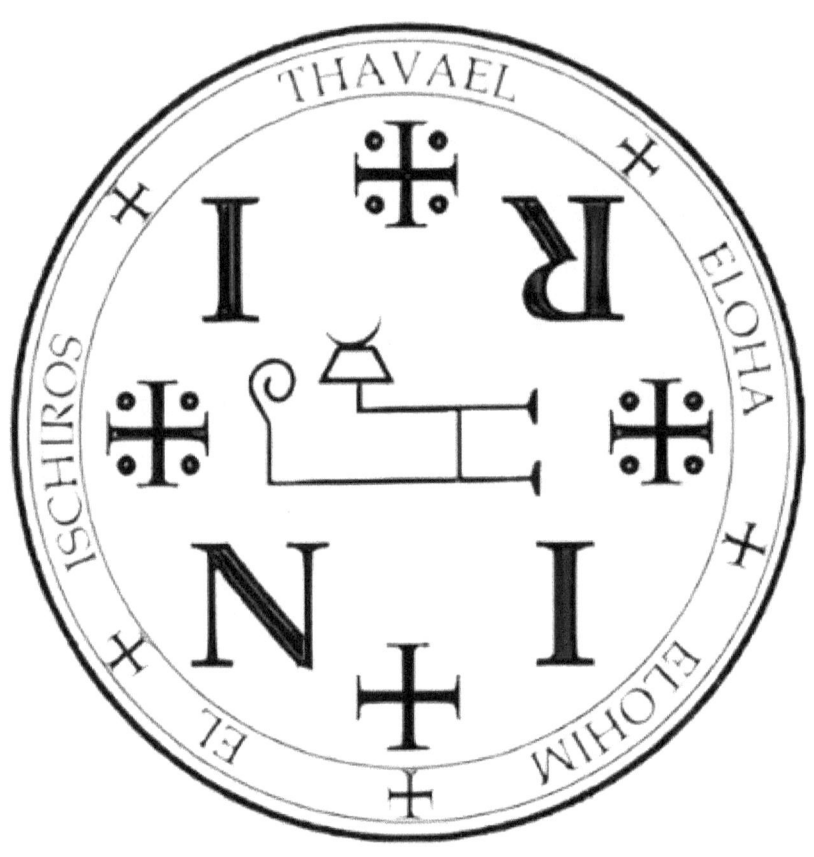

Siegel des Erzengels Jofiel

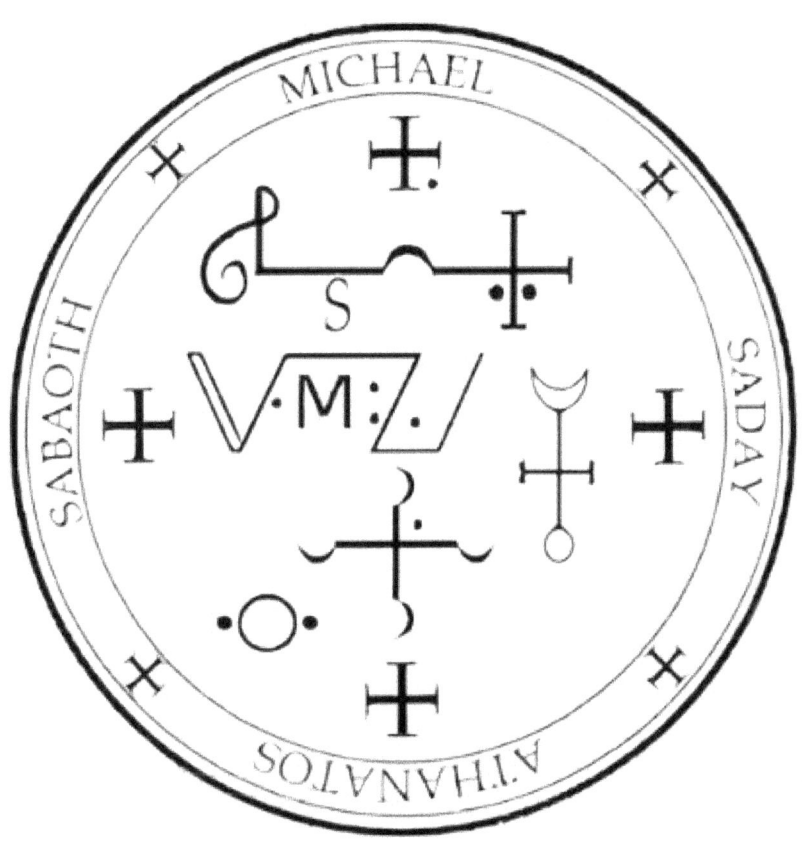

Siegel des Erzengels Michael

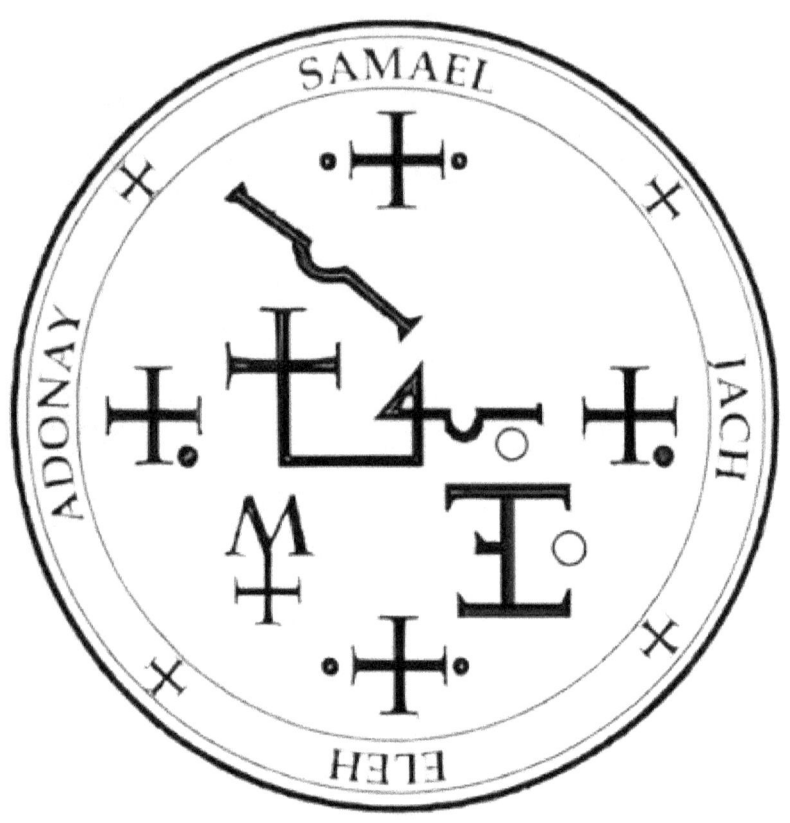

Siegel des Erzengels Chamuel

Siegel des Erzengels Uriel

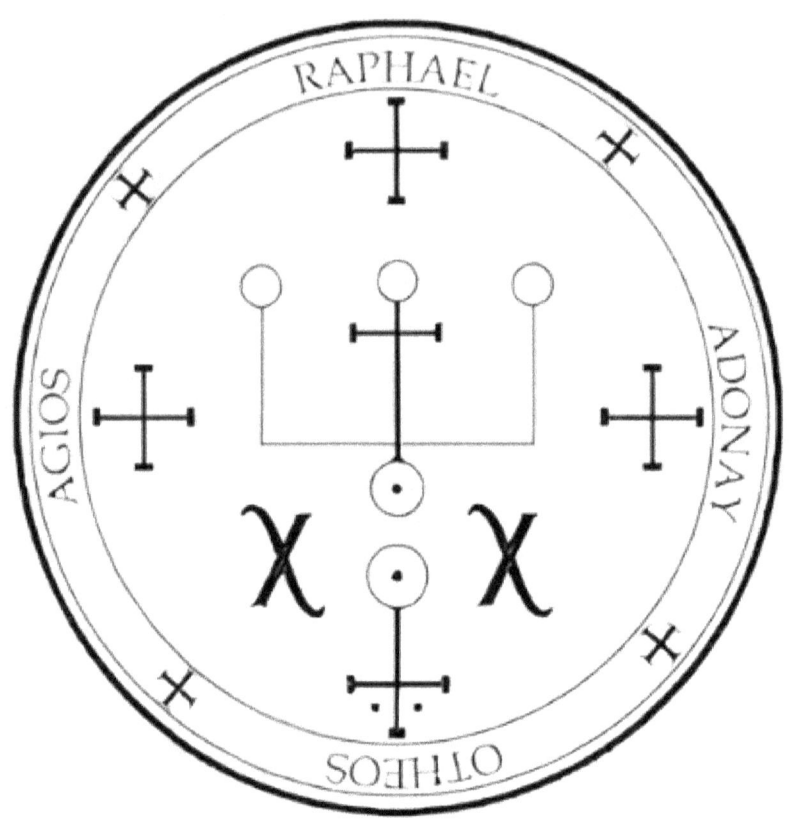

Siegel des Erzengels Raphael

Siegel des Erzengels Zadkiel

www.ingramcontent.com/pod-product-compliance
Lightning Source LLC
Chambersburg PA
CBHW050417170426
43201CB00008B/437